# MUITO ALÉM DO MERCHAN!

Preencha a **ficha de cadastro** no final deste livro
e receba gratuitamente informações
sobre os lançamentos e as promoções da Elsevier.

Consulte também nosso catálogo
completo, últimos lançamentos
e serviços exclusivos no site
www.elsevier.com.br

RAUL SANTA HELENA
ANTONIO JORGE ALABY PINHEIRO

# MUITO ALÉM DO MERCHAN!

## COMO ENFRENTAR O DESAFIO DE ENVOLVER AS NOVAS GERAÇÕES DE CONSUMIDORES

BRANDED CONTENT • MERCHANDISING • PRODUCT PLACEMENT

LSEVIER

CAMPUS

© 2012, Elsevier Editora Ltda.

Todos os direitos reservados e protegidos pela Lei nº 9.610, de 19/02/1998.

Nenhuma parte deste livro, sem autorização prévia por escrito da editora, poderá ser reproduzida ou transmitida sejam quais forem os meios empregados: eletrônicos, mecânicos, fotográficos, gravação ou quaisquer outros.

*Copidesque:* Edna Cavalcanti
*Revisão:* Andréa Campos Bivar e Jussara Bivar
*Editoração Eletrônica:* Estúdio Castellani
*Ilustração da capa:* José Luiz Benicio
*Projeto gráfico:* Raul Santa Helena

Elsevier Editora Ltda.
Conhecimento sem Fronteiras
Rua Sete de Setembro, 111 – 16º andar
20050-006 – Centro – Rio de Janeiro – RJ – Brasil

Rua Quintana, 753 – 8º andar
04569-011 – Brooklin – São Paulo – SP – Brasil

Serviço de Atendimento ao Cliente
0800-0265340
sac@elsevier.com.br

ISBN 978-85-352-5543-0

**Nota:** Muito zelo e técnica foram empregados na edição desta obra. No entanto, podem ocorrer erros de digitação, impressão ou dúvida conceitual. Em qualquer das hipóteses, solicitamos a comunicação ao nosso Serviço de Atendimento ao Cliente, para que possamos esclarecer ou encaminhar a questão.

Nem a editora nem o autor assumem qualquer responsabilidade por eventuais danos ou perdas a pessoas ou bens, originados do uso desta publicação.

CIP-Brasil. Catalogação-na-fonte
Sindicato Nacional dos Editores de Livros, RJ

H413m    Helena, Raul Santa
    Muito além do merchan! : como enfrentar o desafio
   de envolver as novas gerações de consumidores / Raul
   Santa Helena, Antônio Jorge Alaby Pinheiro. – Rio de
   Janeiro : Elsevier, 2012.
    23 cm

    ISBN 978-85-352-5543-0

    1. Marketing. 2. Consumidores. I. Pinheiro, Antônio
   Jorge Alaby. II. Título.

12-1469.              CDD: 658.8
               CDU: 658.8

Eis aqueles que são loucos. Os desajustados. Os rebeldes. Os criadores de caso. Os encrenqueiros. Os pinos redondos nos buracos quadrados. Os que veem as coisas de forma diferente. Eles não gostam de regras. Eles não têm respeito pelo *status quo*. Você pode citá-los. Discordar deles. Glorificá-los. Difamá-los. A única coisa que você não pode fazer é ignorá-los. Porque eles mudam as coisas. Impulsionam a raça humana adiante. Enquanto uns os veem como loucos, outros os veem como gênios. Porque aqueles que são loucos o suficiente para pensar que podem mudar o mundo, são aqueles que o fazem.

Texto do comercial de lançamento da campanha "Think Different" da Apple criada por Steve Jobs em parceria com a agência ChiatDay em 1997. Em 2011, ano em que Steve faleceu, este mesmo texto foi usado em um vídeo homenageando o criador da Apple.

## ANTONIO JORGE ALABY PINHEIRO

PUBLICITÁRIO. CARIOCA.

MORADOR DE BÚZIOS DE FIM DE SEMANA.

FILHO DA DONA LEDA E DO
SAUDOSO ANTONIO PINHEIRO.

DIRETOR SÓCIO DA MÍDIA1 COMUNICAÇÃO.

PROFESSOR DE "MÍDIA" E "MÍDIA &
ENTRETENIMENTO" NA PUC-RIO.

PROFESSOR DE "MÍDIA & ENTRETENIMENTO" NO
CURSO FILM & TELEVISION BUSINESS NA FGV RIO
E SÃO PAULO.

PROFESSOR DE "ENTENDENDO O MERCADO E OS
PONTOS DE CONTATO" NO CURSO PORTFÓLIO DA
ESPM RIO.

CRIOU E PRESIDE O JÚRI DO PRÊMIO MELHOR
AÇÃO DE PRODUCT PLACEMENT DO CINEMA
BRASILEIRO DO FESTIVAL DO RIO.

MEMBRO DO JÚRI DO PITCHING DO LAB
TRANSMÍDIA NO RIO CONTENT MARKET.

REPRESENTANTE NO BRASIL DO EXPANDING
GROUP, ORGANIZADORES DO DOURO FILM
HARVEST.

COLABORADOR DO GRUPO ERA TRANSMÍDIA.

CRIADOR E APRESENTADOR DO PROGRAMA
"PONTO DE CONTATO" NA MPB FM.

PRESIDENTE DO GRUPO DE MÍDIA
DO RIO DE JANEIRO.

**ACESSE**
WWW.MIDIA1.COM.BR

**CURTA**
FACEBOOK.COM/MIDIA1COMUNICACAO

## RAUL SANTA HELENA

PUBLICITÁRIO. CARIOCA.

FORMADO PELA ESPM

FILHO DA VERA E DO SAUDOSO RAUL SANTA HELENA

PAI DO LUCAS.

FUTURO MARIDO DA JULIANA.

EXECUTIVO DE CONTAS DA GERÊNCIA DE PUBLICIDADE E PROMOÇÕES DA PETROBRAS.

PROFESSOR DE PLANEJAMENTO NA ESPM RIO.

COLABORADOR DA DIRETORIA DE INOVAÇÃO DO GRUPO DE MÍDIA DO RIO DE JANEIRO.

FILMMAKER, STORYTELLER E TRENDSETTER.

COLUNISTA DO BLOG PULSO.

AUTOR DO ABRA LOS OJOS.

**ACESSE**
ABRALOSOJOS.TUMBLR.COM

**CURTA**
FACEBOOK.COM/ABRALOSOJOS

**SIGA**
@BLOGABRALOSOJOS

**AULAS E PALESTRAS**
SLIDESHARE.NET/RAULZITO

# SUMÁRIO

| | |
|---|---|
| **VISÕES MÚLTIPLAS** | 1 |
| **UMA OLHADA NO MUNDO A NOSSA VOLTA** | 12 |
| **AS CAUSAS** | 26 |
| REVOLUÇÃO NOS HÁBITOS DE CONSUMO | 26 |
| GERAÇÃO DOS GAROTOS PERDIDOS | 41 |
| **OS EFEITOS** | 63 |
| CRISE DE ATENÇÃO NA PUBLICIDADE | 63 |
| CRISE DE RECEITA NO ENTRETENIMENTO | 77 |
| **A SOLUÇÃO** | 94 |
| ADVERTAINMENT | 94 |
| BRANDED CONTENT | 102 |
| MERCHANDISING | 113 |
| **O PODER DO PLACEMENT EM CINEMA COMO FERRAMENTA DE MARKETING** | 125 |
| **VISÃO GERAL DO PÚBLICO SOBRE O PLACEMENT** | 130 |
| **VARIAÇÕES DO PLACEMENT** | 140 |
| _FAUX_PLACEMENT | 141 |
| _REVERSE_PLACEMENT | 142 |
| _META_PLACEMENT | 146 |
| _NEGATIVE_PLACEMENT | 147 |
| _GUERRILLA_PLACEMENT | 147 |
| _BRANDFAN_PLACEMENT | 149 |
| _SUBVERSIVE_PLACEMENT | 149 |
| _EASTER_EGG_PLACEMENT | 150 |
| _AD_PLACEMENT | 151 |
| **INPUTS** | 152 |
| _PRODUCT_PLACEMENT | 154 |
| _MUSIC_PLACEMENT | 154 |
| _DESTINATION_PLACEMENT | 158 |
| _BEHAVIOR_PLACEMENT | 161 |
| _IDEOLOGIC_PLACEMENT | 163 |

| | |
|---|---|
| O INCRÍVEL PODER LÚDICO DO CINEMA | 171 |
| MUNDO REAL X TERRITÓRIO LÚDICO | 177 |

## HISTÓRICO DE CASES DO PLACEMENT EM CINEMA 181

| | |
|---|---|
| A FERRAMENTA RENOVADA PELAS MÃOS DE UM E.T. | 186 |
| UM AGENTE ESPECIAL A SERVIÇO DA SUA MARCA | 188 |
| O AMADURECIMENTO DA FERRAMENTA | 194 |
| MESTRE JEDI DO PRODUCT PLACEMENT | 196 |
| O APRENDIZ DO MESTRE | 203 |
| MARCAS COM VISÃO DE FUTURO | 205 |
| MARCAS E FILMES, UM CASO DE AMOR CORRESPONDIDO | 210 |
| **CROSS PROMOTION E O FUTURO DA FERRAMENTA** | 222 |
| **SPEED RACER – APRENDIZADOS DE UM PROJETO PIONEIRO** | 234 |

## MANUAL DE BOLSO DO PLACEMENT EM CINEMA 252

| | |
|---|---|
| **COMO ENCONTRAR PROJETOS E OPORTUNIDADES** | 258 |
| **COMO ALINHAR O PROJETO AO SEU PLANO ESTRATÉGICO** | 263 |
| OS 4 As DO PRODUCT PLACEMENT | 263 |
| _ALINHAMENTO | 264 |
| _ADEQUAÇÃO | 266 |
| _ADERÊNCIA | 267 |
| _ASSIDUIDADE | 268 |
| **COMO PENSAR E NEGOCIAR A PRESENÇA** | 269 |
| PREMISSAS TÁTICAS | 269 |
| **AGRADECIMENTOS** | 280 |
| **BIBLIOGRAFIA** | 284 |
| **LINKOGRAFIA** | 289 |

# CAPÍTULO EXTRA ONLINE

Leia este capítulo em
www.elsevier.com.br/merchan

## OUTRAS NARRATIVAS – SUPORTE ALÉM DO CINEMA

Editorial + Web + Televisão + Música + Games + APPs + Celebridades + Fatos Reais

# OUTRAS NARRATIVAS--SUPORTE

Além do cinema, outras plataformas de entretenimento podem ser utilizadas como narrativas-suporte para ações de product placement e advertainment.

## APPs

Presença de conteúdo de marca em APPs. Appvertising, appgames, geotagmarketing, entre outras variações.

## GAMES

Presença de conteúdo de marca em games de console, online, social games e advergames.

## PROGRAMAS DE TV

Presença de conteúdo de marca em novelas, dramaturgia no geral, sitcoms, reality shows e programas de auditório. No Brasil, conhecido também como merchandising.

## OOH

Presença de conteúdo de marca em ações presenciais (de entretenimento), flash mob e intervenções urbanas.

## MÚSICA

Presença de conteúdo de marca em clipes, músicas, shows e eventos transmitidos.

## CONTEÚDO WEB

Presença de conteúdo de marca em webseries, minidocs, vídeos virais, Twitter, Facebook e User Generated Content como vídeos e VLOGS.

## CELEBRIDADES

Presença de conteúdo de marca no dia-a-dia das celebridades.

## EDITORIAL

Presença de conteúdo de marca em conteúdos editoriais como revistas, livros, jornais, comic books, e-books, cartazes e posters.

## FATOS REAIS

Presença de conteúdo de marca em situações "noticiáveis", ou seja, fatos reais com potencial de se tornar notícia.

## MOVIES

Presença de conteúdo de marca em longas e curtas. Incluindo: posters e produtos licenciados (tie-in e cross promotion)

Ver esse Capítulo online em:
www.elsevier.com.br/merchan

Este livro é para você, estudante de comunicação, marketing ou cinema, que deseja ampliar as possibilidades para não ficar restrito apenas às ferramentas e meios convencionais.

Este livro é para você, profissional de propaganda e marketing, que vem sendo desafiado diariamente a encontrar novos caminhos para chegar até o coração das pessoas.

Este livro é para você que atua na indústria cultural e precisa encontrar novas formas de rentabilizar seu negócio de forma eficiente, sem desrespeitar o público.

Este livro é para você que deseja conhecer os benefícios e desafios do uso do Placement para que possa utilizá-lo como ferramenta de marketing.

# O LIVRO EM UMA FRASE

Em meio a esta verdadeira revolução nos hábitos de consumo, o entretenimento é hoje o principal vetor de engajamento para as marcas conseguirem alcançar o coração das pessoas e, assim, conseguir envolver as novas gerações de consumidores, que não são mais tão facilmente encontrados pelos planos de mídia convencionais.

"Escrever é fácil. Você começa com uma letra maiúscula e termina com um ponto final. No meio você coloca as ideias."
**Pablo Neruda**

"O mais incrível em se iniciar uma nova história é não ter, naquele momento, a mínima noção de onde ela vai te levar."
**Walt Disney**

"Mantenha-se faminto, mantenha-se tolo."
**Steve Jobs**

**Em memória.**

# VISÕES MÚLTIPLAS

Escrever livros no Brasil não é tarefa fácil e escrever sobre temas que não têm literatura referencial, mais ainda. Você não está diante de um livro que surgiu do nada. O conteúdo deste livro é resultado de anos de pesquisa e vivência de Raul Santa Helena e Antonio Jorge Alaby Pinheiro, dois profissionais, cada um dentro do seu tempo, atuantes, críticos e pensadores sobre o papel da comunicação atual e sobre todas as variações que possam existir sobre o tema Placement.

*Muito além do merchan!*, a meu ver, é um ponto de partida para qualquer pessoa que queira desenvolver seu lado criativo com efetividade e queira conhecer um pouco mais deste momento de transformação que estamos vivendo na história do marketing e da comunicação, onde muito ainda está por vir e o que era padrão já não serve mais.

Tire o máximo proveito. Folheie, leia e marque as páginas, enfim, aproveite tudo, pois, de forma clara, objetiva e simples, este título vem preencher uma lacuna sobre o que de mais excitante se discute hoje: como conseguir atenção e engajamento da sua audiência.

**Fátima Rendeiro**
Diretora Nacional de Mídia da Quê Comunicação. Diretora de Inovação & Integração do Grupo de Mídia do Rio de Janeiro. Membro do Conselho Superior da ABP (Associação Brasileira de Propaganda)

Trabalhando em um veículo, é possível perceber a migração cada vez maior da propaganda tradicional para o conteúdo customizado, que nada mais é do que mais um dos diferentes nomes do tal do Product Placement. Tal qual um camaleão da propaganda, essa ferramenta, que já não é nova há muito tempo, vem evoluindo, mudando de formato e cor, e, principalmente, se esgueirando no meio das nossas séries de TV, filmes e até nos nossos videogames e gibis.

Ler o trabalho do Raul e do Antonio é mais do que se aprofundar neste tema cada vez mais recorrente que é o merchandising. É também receber de brinde uma aula de história do cinema, da televisão e da propaganda, não só do Brasil, mas também do mundo. Além de explicar cada uma das vertentes da ferramenta, os autores exemplificam com cases, citando autores e ilustrando cada um dos pontos. E tudo isso de uma forma leve e despretensiosa, com uma linguagem que está mais para uma conversa de bar do que para um livro acadêmico. O que me faz pensar: Será que esta obra foi financiada pela indústria cervejeira e eu caí no conto do Behavior Placement?! Bom, se foi ou não, só o autor vai poder dizer, mas, em todo caso, saúde!

**Marcelo Forlani**
Formado em Propaganda e Marketing pela ESPM, acabou caindo no mundo do jornalismo digital, onde trabalha desde 1996, antes mesmo da bolha existir. Desde 2000 ele passa seus dias na "cozinha", fazendo o Omelete.com.br, o maior site brasileiro dedicado ao entretenimento

Opa, olha aí, não é que consegui entrar no livro? São só duas páginas, no meio de mais de 300, mas já é alguma coisa, não é? Afinal, esse foi o argumento que utilizei para conseguir este pedacinho do livro, embora também ache que a amizade tenha contado.

Sugeri chamarmos este texto de "pré-fácil" por ser aquela página que vai resumir para você o tema do livro, ao ponto de você poder citar com segurança o que é placement, caso seja chamado para uma entrevista de última hora na televisão.

Placement nada mais é do que isso que eu consegui aqui. Não escrevi o livro, não tive a ideia, muito menos criei o título – aliás, o meu preferido era "Como ter sucesso com Placement. Os ensinamentos do Pai Rico, Pai Pobre".

Então, qual a minha alternativa para estar presente no livro? Poderia ter colocado meu nome na capa? Não que eu não tenha tentado. Mas o Placement, acima de tudo, não pode ser maior do que a obra. Ele precisa dela para ser uma forma eficiente de comunicação (esta é a frase que você tem que decorar para aquele programa de televisão). Por isso, consegui uma página para colocar meu nome (tá lá embaixo, no final, viu?). Você comprou um livro procurando se informar sobre o assunto e também foi impactado pelo meu nome. Essa é a essência do Placement.

Apesar de vermos todos os dias a propaganda tradicional, a publicidade está se renovando, já é consenso entre os profissionais da área que cada vez mais o consumidor exige ser abordado de forma diferente. Isso mesmo: é o consumidor que demanda tudo. Até mesmo a propaganda que ele quer ver. Cada vez mais surgem novas técnicas e cada vez mais as empresas de "mentes abertas" se destacam da velha escola (pronto, agora você pode encerrar a entrevista em grande estilo).

Então leia o livro e descubra um novo mundo da publicidade. Como você não vai ficar só no pré-fácil, com certeza deve ser um destes que querem buscar novas alternativas à tradicional propaganda. O Raul agradece e eu também, já que, como prometido a ele, eu não contei o final do livro.

Agora que você já sabe o que é placement, pode até achar que pode fechar o livro, aliás você está vivenciando o meu Placement! Bom nome hein Raul? "Vivenciando o Placement sob os conceitos do monge e o executivo". Nome de livro campeão de vendas, hein?

Mas é claro que você vai ler até o final, pois não aprendi a conquistar uma página no livro alheio do dia para a noite.

**Michel Guimarães Chedid**
Executivo de Contas da Gerência de Publicidade e Promoções da Petrobras

Em 2011, o cinema brasileiro foi responsável por algo em torno de 30% do *market share* das salas de cinema no Brasil. Esse percentual é almejado pelos produtores de cinema do país há muito tempo. E o melhor: há sinais visíveis de que esse crescimento só aumentará nos próximos anos. Com uma diversidade de gêneros e estilos, que poucas cinematografias mundiais podem desfrutar – documentário, ficção, animação, drama, comédia, experimental – e com prêmios internacionais relevantes no cenário, nosso cinema finalmente reconquista o seu público primário. A combinação de vários elementos – investimento público, crescimento do número de salas e aumento de renda das classes C e D, entre outros –, pode nos mostrar que estamos no caminho certo. Para a festa ser completa, seria excelente a presença mais constante de um personagem: a marca.

Com uma grande visibilidade em todo o extenso ciclo de vida do produto chamado "filme" – desde as salas de cinema até a televisão aberta, passando por homevideo, TV a cabo, filmes on demand, internet e tantas outras que ainda estão por vir – nossos filmes hoje contam com empresas produtoras sólidas, profissionais de cinema cada vez mais qualificados e atores reconhecidos. Seria de extrema importância que os olhares dos profissionais de marketing das empresas e das agências de publicidade se voltassem para a nossa atividade e se juntassem a nós, produtores, na criação de grandes cases de Product Placement e Cross Promotion. São ferramentas de comprovado sucesso no cinema norte-americano e ainda exploradas de forma incipiente no Brasil. Ações como essa, aliadas ainda ao lançamento de um filme, tornaria nosso cinema comercial ainda mais competitivo. A marca nos ajudaria a contar nossas histórias, contribuindo para que o nosso público se reconhecesse ainda mais nas telas.

Este livro nos ensina o caminho, resta-nos seguir a trilha.

## Clélia Bessa

Professora da cadeira de "Produção I" do Curso de Cinema da Pontifícia Universidade Católica do Rio de Janeiro (PUC-RJ), atualmente é Conselheira da ABPI-TV (Associação Brasileira de Produtores Independentes de TV) e da Diretoria do SICAV (Sindicato da Indústria Cinematográfica e Audiovisual). Atua na Raccord Produções desde 1996 e assinou a produção dos filmes: *Desenrola*, *Cartola*, *Cafuné*, *Mais uma vez amor*, *Minha vida de menina*, *Separações*, *O rap do pequeno príncipe contra as almas sebosas* e *Como ser solteiro*

Quem não se lembra de Marty Mcfly sendo chamado de Calvin ou de Wilson fazendo companhia para Tom Hanks? Quem não riu com a birra de Phoebe com a Pottery Barn ou se encantou com o Aston Martin de James Bond?

O Placement é uma ferramenta cada vez mais importante para as marcas em um mundo de atenções disputadas a tapa, mídias fragmentadas e pessoas de saco cheio.

Em um momento em que Marcelo Dourado teve mais votos que o Presidente Lula, precisamos ficar atentos. Se a loja da Apple é mais visitada que a Estátua da Liberdade isso não se deve a um consumismo desenfreado, mas a uma mudança no paradigma das relações entre as pessoas e as marcas. Consumidores compram, pessoas vivem. E isso muda tudo. O cubo de vidro na 5ª Avenida é uma experiência incrivelmente mais interessante, conta uma história, envolve as pessoas em um propósito, em um jeito de ser e de pensar.

A importância do contexto, da naturalidade, da organicidade, do entretenimento ganha força, e o pensar diferente é a palavra de ordem.

Quando a competição se dá em um novo paradigma, a experiência vale pouco e a diferenciação se dá pela capacidade de assimilar o novo e lidar com o inesperado.

A sociedade líquida da era do intangível clama por criatividade, inovação e pela construção de um conteúdo relevante que permita uma interação carregada de arrepios, frios na barriga, expectativas. Estratégias velhas geram táticas beges, marcas mornas e relações com gosto de baunilha e cheiro de mofo. Marcas precisam vibrar, orquestrar uma rede de pontos de contatos única, proprietária e encantadora.

Como presidente do Comitê de Branding da ABA, fico feliz em ver um livro dessa qualidade tratando o assunto com tanta clareza e lucidez. Como gestor de marca, tive a oportunidade de implementar uma ação de Product Placement no filme *Tropa de Elite 2* e posso garantir: os resultados são dignos de aplausos.

O livro é ótimo tanto na forma quanto no conteúdo. Um guia prático, cheio de exemplos e referências. Um belo exemplar da evolução do pensamento de branding no Brasil.

## Stephan Duailibi Younes

Graduado em Comunicação Social pela ESPM, cursou MBA em Marketing pela mesma escola e Mestrado em Administração de Empresas pelo Mackenzie. Especialista em estratégia de marcas tem passagens por empresas como DPZ, MTV e Unimed. Atualmente gerencia as marcas do Grupo Technos. Com experiência em agência, veículo e cliente, construiu cases na indústria de serviços e de bens de consumo, tendo desenvolvido estratégias vencedoras que aumentaram o equity das marcas com as quais trabalhou, melhorando os resultados e gerando valor tangível para os diferentes públicos.

É professor de Gestão de Produtos e Marcas da ESPM e presidente do Comitê de Branding da Associação Brasileira de Anunciantes (ABA)

Cuidado! O Product Placement é uma arma poderosa! Se você não souber usar, o estrago pode ser enorme! Se souber, a marca agradece e a sua verba também! Não é para amadores! Entrar nos intervalos é licença formal e consentida. Fora deles, pode ser intrusão ou inclusão! Bom não subestimar a força desta arma poderosa! Coração & Mente! Arte, em respeito à mente, e sensibilidade para atingir o coração dos consumidores. Contexto primeiro, conteúdo em segundo e linguagem em terceiro! Receita de sucesso! É o que aprendemos neste livro que nos leva com grande talento e sensibilidade ao mundo do merchan!

Este livro é uma fantástica iniciativa, conduzida por quem vive o dia a dia desta ferramenta poderosa que é o Product Placement, que não é matéria para amadores. Leitura obrigatória para um tema que tem pouca literatura e muita relevância. Um livro para ser dissecado e disseminado que nos estimula a sair da mesmice.

Obs.: Já estou esperando o número 2.

**Orlando Lopes**
CEO do Ibope Media para a América Latina
e fanático pela profissão de mídia

Em um cenário onde a internet deixa de ser mídia para exercer a funcionalidade de plataforma de relacionamentos entre tudo e todos, os autores demonstram, por meio de exemplos práticos e palpáveis, o potencial de alinhamento, ativação e pertinência envolvendo conteúdos, marcas e canais.

*Muito além do merchan!* elenca uma série de casos cinematográficos de Product Placement, que tendo como base o conteúdo audiovisual – por definição um material transmidiático –, possibilita variadas formas de entregas criativas, de engajamento de marcas e de estratégias promocionais.

**Mario Diamante**
Bacharel em Comunicação pela PUC-Rio, MBA em Administração pela COPPEAD-UFRJ, cineasta e ex-diretor da Ancine

# UMA OLHADA NO MUNDO A NOSSA VOLTA

Enquanto estas palavras estão sendo digitadas, centenas de acontecimentos estão fazendo com que algo mude em algum lugar do planeta neste exato momento. Seja na sala de algum diretor de marketing ou na redação de um grande jornal. Seja no quarto de algum blogueiro ou na banca de jornais da esquina. Seja na sala de algum cinema de shopping ou na iTunes Store de algum adolescente. Seja no wall do Facebook de um jovem músico ou no departamento de mídia de uma agência de publicidade.

Mudanças que influenciam diretamente desde o planejamento de uma grande multinacional ao dia a dia de uma criança. Transformações que incidem, direta ou indiretamente, tanto nas decisões de um produtor de cinema quanto no direito de escolha de um casal no menu de sua HDTV. Estamos falando de um processo de mutação que vem provocando uma verdadeira revolução na estratégia de empresas e nos hábitos de consumo de milhares de pessoas ao redor do globo.

O fato é que, em um cenário em intensa transformação, há basicamente dois tipos de gestores. Há aqueles que costumam temer as mudanças e aqueles que temem justamente o contrário: que as coisas nunca mudem. O que você nos diz: que tipo de profissional você quer ser?

Há uma revolução acontecendo lá fora e você não pode ficar aí parado, inerte, passivo, de olhos fechados.

Abra os olhos. E faça questão de mantê-los assim, bem abertos. Observe o seu entorno por novos ângulos que não apenas o convencional que lhe ensinaram na faculdade, no estágio, no MBA, no cursinho de

direção de arte. Renove seu estoque de "porquês". Exercite de forma in-
discriminada o seu poder de questionar. Meta o bedelho, bisbilhote, corra
atrás. Suba na mesa e enxergue a situação por enquadramentos inusitados. "Abra os olhos" é uma convocação que precisa ser feita a você neste
exato momento.

Uma prática que precisa ser instituída em seu dia a dia, para que você
exercite o seu poder de vislumbrar os acontecimentos futuros e possa então
antecipar os movimentos estratégicos. Uma verdadeira evocação para que
você não fique de olhos fechados para as novas formas de ver o mundo a
sua volta. Um convite para que você abra sua mente para um amplo universo de novas possibilidades e repense a forma como enxerga as tendências e
interpreta as mudanças que vêm se sucedendo freneticamente a cada minuto, em todo lugar, das formas mais variadas. Que você reveja as premissas
retrógradas em relação aos formatos e modelos convencionais e reinvente
do zero o que tiver de ser reinventado. Que você perceba como nunca o
sólido foi tão fluido, as certezas tão incertas e o certo tão duvidoso.

Não se preocupe com os olhares questionadores ou comentários
destrutivos. Estes são recursos utlizados por pessoas pouco criativas que
costumam temer a originalidade alheia. Tenha a certeza de que a força de
1.000 pessimistas não chegará aos pés do poder de um otimista extremamente decidido. Acredite nisso, acredite em você, no seu potencial para
ousar e buscar o novo. Uma pessoa acreditando realmente é muito mais
poderosa do que cem pessoas incrédulas.

Pegue seu caminho. Troque o medo do desconhecido por uma curiosidade latente. A maioria dos nossos problemas na vida acontece por dois
motivos: por agir sem pensar ou por pensar demais e não agir. Pare de ficar
perguntando "por quê" e comece a perguntar "por que não?".

Gandhi afirmou que "você deve ser de fato a mudança que deseja ver
no mundo". Creia fielmente em sua vocação para o realizar, para as novas
descobertas, para o rompimento destemido com as amarras do convencional. É de John Green o questionamento-chave: "Afinal, qual é propósito de
estar vivo se não for para ao menos tentar realizar algo memorável?". Leo
Burnett fazia questão de entregar pessoalmente um cartão para cada novo
contratado de sua agência. Nele vinha grafada a mensagem: "Passe a vida
buscando alcançar as estrelas. Você pode até não conseguir, mas com certeza não acabará com um punhado de terra nas mãos."

TUDO PARECE ESTAR MUDANDO AO MESMO TEMPO E NÃO EXISTE UM PONTO PRIVILEGIADO, ACIMA DA CONFUSÃO, DE ONDE SE POSSA ENXERGAR AS COISAS.
HENRY JENKINS

Já tentou? Tente novamente. Falhou? Tente novamente. Fracassou? Tente novamente. Mas atenção: uma segunda chance não servirá de nada se você não utilizar seu fracasso para aprender algo. Jim Watkins afirmou que "um rio corta a montanha não por causa de sua força mas por sua perseverança". Tenha em mente que o fracasso nada mais é do que a vida lhe dando uma nova oportunidade de tentar de novo e então fazê-lo melhor. O jogador Oscar ficava indignado quando as pessoas o chamavam pelo apelido de "mão santa". E retrucava: "Mão santa não! Eu treino mais de 300 arremessos por dia. É mão treinada, isso sim."

Churchill definiu o sucesso como sendo "a habilidade de perseverar, de fracasso em fracaso, sem perder o entusiasmo". Roosevelt costumava afirmar: "Falhar é duro. Mas é muito mais difícil lidar com o fato de nunca ter tentado." Estes serão seus diferenciais. E eles sempre superarão os anseios retrógrados de alguns poucos pessimistas, gente do contra, negativa. Michael Jordan disse certa vez que "não existem atalhos" e emendava: "Há aquelas pessoas que querem que algo aconteça, aquelas que desejam que algo poderia acontecer e aquelas que simplesmente vão lá e fazem acontecer." Portanto, não amoleça, não desista, não estremeça, não se deixe influenciar de forma negativa pelos outros, nem pelos seus próprios questionamentos.

Só há uma coisa que separa você de seus sonhos e metas: você mesmo. Então supere-se. Se for preciso, transforme-se, mude. Afinal, se você não repensar sua direção a todo momento continuará indo sempre para o mesmo lugar, não é mesmo? Mantenha o seu olhar fixo e obstinado no seu objetivo. A Dra. Maya Angelou disse que "se você não gosta de algo, mude-a. Se você não conseguir mudá-la, mude sua forma de pensar a respeito". Vá mais longe, vá além. Não fique cheio de medo e receios, com o pé atrás. Coloque um pé diante do outro, comece a caminhar adiante. *Go trough. Try harder. Just do it. Take it to the next level. Write the future.* Imploda desde já os seus medos, receios e pré-conceitos pré-formados. Utilize os escombros que restarem como degraus para ver do alto as coisas por um novo ângulo. Apenas os peixes mortos rumam na direção da maré. Nizan Guanaes alerta: "Todas as pessoas querem encontrar pérolas mas poucas são as que querem realmente se dar o trabalho de garimpar." Aproveite as oportunidades. Elas são como o nascer do sol. Se você bobear por um segundo, corre o risco de perder.

Abra os olhos é, portanto, uma verdadeira intimação para que você não se deixe tomar pelo comodismo que pode levá-lo a limitar seu campo de visão a enxergar apenas dentro da caixa. Exploda a caixa. Extrapole seu olhar para além das paredes de sua baia, para além dos horizontes turvos que os padrões impõem. McLuhan afirmou que "o maior obstáculo para um claro entendimento dos efeitos da nova mídia é o nosso estado de profunda imersão que nos limita a observar todos os fenômenos de um ponto de observação fixo".

Portanto, mexa-se. Ponha-se a caminhar adiante, para os lados, para cima. Perceba de uma vez por todas que antes de você ser mídia, planejamento, redator, atendimento ou diretor de arte, você é um comunicólogo. Se não existem mais linhas separando meios, plataformas e hábitos, também não tem por que existirem linhas separando e limitando suas atividades na agência, no veículo, na empresa ou na vida.

*Bellow the line, above the line, beyond the line. Open your eyes: there is no line anymore.* Restou apenas uma linha: a que separa uma ideia boa de uma ideia ruim. Por mais incrível que isso ainda possa parecer, existem profissionais que insistem em desmerecer este intenso processo de mudança que vem devastando tudo ao redor como um tsunami. Uma avalanche de transformações que vêm mudando a forma como nos relacionamos, trabalhamos, como compramos, vivemos e pensamos. Como podem existir tantas pessoas que ainda fazem pouco caso dessa revolução dizendo que nada mudou tanto assim?

Para constatar de fato a revolução acontecendo é preciso sair do seu mundinho com ar-condicionado e cafezinho. Em muitos casos, não é sequer suficiente perguntar aos consumidores o que eles pensam. É preciso vivenciar o hábitat natural deste consumidor, seus hábitos, para então enxergar ali, na nuance, nas entrelinhas, no subjetivo, o futuro se escrevendo em tempo real. O CEO mundial da Saatchi & Saatchi, Kevin Roberts, criador do conceito de Lovemark, costuma defender publicamente a realização de imersões etnográficas em vez de investir apenas em grupos focais. Kevin afirma que "se você quer saber de verdade como vive um leão não deve ir até o zoológico, deve ir até a selva".

Tornou-se muito conhecida a frase de Henry Ford: "Se eu tivesse perguntado às pessoas o que elas queriam, teriam dito cavalos mais velozes." Steve Jobs trouxe esse pensamento à luz do nosso tempo ao afirmar: "As pessoas não sabem o que querem até mostrarmos a elas."

O CEO da BBH de Londres e autor do livro *Hegarty on Advertising: Turning Intelligence into Magic* (2011), John Hegarty, afirmou em Cannes na edição de 2011: "Se você fizer para as mesmas pessoas as mesmas perguntas e do mesmo jeito, obterá invariavelmente as mesmas respostas." Por isso, todo comunicólogo deve desenvolver uma invejável destreza em observar e interpretar comportamentos para encontrar ali as oportunidades que se escondem do olhar comum. O papa do marketing, Peter Drucker, afirmava que talvez seja este o principal talento de um grande comunicador: "conseguir ouvir o que não está sendo dito".

Tudo é questão de tempo. Mas nem sempre o tempo estará do seu lado. Por isso, muitas vezes você será desafiado a antever acontecimentos e antecipar o futuro. Inovar deixou de ser um diferencial e passou a ser uma premissa para a sobrevivência de qualquer empresa. Steve Jobs costumava afirmar que "você não pode simplesmente perguntar às pessoas o que elas querem e então tentar dar a elas. Quando você conseguir terminar de criar, elas já estarão desejando algo novo". O que podemos lhe garantir é que de fato vivemos tempos exponenciais. E neste caminho sem volta, em um mundo passando por frenética mutação, saltará na frente aquele que abrir os olhos antes dos outros.

Um bom retrato dessa era de transformações em que estamos imersos é o estudo "Você Sabia?" desenvolvido pelos educadores americanos Karl Fisch e Scott McLeod. Eles afirmam logo no início de um dos vídeos que apresenta o estudo:

> *O surgimento de inovações está alterando completamente o cenário de forma frenética. A convergência está em todo lugar. É mais fácil que nunca impactar grandes audiências mas mais difícil que nunca realmente conectar-se de fato com elas. Essas mudanças estão afetando o jeito como as pessoas se comportam. E você: está pronto para o futuro?*

Afinal, por que tantas mudanças vêm acontecendo no mercado de comunicação? Por que os jovens estão reinventando diariamente a forma como se relacionam socialmente e consomem conteúdos, impondo que as indústrias repensem seus modelos? Por que algumas empresas antecipam os acontecimentos e outras são impiedosamente atropeladas por eles? Por que algumas marcas conseguem envolver as pessoas construindo uma atmosfera de sedução, intimidade e mistério em torno delas e outras continuam buscando interromper e impactar as pessoas com mensagens massantes que dão no saco?

Como o entretenimento pode ser uma excelente alternativa para as marcas conseguirem envolver emocionalmente os usuários? Por que o Placement vem ganhando cada vez mais importância para as marcas criarem e manterem conexões emocionais com as pessoas? Qual a importância do Placement para a indústria do entretenimento e da publicidade? Podemos lhe garantir que, ao final deste livro, essas e muitas outras perguntas estarão respondidas.

## ONDE UNS VEEM CRISE E CAOS, OUTROS VEEM OPORTUNIDADES

> *A crise é um motivador muito poderoso. Ela nos força a fazer escolhas que provavelmente não faríamos em outras circunstâncias. Aguça nosso foco, nossa competitividade, nosso desejo incessante de chegar ao topo.*

Essa afirmação foi feita em 2001 pela CEO da Xerox, Anne Mulcahy, quando a companhia atravessava a maior crise de sua história. Em um cenário caótico, conturbado, em profunda mutação, muitos tendem a se desesperar quando sentem o chão faltar sob os pés. Outros, rumam no sentido oposto: focam seus esforços em aprender a voar. Uns temem que as mudanças ameacem a sensação de estabilidade que conquistaram ao longo de anos. Outros anseiam por transformações que ofereçam novas possibilidades para realizar grandes feitos.

Onde uns veem crise e caos, outros veem oportunidades. Picasso afirmou que "tempos de turbulência são os mais excitantes, pois tudo a nossa volta se transforma". O iPod surgiu em meio à recessão de 2001. A MTV nasceu na recessão de 1981. A Microsoft foi inaugurada na recessão de 75, a HP na de 76 e a GE na recessão de 1929.

Tudo depende da forma como você enxerga as nuances que o cenário apresenta. Ao ser indagado sobre o porquê de pintar seus quadros com um traço tão diferenciado, Picasso respondeu: "Eu não pinto as coisas como elas são. Eu pinto as coisas como eu as vejo." Michelangelo reforça o coro em prol do poder visionário estar muitas vezes na capacidade de enxergar de uma forma diferente o que a maioria enxerga de forma coincidente:

# VOCÊ SABIA?

Você sabia que os 10 empregos que mais oferecem vagas hoje simplesmente não existiam há seis anos? Você sabia que estamos preparando os jovens para empregos que ainda não existem e que usarão tecnologias que ainda não foram inventadas, para resolverem problemas que ainda não são problemas? Você sabia que são feitas 31 bilhões de buscas no Google a cada mês? Em 2006, eram 2,7 bilhões. A propósito: a quem as pessoas faziam as perguntas antes do Google? Você sabia que a quantidade de informação dobra a cada dois anos? Isso quer dizer que para um aluno que está começando um curso de graduação de quatro anos hoje, metade de tudo que ele aprender estará no mínimo obsoleto em 2014. Você sabia que por dia são vistos 150 anos de vídeos no YouTube? E que a cada minuto, 48 horas de vídeos são postadas? Você sabia que 80% das empresas estão usando o LinkedIn como fonte de pesquisa primária para busca de empregados? Você sabia que no período em que o Napster operava ilegalmente as vendas de CDs cresceram em mais de US$500 milhões? E que no tempo em que você leu essas informações, um milhão de músicas foram baixadas na internet? Você sabia que 70% de todo o conteúdo que consumimos em um dia não é criado por profissionais e sim por pessoas como eu e você? Você sabia que um exército com mais 100 mil voluntários escreveram juntos, de forma colaborativa, a maior enciclopédia já existente na face da Terra? Você sabia que o Twitter foi criado há apenas quatro anos e hoje existem 100 milhões de novos tweets por dia? Você sabia que, também em quatro anos, o Facebook quintuplicou o número de perfis, tendo hoje 650 milhões de usuários, que dedicam 700 bilhões de minutos por mês ao site? Você sabia?

O texto acima foi criado a partir do original "Você Sabia?" dos educadores americanos Karl Fisch e Scott McLeod com algumas informações atuais mashupeadas por nós.

"Olho para o bloco de pedra e enxergo uma estátua. Então meu trabalho consiste apenas em retirar a pedra que está sobrando. O que fica, é estátua."

É exatamente esse poder de visão que costuma diferenciar grandes líderes de gestores medianos. Que define se um profissional será referência no mercado ou um mero apertador de botões. Infelizmente, essa capacidade de olhar adiante, reinventar e questionar os velhos modelos estabelecidos tem faltado em muitos gestores e profissionais. Afinal, não é de hoje que este longo período de crise e mudanças vem acontecendo de forma cada vez mais vertiginosa.

O que se vê é uma grande resistência por grande parte dos boards executivos em admitir que as pessoas mudaram, a sociedade mudou e, invariavelmente, sua empresa, seus produtos e os modelos de negócio terão que mudar também. São gestores que pintam o cenário simploriamente como ele é e não como ele pode vir a ser – e provavelmente será. Gestores que olham para o bloco de pedra e enxergam nada mais além do que um simples bloco de pedra enquanto poucos visionários conseguem ver ali uma estátua em potencial.

É comum dizerem que existem três tipos de empresa: aquelas que percebem que os ventos vão mudar e ajustam as velas; aquelas que, ao verem outras empresas ajustando as velas, correm para ajustar as suas a tempo; e aquelas que ficam se perguntando "o que está acontecendo?". E você, em qual dessas empresas deseja trabalhar? Que tipo de gestor ou profissional você quer ser? Peter Drucker é bem crítico ao afirmar:

> As empresas não descartam o arcaico, o obsoleto, o improdutivo. Preferem continuar desperdiçando dinheiro no que já está ultrapassado. Pior ainda, acabam encarregando seus funcionários mais competentes de defender o que já era, promovendo má distribuição maciça de seus recursos mais valiosos: os recursos humanos que deveriam ser alocados para construir o amanhã. Se é que esta empresa terá um futuro.

Porém, muitos gestores já começaram a abrir os olhos para este amplo universo de possibilidades que temos a nossa volta. Em vez de fugirem do caos, desmerecê-lo ou ficarem em suas mesas reclamando da crise, resolveram enxergar além dos limites que o convencional impõe. Robert Iger, presidente da ABC, uma das três gigantes da televisão americana, declarou em 1998: "Nós pensávamos que as perdas de audiência iriam parar.

Nós fomos ingênuos. Isso nunca vai ter fim." O presidente mundial da Coca-Cola, Steven J. Heyer, afirmou em 2001:

> *Pode até ser que definições certinhas se acomodem todas numa caixa, que é um objeto uniforme e previsível. Isso, porém, é insustentável num mundo hiperfragmentado. Se continuarmos confinados a esses papéis, essa caixa limitadora se tranformará em um caixão. E na lápide se lerá: "estes aqui não tentaram".*

Em uma passagem do livro *Oportunidades disfarçadas*, Carlos Domingos conta um caso ocorrido na Intel. O cofundador da empresa, Andy Grove, relata em seu livro *Só os paranoicos sobrevivem* que em meados de 1985 estava em seu escritório com o então presidente da companhia, Gordon Moore. Eles discutiam o cenário desafiador que enfrentavam no momento. Os japoneses tinham recém-conquistado a liderança no mercado de chips de memória para computadores. Havia naquele momento muita pressão na Intel por resultados que mostrassem uma reação da empresa. A situação obrigava Grove e Moore a ousar. Mas eles não se sentiam à vontade para fazê-lo. Foi então que à chegaram à seguinte constatação:

> *– E se de repente os integrantes do board executivo nos mandassem embora e a diretoria contratasse um novo presidente, o que ele faria?*
> *– Acho que ele imediatamente tiraria a Intel do negócio de chips.*
> *– Ok, certo, muito bem. Então por que diabos a gente não sai da sala, entra de novo e faz isso a gente mesmo, agora mesmo?*

E assim fizeram. Tiveram eles mesmos a coragem de tomar uma medida ousada que mais tarde representaria a salvação da empresa: abandonar o mercado de chips e focar todos os esforços no mercado de microprocessadores. Hoje, quase três décadas depois, o chip é um commodity pouco valorizado no mercado. Já os microprocessadores são tidos como a parte mais importante do computador, é a parte responsável pelos cálculos, o cérebro da máquina. Domingos afirma: "O que Andy e Gordon fizeram foi alterar a atuação da empresa antes que o mercado o fizesse."

Com isso, a dupla de gestores exerceu um poder visionário que, muitas vezes, apenas a pressão por resultados pode encorajar. A crise é a mãe da inovação. A pressão os fez enxergar nas entrelinhas. E foram além disso:

LIBERE-SE, DAVID.
A MAIORIA DAS PESSOAS
NUNCA VIVE UMA AVENTURA.
SABEMOS O QUÃO DIFÍCIL É
COMPREENDER, MAS NÃO RIRAM
TAMBÉM DE JÚLIO VERNE?

VANILLA SKY

Trecho e imagem do filme *Vanilla Sky* (2001) com todos os direitos reservados à Paramount Pictures.

exerceram o poder de ação. Não apenas vislumbraram o caminho mas colocaram a empresa a caminhar naquela direção. Ajustaram as velas antes do vento mudar. E estavam preparados quando ele de fato mudou.

E você? Vai esperar que o board executivo o mande embora ou prefere tomar uma atitude desde já? Você, gestor de marketing, jovem profissional, ou estudante que está chegando ao mercado: de que lado quer estar? Do lado dos que ficam reclamando da crise, intimidados, assustados com o cenário instável e caótico, temendo qualquer mudança que possa fazer com que tenha que rever todos os seus conceitos? Ou do lado dos que enxergam, em meio a este mesmo caos, infinitas possibilidades e oportunidades de inovação e sucesso? Se você decidiu pela segunda opção, este livro lhe será muito útil nessa desafiadora – porém recompensadora – jornada.

Order is needed only by fools. The genius controls the chaos.
**Albert Einsten**

Meu prezado senhor, darei apenas algumas poucas palavras. A vida fez de mim um homem bem familiarizado com as decepções. Aos 23 anos, tentei um cargo na política e perdi. Aos 24, abri uma loja que não deu certo. Aos 32, tentei um negócio de advocacia com amigos, mas logo rompemos a sociedade. Ainda naquele ano, tive um grave colapso nervoso e passei um bom tempo no hospital. Com 45 anos, disputei uma cadeira no Senado e não ganhei. Aos 47, concorri à nomeação pelo Partido Republicano para a Eleição Geral e fui derrotado. Aos 49 anos, tentei o Senado e fracassei novamente. Mas, aos 51 anos, finalmente, fui eleito presidente dos Estados Unidos da América. Por isso, não venha me falar de dificuldades, tropeços ou fracassos. Não me interessa saber se você falhou. O que me interessa é se você soube aceitar o tropeço. Todos os infortúnios que vivi me tornaram um homem mais forte, me ensinaram lições importantes. Aprendi a tolerar os medíocres; afinal, Deus deve amá-los, porque fez vários deles [...] Se você está vivendo um momento temporário de fracasso, posso afirmar, com a certeza da minha maturidade, ou dolorida experiência, que você jamais falhará se estiver determinado a não fazê-lo. Por mais que você encontre dificuldades pelo caminho, não desista. Pois saiba que o campo da derrota não está povoado de fracassados, mas de homens que tombaram antes de vencer.
Sinceramente, Abraham Lincoln.

Texto elaborado pelo autor Carlos Domingos utilizando apenas frases do 16º presidente norte-americano Abraham Lincoln. Está presente em seu livro *Oportunidades disfarçadas*.

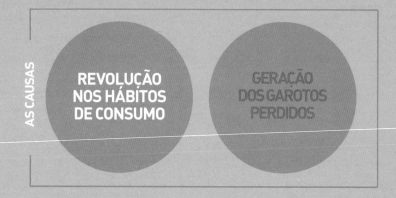

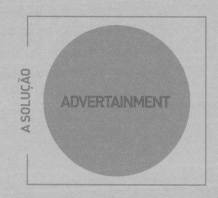

NÃO SÃO AS ESPÉCIES MAIS
FORTES QUE SOBREVIVEM.
SÃO AQUELAS QUE
APRESENTAM A MAIOR
CAPACIDADE DE ADAPTAÇÃO
ÀS MUDANÇAS.
**CHARLES DARWIN**

A tecnologia de uma televisão mudou consideravelmente desde o seu surgimento no final da década de 1940. No início, a imagem era em preto e branco e tinha uma qualidade de sinal muito inferior ao que vemos hoje. Foram necessários pelo menos 30 anos para que as pessoas pudessem assistir imagens que fossem um pouco mais próximas do mundo real: coloridas e com nitidez. Em suas primeiras versões, a televisão vinha com um grande tubo de imagem que demorava até aquecer. Havia poucas opções de emissoras na época e, por mais incrível que isso possa parecer hoje em dia, as pessoas tinham que se levantar do sofá para trocar de canal. Ela tornou-se plana e em seguida passou a vir com telas mais finas e modernas, feitas de plasma, LCD e até LED. Cresceram de tamanho, largura, resolução de imagem e já estão levando o 3D para dentro da sua sala.

## MAS O QUE ACONTECE QUANDO AS PESSOAS COMEÇAM A AGIR DE MANEIRA DIFERENTE?

Mas o que dizer em relação ao hábito de consumir conteúdo televisivo? Se pensarmos no que diz respeito ao ato de sentar em seu sofá para assistir televisão, pouca coisa havia de fato mudado ao longo das últimas décadas, não é mesmo?

O que acontece quando as pessoas simplesmente não se contentam mais em sentar no sofá e assistir de forma passiva à programação que lhe é empurrada?

Quando, de repente, elas descobrem o controle remoto e passam a trocar os canais de forma frenética, instaurando o *zapping*. Quando o número de opções de canais não para de crescer, e elas começam a gravar programas no videocassete para assistir depois. E então passam a dividir o seu tempo entre outras tantas plataformas como o videogame, o computador, o celular, o game portátil e o tablet. Assistem seus programas com um smartphone na mão, compartilhando suas opiniões com os amigos em tempo real. Também podem pausar, adiantar, voltar e gravar a programação com excelente qualidade, podendo assistir na hora e da forma que bem entenderem. Isso tudo com a opção de evitar, a todo custo, os breaks comerciais que interrompem seus programas favoritos.

E, do nada, começam a procurar por vídeos, montar playslists, compartilhar os favoritos com os amigos, receber links de vídeos engraçados de seus pais por e-mail e trocar impressões com centenas de pessoas. E de uma hora para a outra, passam a filmar seus próprios vídeos dançando e cantando em seus quartos, transformando-os em verdadeiros estúdios de cinema do *socialcast*. E então começam a editá-los, adicionam trilhas, fotos, mashupeando tudo com cenas de filmes e clipes de suas bandas favoritas, misturando essa coisa toda, reinventando, se apropriando. E, como se não bastasse, postam isso tudo para todo mundo poder assistir, comentar, rankear, compartilhar, em um movimento epidêmico que simplesmente escapa do controle de tudo e de todos.

É neste momento que uma revolução se consolida: quando os hábitos das pessoas mudam. Sem a adoção em massa, nenhuma tecnologia revoluciona nada, é natimorta. Podemos no máximo concluir que a tecnologia viabiliza e incentiva. Mas a revolução só se estabelece de verdade quando cada vez mais e mais indivíduos adotam novos e inusitados comportamentos de consumo.

Esse importante exercício de observação foi feito pelo autor Mike Walsh em seu livro *Futuretainment – Yesterday the World Changed, Now It's Your Turn* (Phaidon Press, 2009). Mike afirma:

> *Uma mudança radical é uma ruptura com padrões estabelecidos de comportamento. Em um primeiro momento, alguns desavisados podem até considerar esse movimento como um passo atrás. Mas depois percebe-se que na verdade tratava-se simplesmente de um passo em uma direção diferente da convencional.*

Já o autor Brian Solis compartilha conosco um segredo em seu livro *Engaje – The Complete Guide for Brands and Businesses to Build, Cultivate and Measure Sucess in the New Web* (Wiley, 2010):

*O segredo do sucesso para sobreviver no novo cenário de marketing é entender que social media é mais sobre antropologia, sociologia e etnografia e menos sobre tecnologia.*

O problema é que, mesmo quando as pessoas começam a se comportar de maneira diferente, os mais céticos insistem em não perceber a mudança começando, logo ali, à sua frente, ao seu lado. Esse é um erro recorrente ao longo da história. Mesmo que de forma ainda incipiente, embrionária até, a revolução está ali, proliferando exponencialmente como uma epidemia. Tudo começa pelas mãos dos usuários pioneiros, que prestam o inestimável serviço de abrir a mata, desbravando a trilha pela qual a massa seguirá na sequência dos acontecimentos.

O autor Frank Rose, em seu livro *The Art of Immersion: How Digital Generation is Remaking Hollywood, Madison Avenue and the Way we Tell Stories* (W. W. Norton & Company, 2011), afirma que, quando a televisão começou a se popularizar nos EUA em 1948, um programa se destacou fazendo um estrondoso sucesso. O *Milton Berle's Texaco Theater* conseguia uma audiência concentrada inimaginável para os dias atuais. Para se ter uma ideia do tamanho dessa concentração, os reservatórios de água de Detroit atingiam níveis mínimos emergenciais exatamente no mesmo horário toda terça à noite. Não por coincidência no momento do break comercial do programa. Simplesmente porque toda a população esperava até que o programa anunciasse intervalo para ir ao banheiro. Rose comenta:

> *Antes disso, muitos na indústria broadcast renegaram a televisão como um fado – e um fado muito perigoso, visto que era ainda tão incipiente para conseguir gerar algum retorno publicitário mas que já começava a canibalizar o rádio, que na época oferecia um retorno publicitário excelente. E parecia ainda ameaçar Hollywood também, pois uma vez que as pessoas tivessem entretenimento gratuito em suas salas de casa, elas perderiam interesse nos filmes.*

No Brasil, o capítulo que levou ao ar a morte da vilã Odete Roitman passou a incrível marca de 95 pontos de audiência. Hoje uma novela comemora quando atinge 35, 40 pontos. Mais uma prova factível de que concentração de audiência é um luxo do qual os meios de comunicação não usufruem mais.

Esse processo de mudança nos hábitos de consumo é lento e gradativo. Um dos principais argumentos dos mais céticos é afirmar que, mesmo com toda essa empolgação em torno da internet, a participação dela no bolo publicitário ainda é incipiente. Mas, você sabia que no Brasil a televisão levou 12 anos para passar o jornal no bolo publicitário? E 24 anos para assumir a liderança? Apostamos com você que na época os mais céticos também utilizavam o mesmo argumento contra a televisão.

Só porque as mudanças acontecem lentamente não quer dizer que não estão acontecendo ou que não se consolidarão. Isso não pode servir de desculpa para cegarmos a nossa visão de futuro fazendo com que não percebamos as mudanças que estão por vir. Infelizmente, é exatamente isso que muitos insistem em fazer. Fecham os olhos para o futuro ao desmerecerem as tendências simplesmente por não serem, naquele momento, hábitos de consumo adotados pela maioria. Por não representarem, ainda, um consumo de massa.

São pessoas que restrinjem sua análise ao tempo presente, tão somente. Fecham os olhos para o fato de as mudanças nos hábitos de consumo não ocorrerem do dia pra noite. Na maioria dos casos, sequer ocorrem no espaço de uma geração apenas. Por isso é importante pensar o mundo com a cabeça das crianças e dos mais jovens. Enxergar o mundo pelos olhos dos usuários pioneiros. Observar como eles reinventam seus comportamentos. Imaginar como essas mudanças influenciarão o comportamento dos seus filhos e netos.

Seth Godin, business thinker e autor de diversos livros, entre eles o recente *We Are All Weird* (The Domino Project, 2011), alerta para o problema de desmerecer aquelas ameaças que acontecem de forma incipiente, evoluindo gradativamente, sendo desmerecidas pelos gestores menos atentos:

> *Eis o problema do gradual: ele é crônico, traiçoeiro e sutil. As pessoas estão acima do peso? Eu sei como chegaram lá: uma batata frita de cada vez. Não poluímos rios em uma semana. Isso é resultado de anos de despejo de substâncias químicas. Sua empresa não contratou 30, 100, 1.000 funcionários desmotivados de uma vez. Levou anos para criar essa desmotivação. O problema das coisas que acontecem gradualmente é que só percebemos o dano depois que ele se torna extremo. E o que ocorre quando nos damos conta dele? Entramos em pânico e concentramos todos os nossos esforços na busca por uma solução rápida. Mas a questão central é que não se conquista uma medalha de ouro olímpica com algumas semanas de treinamento intensivo.*

REVOLUÇÕES NÃO
ACONTECEM QUANDO
A TECNOLOGIA MUDA.
ACONTECEM QUANDO
OS HÁBITOS DAS
PESSOAS MUDAM.
**MIKE WALSH**

O autor Henry Jenkins publicou um alerta em seu livro *Cultura da convergência* (Editora Aleph, 2009) que deveria ser impresso, emoldurado e pendurado na parede de todo gestor de marketing: "Se você quer saber como vai ser o futuro, observe os usuários pioneiros."

Para entender melhor essa mensagem, nada melhor do que realizarmos uma viagem de volta ao passado. Deste modo fica mais fácil comprovar como os erros de análise acontecem de forma reincidente na história dos meios de comunicação. E ainda como isso acontece justamente por não observarem com a devida atenção os hábitos de consumo pioneiros.

Foi exatamente este exercício de voltar ao passado para entender o futuro que fez Kevin Kelly, em 2005, um dos gurus da mídia digital e fundador da Wired. Segundo consta no livro *Conectado – o que a internet fez com você e o que você pode fazer com ela* (Jorge Zahar, 2007), do autor Juliano Spyer:

> *Em 2005, por ocasião do 10º aniversário do lançamento da internet comercial, o fundador da Wired se propôs a reler uma série de publicações de meados de 1990 para checar a percepção que tínhamos da web logo que ela havia se popularizado. Os otimistas viam nela uma TV de cinco mil canais e realidade virtual. Os pessimistas se perguntavam quem abraçaria uma forma de diversão baseada na datilografia.*

Hoje podemos perceber que os otimistas estavam mais próximos de acertar do que os pessimistas, não é mesmo? Não é ótimo quando a história confirma a visão dos otimistas? Kelly completa ainda: "Tudo que os experts sabiam sobre mídia confirmava a crença de que as audiências nunca levantariam da poltrona para produzir seu próprio entretenimento." Segundo consta no livro já mencionado de Frank Rose, o mesmo Kevin Kelly afirma que ouviu ainda antes, em 1989, de um executivo da ABC: "Você jamais transformará consumidores passivos em atuantes ativos na internet."

Incrível, não? Mas você quer saber: os experts não estavam de todo errados nessa análise. Realmente, aquelas audiências observadas naquela ocasião de fato não levantariam da poltrona para produzir seu próprio entretenimento. E não o fizeram. Porém, os filhos daquela audiência o fariam. E o fizeram. O maior erro deles foi não ter observado os usuários pioneiros, as gerações seguintes. Poderiam ter enxergado ali o futuro se configurando.

O grande equívoco foi justamente não terem utilizado um senso de visão de futuro em suas análises, conforme nos aconselhou o Professor Henry Jenkins. Esta talvez seja a principal característica que separa grandes gestores de profissionais medianos: o poder de visão de futuro. E nisso, caro leitor, Steve Jobs era imbatível.

Outra previsão equivocada que mostra como as inovações e os comportamentos pioneiros são insistentemente desmerecidos ao longo da história é atribuída a Ken Olsen, fundador da Digital Equipment Corporation, em 1977: "Não há razão para qualquer indivíduo ter um computador em casa." Para a nossa felicidade – e de toda a humanidade – Steve Jobs leu o futuro de forma diferente e não se absteve de lançar o primeiro computador pessoal.

Preparado para outra viagem no tempo? Nos acompanhe. Vamos dar um pulo rápido em 1940. No ano do seu surgimento, a televisão também era criticada e questionada como um novo meio de comunicação de massa. Exatamente como fizeram – e muitos ainda o fazem – com a internet e com o *mobile*. Leo Burnett afirmou nesta época: "A coragem das agências de mudar hábitos antigos e arraigados, e de entrar na chuva para se molhar é, na minha opinião, o indicador da força do negócio da agência de publicidade no futuro."

Parece um discurso a respeito da internet em um tempo mais recente, não? Pois não é. É um discurso de 1940 defendendo a televisão como meio inovador. Essas e muitas outras histórias estão no livro *Madison and Vine: Why the Entertainment and Advertising Industries Must Converge to Survive* (McGraw-Hill, 2004) de autoria do colunista da *Advertising Age*, Scott Donaton. O autor ainda complementa:

> *Poucas pessoas acreditavam que a TV fosse ganhar importância como meio de comunicação. A força do rádio era tão grande e ele estava tão presente na vida das pessoas imediatamente após a Segunda Guerra Mundial que quase ninguém acreditava que ele pudesse ser eclipsado. Em 1945, o presidente da Zenith Radio Coporate, E.F. McDonald Jr., disse à* Advertising Age *que "a TV nunca seria um bom lugar para o anunciante colocar seus dólares". Hoje sabemos o quão míope estava sendo o Sr. McDonald Jr. e que essa pode ser considerada uma das piores previsões de negócio do século.*

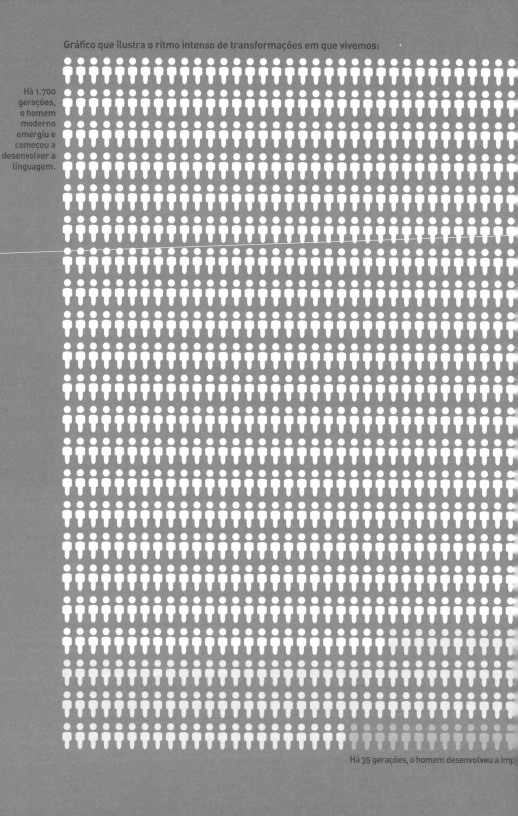

Gráfico que ilustra o ritmo intenso de transformações em que vivemos:

Há 1.700 gerações, o homem moderno emergiu e começou a desenvolver a linguagem.

Há 35 gerações, o homem desenvolveu a imp

Infográfico-referência de Derrick de Kerkhove (d.dekerckhove@utoronto.ca).

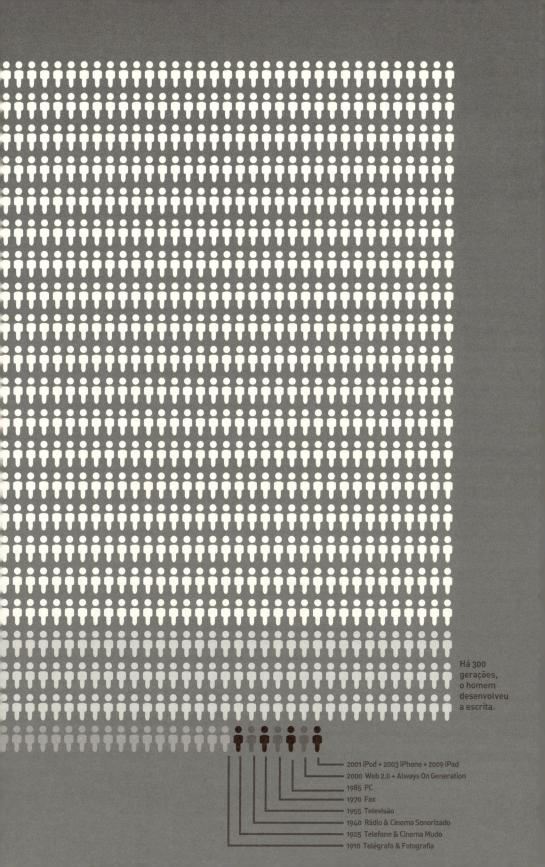

Portanto, é preciso que seja suplicado aos gestores e profissionais: observem os usuários pioneiros. Não perca a oportunidade de, desde já, observar como os serviços e produtos estão sendo utilizados pelos usuários que inauguram os hábitos de massa. Esta análise dos comportamentos de consumo poderá lhe oferecer insumos para que sua marca realize um planejamento a médio-longo prazo. Esse esforço pode lhe render uma vantagem competitiva no futuro próximo. E possuir uma vantagem competitiva é como ter um revólver em uma luta de facas, conforme afirmou Philip Kotler.

## DE UM MUNDO DE ÁTOMOS PARA UM MUNDO DE BITS

Houve um tempo recente em que bastava um novo meio surgir, uma nova plataforma aparecer e pronto: "será o fim daquilo ou o fim daquele outro". Muito se falou em como a televisão acabaria com o rádio e fecharia todos os cinemas. Assim como muitos achavam que o computador iria exterminar a televisão sem dó nem piedade. Isso de fato não aconteceu e não acontecerá. Temos aprendido com o passar do tempo que os caminhos na verdade tomam outros rumos. Ao contrário do surgimento e consolidação de um novo meio ameaçar a existência dos meios já existentes, este fenômeno faz com que todo o sistema de meios amadureça e se reorganize. Mais ou menos como um movimento de estabilização das camadas terrestres logo após um terremoto. O Professor Marshal McLuhan endossa em seu livro *The Medium is the Massage: An Inventory of Effects* (Bantam Books, 1967):

> *(...) uma das coisas que ocorrem quando um novo meio entra em cena é que nos tornamos conscientes das características básicas dos mais antigos, de um modo que não víamos (...) Acho que agora, mais do que antes, estamos cientes do que a imprensa é. O rádio parece ter adquirido uma consciência maior de sua própria identidade depois da televisão. O mesmo ocorreu com o cinema. Assim, há uma grande vantagem nessa revolução provocada por um novo meio de comunicação. Ao revelar algumas das características anteriores da mídia antiga, tornando-as mais inteligíveis e mais úteis, dando-nos uma consciência maior do controle que temos sobre ela.*

Podemos concluir então que o surgimento de novos meios faz com que todo o sistema passe por uma atualização, um rearranjo. Os meios tendem ao encaixe, aprendem a conviver em conjunto, se harmonizam e rumam naturalmente para a convergência. E toda essa convergência de meios ruma para um único lugar: a digitalização.

| MEIO SENSÍVEL (ALMA) | SUPORTE INTELIGÍVEL (CORPO) |
|---|---|
| JORNAL | PAPEL – TELAS / DIGITAL – NUVEM |
| TELEVISÃO | TUBO – LCD – LED – MÚLTIPLAS TELAS / DIGITAL – NUVEM |
| INTERNET | MÚLTIPLAS TELAS / DIGITAL – NUVEM |
| RÁDIO | APARELHO – TELAS / DIGITAL – NUVEM |
| MÚSICA | LP – CASSETE – CD – MP3 – TELAS / DIGITAL – NUVEM |
| FILMES | VHS – DVD – BLU-RAY – TELAS/DIGITAL – NUVEM |
| JOGOS | TABULEIRO – TELAS / DIGITAL – NUVEM |
| DINHEIRO | DINHEIRO – CARTÃO – CHIPS – TELAS / DIGITAL – NUVEM |

Tudo isso vem acontecendo porque o suporte físico está, aos poucos, deixando de ser percebido como elementar para parcelas cada vez maiores da população. A esta altura do livro você já pode responder de bate-pronto em quais parcelas da população esse processo se iniciou, não? Exatamente: com os usuários pioneiros. Para eles o suporte físico já é totalmente dispensável. O autor Mike Walsh afirmou em seu livro *Futurentainment*: "Quando pensamos em mídia é fácil cair no erro de pensar em coisas que você pode ver e tocar (...). Para as novas gerações, um jornal nada mais é do que um punhado de árvores mortas."

Já não há mais dúvidas de que tudo que puder ser transformado em digital será transformado em digital. De que não há mais como existir divisões do tipo "comunicação convencional" e "comunicação digital"; "publicidade offline" e "publicidade online". Independentemente do meio, do suporte ou se é constituído de átomos ou bits, é tudo comunicação, é tudo publicidade, é tudo uma coisa só, tudo ruma para o mesmo lugar. E no centro de tudo isso, está o mesmo cara, o mesmo usuário.

Esse processo de digitalização está escrito nas certidões de óbito de cada um dos suportes de comunicação que sucumbiram um atrás do outro.

*Causa mortis*: processo de digitalização. O mais incrível é que muitos gestores não foram hábeis o suficiente para perceber tais mudanças se iniciando e se consolidando. Assistiram a seus produtos, baseados no suporte físico e não no conteúdo, irem para a UTI e nada fizeram. Ficaram tão cegos de raiva ao focar todas suas armas em direção ao suporte físico – o computador, por exemplo – que não puderam enxergar além. Não perceberam que a revolução digital extrapolaria os limites do computador fazendo com que todo o sistema de meios fosse tomado pela avalanche da digitalização.

O primeiro autor a descrever esse processo de digitalização da vida foi Nicholas Negroponte, diretor do Media Lab do MIT e colunista da *Wired*. Em seu livro *A Vida Digital* (Vintage, 1996), Negroponte afirma categoricamente em um dos melhores trechos da obra:

> *Tudo está mudando rapidamente. A movimentação regular, na forma de pedaços de plástico, de música gravada, assim como o lento manuseio humano da maior parte da informação, sob a forma de livros, revistas, jornais e videocassetes, está em via de se transformar na transferência instantânea e barata de dados eletrônicos movendo-se à velocidade da luz (...). Nas indústrias da informação e do entretenimento, bits e átomos já são confundidos com frequência. Uma editora trabalha no ramo da transmissão de informações (bits) ou no da confecção de livros (átomos)?*

Quando Negroponte escreveu essas afirmações não existiam ainda mais de 2 bilhões de pessoas conectadas. Ninguém compartilhava notícias e conteúdos ou assistia programas de televisão na internet. O e-commerce não movimentava bilhões de dólares em todo o mundo e não existiam ainda aparelhos de GPS espalhados em táxis, carros de passeio e smartphones. As pessoas ainda não compravam músicas nem alugavam filmes pelo iTunes ou pelo Netflix no volume que fazem hoje. Não existia YouTube, Twitter, Facebook e a vida social das pessoas não passava pelos bits, como acontece hoje. Estava longe de existirem aparelhos digitais que, conectados à televisão, possibilitam a gravação, pausa e até exclusão dos comerciais.

Tudo isso comprova que estamos diante de uma incrível revolução. Existem aqueles que defendem ser uma revolução tecnológica. Outros preferem interpretá-la como uma revolução nos hábitos de consumo. Acreditamos que ambos estão redondamente corretos. Não importando muito o que

## MUNDO EM ÁTOMOS

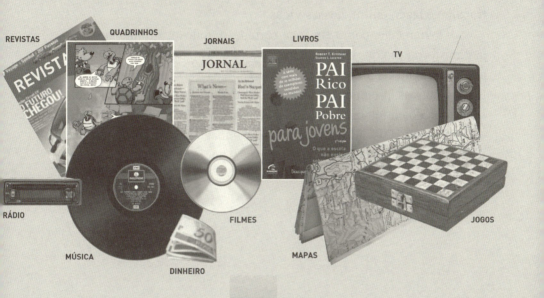

## MUNDO EM BITS

influenciou o quê, estamos vivenciando de fato uma revolução tecnológica que vem transformando diariamente nossos hábitos. Não somente os hábitos de consumo, mas também os hábitos de relacionamento, convivência, trabalho e lazer, enfim, nossas vidas.

Obviamente, como em toda revolução, reflexos do intenso processo de transformação que ela causa impactam tudo a nossa volta. As mudanças que vêm acontecendo na forma como as pessoas se relacionam com os conteúdos, marcas, produtos e com as outras pessoas impactam diariamente as indústrias do entretenimento e da comunicação. Podemos afirmar que elas estão no topo da lista das indústrias mais impactadas, direta e indiretamente, por todos os lados e de todas as formas, por esta incrível revolução.

Não tenhamos pressa mas também não percamos tempo.
**José Saramago**

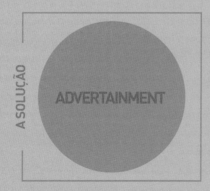

# THE REVOLUTION IS NOT AN APPLE THAT FALLS WHEN IT IS RIPE. YOU HAVE TO MAKE IT FALL.

## CHE GUEVARA

O que os ditadores Ben Ali da Tunísia, Mubarak do Egito e Khadafi da Líbia têm em comum, além do fato de terem sido governantes repressores dessas nações? A resposta é simples: todos eles sucumbiram diante de uma geração que se organizou e ganhou as ruas para tomar o poder de voz e exigir mudanças em suas nações.

Em um TED realizado na Califórnia em 2011, Wadah Khanfar, diretor-geral da rede de televisão árabe Al Jazeera, emocionou a todos ao fazer uma apresentação estarrecedora.

> *Eu estou aqui para lhes dizer que o futuro, com o qual nós vínhamos sonhando, está de fato vivo. Vocês, a geração atual, de fato educada, conectada, inspirada pelos valores universais compartilhados e com uma compreensão global, criou essa nova realidade com a qual havíamos sonhado quando jovens. Encontramos hoje novos caminhos para expressar nossos sentimentos, nossos sonhos. Essa gente jovem, que recuperou a autoconfiança das nações daquela parte do mundo, que nos trouxe um novo significado sobre o que é "liberdade". Jovens que nos encorajaram a caminhar para fora de nossas casas, descermos para as ruas sem violência, elevar o nosso poder de voz e dizer: "nós queremos ver o fim do regime".*

Em outro momento, Khanfar lembrou que pelo menos trinta anos antes, a presença de veículos de imprensa internacionais foi proibida na Tunísia. Durante muitos anos, jornalistas não eram sequer autorizados a entrar no país. Entretanto, isso fez com que a Al-Jazera descobrisse algo muito importante: eles podiam contar com cada um daqueles jovens revolucionários que foram às ruas. Jovens que atuaram como verdadeiros repórteres correspondentes, testemunhas oculares da história que estava sendo escrita ali, ao vivo, via broadcast, mas pelas mãos do socialcast.

*Nós nos tornamos um centro de compartilhamento que recebe todo esse valioso material das pessoas comuns. Pessoas que estão conectadas, pessoas com aspirações, que libertaram-se do sentimento de inferioridade. E tomamos essa decisão de sermos o circulador de informações. Nós seremos a amplificação dessas vozes, vamos espalhar essas mensagens.*

As revoluções em série que aconteceram no norte da África não receberam o nome de Youth Revolution à toa. No Oriente Médio e no norte da África, 60% das pessoas têm menos de 30 anos. Para ter uma ideia do que isso significa, no Brasil são apenas 17%. Por isso mesmo, os governos locais a classificaram como "baderna de jovens" afirmando de forma míope ser "um bando de ineptos sem consciência" conforme afirmou publicamente um ministro do ditador Mubarak. Kadafi afirmou que os jovens responsáveis pela revolução seriam apenas "garotos viciados em pílulas alucinógenas".

Esses jovens compõem a primeira geração em seu país que teve acesso à uma compreensão global, viabilizada pelo acesso à internet. Isso quer dizer que eles cresceram vendo o mundo que acontecia através dessa incrível janela para o mundo. Foram diretamente influenciados pelos valores ocidentais e pelos modelos democráticos. Tudo isso fez com que eles percebessem que as coisas não poderiam continuar como estavam e os motivou a colocar os pés para fora de casa, tomar o poder de voz, elevar os punhos e reivindicar o fim do sistema ditatorial que intimidou seus pais e antescedentes.

## E VOCÊ AINDA ACHA QUE UMA GERAÇÃO QUE ACABOU COM 3 DITADURAS NÃO VAI ACABAR COM O SEU COMERCIAL DE 30"?

Sangerine é uma menina comum que começou a gravar vídeos em seu quarto para depois postá-los no YouTube. Em vez de se submeter a uma tela, apenas de forma passiva, optou por entrar de forma ativa em outra tela. Nos vídeos, Sangerine canta as músicas de sucesso que gosta, dança, sorri, conversa e interage com sua nanoaudiência.

A voz de Sangerine engrossa o coro de uma geração que tomou o poder de voz e hoje abre milhares de janelas virtuais para o mundo a cada novo minuto. Uma geração que não aceita mais ser apenas AB/HM/15-25 anos. Antes uma maioria silenciosa, hoje um exército que abre milhares de janelas virtuais para o mundo. Do seu quarto para o planeta. Do seu mundo particular e privado para a coletividade latente. Ela, a câmera e a sua nanoaudiência. A cauda longa também está presente nas milhares de nanocelebridades com suas milhares de nanoaudiências. Simples assim. É como se ela estivesse debochando do sistema, da indústria, do broadcast.

Ironicamente, a letra de uma das músicas interpretadas por Sangerine traz em si o que poderia ser interpretado como um recado para os gestores e profissionais dos meios de comunicação do "broadcast". A música é "This is real, this is me" da cantora americana Demi Lovato:

> *Eu sempre fui um tipo de garota que escondia meu rosto com medo de dizer para o mundo o que eu tenho que dizer. Mas eu tenho esse sonho bem dentro de mim. Eu vou mostrar isso, essa é a hora de deixar você saber: isso é real, essa sou eu. Eu estou exatamente onde eu deveria estar, agora deixe a luz brilhar em mim. Agora encontrei quem eu sou, não há nada que possa me prender. Chega de esconder quem eu quero ser, essa sou eu.*

Ao afirmar para o mundo *this is real, this is me*, Sangerine assina simbolicamente um manifesto em prol do Social Power. Um mundo aberto com livre direito de manifestação e exposição da arte, sem fronteiras, sem ingressos, sem sistemas limítrofes, sem restrições ou pedágios, sem códigos de área ou alfândegas por todo lado.

Seja você um líder governista ou um gestor da indústria de entretenimento. Seja você um profissional de marketing ou um artista famoso.

Abra os olhos. Existe uma geração de jovens na internet que está chamando sua atenção, batendo no peito e gritando: "this is real, this is me". As indústrias da propaganda e do entretenimento têm duas opções: ou escutam e iniciam uma conversa envolvente e relevante ou retiram-se do jogo. Isso se não forem retiradas de forma compulsória. Impor limites e tentar manter "ditatorialmente" o monólogo que fizeram dessas indústrias soberanas megalatifundiárias do patrimônio cultural da sociedade está fora de questão para esta e para as futuras gerações. E são elas, as futuras gerações, que ditarão o ritmo e a profundidade das mudanças que ocorrerão em todo o mercado.

Assim como Sangerine, Maria Aragon, uma menina canadense de 10 anos, postou um vídeo no YouTube. Naqueles três minutos em que canta e interpreta no teclado uma música de Lady Gaga, Maria abriu um portal para um mundo de infinitas possibilidades. Um dia, um conhecido blogueiro das celebridades, o americano Perez Hilton, enviou o link do vídeo para ninguém menos que a própria Lady Gaga. A cantora twittou para seus milhares de seguidores dizendo que tinha ficado emocionada com o vídeo.

Foi o suficiente para transformar a pequena Maria Aragon em uma nanocelebridade local da pequena cidade canadense em que vive com seus pais. Maria começou a distribuir autógrafos, ser solicitada para eventos e a ser convidada para dar entrevistas. Em uma dessas ocasiões, quando estava na principal rádio nacional do Canadá, algo surpreendente a deixou extasiada: a própria Lady Gaga telefonou para a rádio. A menina não esperava ser surpreendida por uma ligação ao vivo de sua grande ídola. A cantora conversou com a menina em prantos e, para completar, convidou Maria para subir ao palco em um show que faria em Toronto para fazerem um dueto.

Com isso tudo acontecendo, o vídeo da menina de 10 anos fazendo um cover de Lady Gaga dentro de seu quarto, produzido com uma filmadora de US$300, já ultrapassava a marca de 25 milhões de views no YouTube. Isso só na postagem principal feita pela sua irmã no YouTube.

Justin Bieber foi descoberto exatamente da mesma forma pelo empresário Scooter Braun: por meio de vídeos postados por sua mãe, também no YouTube. Na época, a intenção dela era apenas disponibilizar os vídeos para que os parentes pudessem assistir. Justin tinha apenas 12 anos e interpretava músicas de Usher, Chris Brown e Stevie Wonder. Famoso mundialmente aos 16 anos, Justin é hoje uma das carreiras mais promissoras do mainstream americano, segundo a revista *Forbes*.

Importante observarmos ainda que a grande maioria dos vídeos recordistas em números de views no YouTube são vídeos de música. Uma prova contundente do poder do entretenimento como plataforma de marketing.

Frank Rose, em seu livro *The Art of Immersion*, comenta uma comparação apresentada pelo professor de antropologia da Universidade do Estado de Kansas, Michael Wesch, em um debate na Biblioteca do Congresso:

> *Três das redes de televisão líderes nos EUA veicularam ininterruptamente durante os últimos 60 anos em que estiveram nesse negócio um montante de mais de 1,5 milhão de horas de programação, o que é muita coisa, não? Mas é menos do que os usuários de internet subiram no YouTube nos últimos 6 meses.*

A cada novo vídeo no YouTube, a cada novo Tweet, a cada nova foto no Instagram, a cada novo "Curtir" no Facebook, milhares de jovens ao redor do globo estão clamando através de suas webcams: "Pare de me interromper e me entretenha." Enquanto essa massa de revolucionários subversivos se dispersa de forma cada vez mais intensa, fragmentando audiências e reinventando a cada novo segundo os velhos modelos de comunicação, as marcas estão incansavelmente buscando novas formas de impactar, envolver e engajar essa geração de garotos perdidos.

São garotos que cansaram de compor uma massa que flutuava em algum ponto entre a passividade e a espontaneidade selvagem. Uma massa que cansou de ser muda e anseia pelo protagonismo da história. Uma geração que está tomando a palavra e deixando de ser uma maioria silenciosa. Garotos que os planos de mídia convencionais não conseguem mais encontrar tão facilmente quanto antes. Garotos que esperam que as marcas parem de pensar em apenas vender e passem a se preocupar também em envolver. Que gestores e profissionais de marketing se preocupem tanto em engajar quanto se preocupam em impactar.

São garotos que anseiam por corporações que não pensem apenas no *"return on investment"* mas também no *"return on engajement"*. Que desejam que as empresas transformem seus "serviços de atendimento ao

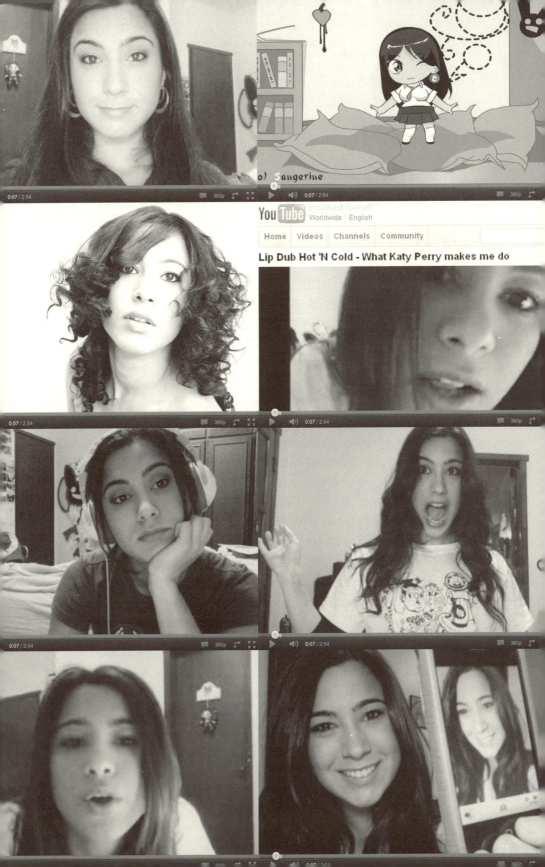

consumidor" em "serviços de encantamento do consumidor" e que as agências pensem mais em *"call to engaje"* do que apenas em *"call to action"*. Uma geração inteira que não está mais sentada, imune e passiva, apenas em frente ao aparelho de televisão.

Não há dúvidas de que a verba publicitária seguirá esses garotos, estejam onde estiver. Decidir onde e como investir é um desafio cada vez mais delicado. John Wanamaker afirmou há 100 anos que "metade do dinheiro que gasto em publicidade é desperdiçado. O problema é que não sei qual metade". Se já era complicado há 100 anos, imagine nos tempos atuais, em um cenário muito mais complexo e caótico.

Participar de uma Twitcam pela madrugada adentro? Sem problemas. Jogar Playstation com gamers de qualquer outro país do planeta por horas e horas? Fechado! Baixar e assistir vários episódios seguidos de *The Big Bang Theory* de uma só vez? Tá valendo! Agora, dedicar 30" (segundos) de atenção para você me vender algo? Tô fora!

Os "garotos perdidos" não pararam de assistir televisão. Só que estão fazendo um monte de outras coisas novas, tudo ao mesmo tempo. Estão se divertindo, se exibindo, compartilhando conteúdos engraçados, interagindo com seus amigos, paquerando, enfim, vivendo. Estão fazendo coisas que demandam sua participação ativa pelo engajamento, não a sua atenção compulsória pela falta de opção, como a indústria da comunicação insiste em fazer. Estão fazendo todas essas coisas e outras tantas mais e mais e mais. E até onde sabemos, o dia continua tendo, invariavelmente, as mesmas 24 horas.

Eles continuam consumindo conteúdos televisivos mas de formas diferentes, inusitadas. Dividem seu tempo e sua atenção em diversas possibilidades de canais, plataformas e meios. Com tanta opção, não suportam mais a ideia de ter que aceitar a interrupção com mensagens chatas.

Don Tapscott afirma em seu livro *Macrowikinomics* (Campus/Elsevier, 2011):

> *Da mesma maneira como a publicação está ficando mais democratizada, pessoas em todos os lugares estão participando da mídia, convertendo-se em prossumidores (prosumers), o que, por sua vez, vira de ponta-cabeça os modelos tradicionais.*

Afinal, que geração é essa que nasceu e está crescendo em meio a esta verdadeira revolução nos hábitos de consumo? Quem são esses indivíduos que influenciaram e foram diretamente influenciados por este intenso processo de mudanças? Quem são os soldados que compõem essa horda voluntariosa e colaborativa que vem fazendo com que a prepotência suntuosa dos gigantes tenha que ser questionada? Quem são esses agentes do caos? Quem são esses moleques que acham que podem questionar impérios construídos ao longo de décadas? Esses malditos fedelhos que impuseram o fim do monopólio da fala e instauraram esse inferno desorganizado onde todos falam com todos, todos trocam com todos, todos colaboram com todos, um verdadeiro caos, meu Deus! Quem são esses elementos que compõem uma verdadeira legião de "garotos perdidos"?

Afinal, quem diabos são esses malditos garotos que de uma hora para outra saíram do estado de passividade muda e instauraram essa era caótica de participação coletiva?

Para descobrirmos ainda mais como se comporta essa geração vamos observar juntos o cotidiano de uma criança de 12 anos nos dias atuais. Quem convive com uma "criaturinha" dessas em seu dia a dia muitas vezes não se dá conta de que possui um verdadeiro instituto de pesquisas particular em casa. Basta que você passe a observar com um pouco mais de atenção os hábitos de consumo destes pequenos representantes das gerações seguintes para perceber alguns sinais claros do que está por vir.

Há pouco tempo, o que fazia um garoto de 12 anos quando chegava da escola? Ligava a televisão para assistir a um ou dois canais da TV aberta, correto? Essa era praticamente a única mediação midiática que impactava a vida de um garoto naquela época. Em sua rotina diária, este era praticamente o seu único consumo rotineiro de conteúdo de entretenimento e de mensagens publicitárias. Essa criança consumia uma variedade muito menor de mídia e entretenimento. Além disso, como a audiência era consideravelmente mais concentrada, era muito mais fácil impactá-lo com as mensagens sedutoras das marcas.

Agora observe como a situação mudou nos dias atuais. Perceba a quantidade de conexões midiáticas que essa criança possui hoje em dia e com as quais se relaciona diariamente. O entretenimento e os meios de comunicação estão muito mais presentes em diferentes formas e variações de relação com este garoto. Com essa variedade incrível de opções, pontos de contato e focos de atenção, começamos a compreender um pouco o perfil e os hábitos desta geração que está chegando e se instalando sem cerimônias.

**BROADCAST NETWORK**

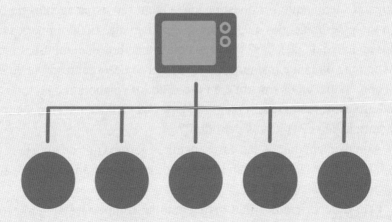

**SOCIALCAST NETWORK**

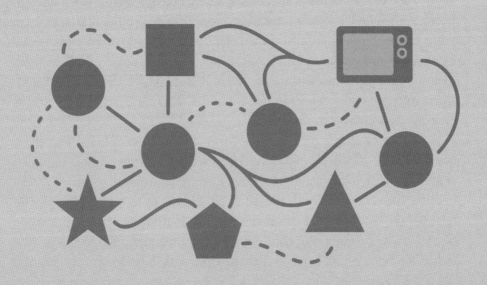

Fica claro que a forma como essa criança levará sua vida será consideravelmente diferente das gerações que a precederam. Ela consome e consumirá produtos e conteúdos de forma completamente nova e inusitada. E será cada vez mais difícil conseguir atrair a sua atenção para envolvê-la e engajá-la.

As marcas, os veículos e as agências precisam estar prontas para essa nova realidade que se confirma a cada dia nos dados que chegam sobre suas mesas. Todos nós precisamos nos perguntar: será que estamos nos preparando para as novas gerações de nativos que já nasceram e cresceram em meio à revolução digital? Será que estamos preparados para repensar nossos métodos de envolvimento e engajamento? Será que teremos versatilidade para redesenhar nossos modelos de negócio? Não seria melhor nos anteciparmos e começarmos um processo de transição mais efetivo desde já?

## "OS JOVENS SE PARECEM MAIS COM O SEU TEMPO DO QUE COM SEUS PAIS" – DEBORD

Entre todas as nomenclaturas, optamos por usar o termo "garotos perdidos" com mais ênfase na maior parte do livro. Esta nomenclatura foi publicada na revista *Wired* em uma matéria do jornalista Frank Rose que trazia uma série de dados de dispersão de atenção e fragmentação da audiência. Eles foram chamados de "garotos perdidos" justamente por não serem mais tão facilmente e passivamente encontrados pelos planos de mídia convencionais.

| IMIGRANTES | NATIVOS |
|---|---|
| OFF VS ON | ALWAYS ON |
| MOUSE | MULTITOUCH |
| TANGÍVEL, FÍSICO, MATERIAL | VIRTUAL, LÚDICO, IMAGINÁRIO |
| PERENE, ESTÁVEL, PLANEJADO | EFÊMERO, IMPREVISÍVEL, IMPROVISADO |
| JOGOS EM TABULEIROS | JOGOS EM TELAS |
| GUERRA DO VIETNÃ: POUCA INFORMAÇÃO | GUERRA AO TERROR: AO VIVO NA TV |

Além disso, ela não restringe faixas de idade como acontece com as nomenclaturas do tipo "XYZ". Isso porque "garotos perdidos" são na verdade todos aqueles – crianças, pré-adolescentes, adolescentes, pré-adultos,

adultos-jovens – que já adotaram novos hábitos de consumo dos meios de comunicação. Jovens de espírito, de atitude, que não têm mais os meios convencionais como protagonistas prioritários, monopolistas de sua atenção.

"Garotos perdidos" é uma nomenclatura mais condizente com essa incrível revolução nos hábitos de consumo dos meios de comunicação que estamos vivendo. Justamente por classificar essas gerações pelos seu comportamento e não por causa do ano de nascimento. Isso pode parecer um mero detalhe, mas observar as gerações pelo viés do comportamento é muito mais justo do que fazê-lo simplesmente pela idade. Você certamente conhece algum representante da geração Y que se comporta como um *baby boomer* ou algum representante da geração *baby boomer* que se comporta como um membro da geração Y. Por isso é mais justo e correto analisar os consumidores pela forma como se comportam e não pelo ano em que nasceram.

Afinal, estamos falando de gerações de "Peter Pans" que, independente do ano de nascimento que carregam em suas carteiras de identidade, se comportam como jovens, consumindo produtos e serviços como jovens, vivendo intensamente a vida como fazem os jovens. Mais do que em qualquer outro tempo, a atitude jovem – não estamos falando da data no documento e sim de *lifestyle* – está no topo da pirâmide de influência: aspiracional para os mais novos e inspiracional para os mais velhos. É o que afirma, por exemplo, o vídeo *We All Want to Be Young*. Resultado de um estudo realizado pelo instituto de pesquisas BOX 1824, o vídeo endossa de forma aderente o que estamos afirmando:

> *Todos queremos ser jovens. É atraente. É uma explosão de hormônios. É sexy (...) Pessoas jovens representam novas linguagens e comportamentos e estão influenciando diretamente os hábitos de consumo. (...) A geração jovem de hoje (...) é a maior em números absolutos em uma perspectiva global. E eles têm um alto poder de compra se comparado ao de seus pais quando eram jovens.*

Juliana Sawaia, diretora de Consumer Insights do IBOPE, afirma em suas palestras que o processo de mitose geracional inverteu-se. Antes o usual era os hábitos passarem de pai para filho. Hoje, parte desse processo acontece na ordem inversa: de filho para pai.

Os "garotos perdidos" não possuem nenhum elo emocional com suportes físicos como o papel, o CD ou um DVD. Mais uma característica

O QUE UM GAROTO DE 12 ANOS FAZIA QUANDO CHEGAVA DA ESCOLA?

O QUE UM GAROTO DE 12 ANOS FAZ HOJE QUANDO CHEGA DA ESCOLA?

que distoa consideravelmente do perfil de seus pais imigrantes. Adorar o cheirinho do jornal de papel? *Bullshit!* Curtir o barulhinho da agulha no disco de vinil? *Bullshit!* Qualidade e pureza do som do CD? *Bullshit!* Sentir a textura do papel ao folhear um livro? *Bullshit.*

É uma geração que valoriza mais o imagético do que o físico. A imagem é idolatrada. A realidade é espetacularizada para ser consumida como imagem. O parecer é infinitamente mais importante do que o ser. A geração anterior iniciou esse processo de adoração ao espetáculo. Essa geração o idolatra. Vive imersa 24/7 no espetáculo. Não existe ON ou OFF. É uma geração *always ON, always alive, always in the Matrix.* Respira o espetáculo sem sequer perceber se está dentro ou fora dele.

Não entendem por que devem consumir um álbum inteiro se podem baixar apenas as faixas que lhe interessam. Nunca enviaram uma carta. Não sabem sequer o que é selo postal. Nunca viram um walkman em suas vidas. Não são familiarizados com conceitos tradicionais e retrógrados como código de região, horário nobre, *mass media* ou direitos autorais. Uma geração de nativos que produz, cria e pensa em bits e não mais em átomos apenas. Dificilmente focam 100% de sua atenção em algo por mais de 15 minutos. Ler uma matéria de jornal de quatro laudas? Esquece.

O fato é que psicólogos, pedagogos e comunicólogos estão em polvorosa buscando soluções para uma verdadeira avalanche epidêmica de distúrbio de atenção (DDA). Estamos falando da "geração 140 caracteres" que consome pílulas de informação, de forma imagética, com o mínimo de conteúdo textual possível. Tudo é raso, superficial, efêmero. Vivem uma vida permanentemente em versão beta. Nada é aprofundado, nada é definitivo.

Antes as pessoas tinham um cérebro HD, quando a capacidade de acumular o máximo de conhecimento e informação possível era o mais valorizado. Hoje, é mais comum terem um cérebro RAM, com uma velocidade de processamento maior do que de armazenamento. Um cérebro RAM é mais condizente com o cenário atual. Com ele, é possível encontrar os conteúdos mais rapidamente em meio ao emaranhado farto de conteúdos e coordenar a coexperiência de várias ações ao mesmo tempo.

É uma geração microparticulada em que o conhecimento é fragmentado em doses homeopáticas. Tudo é particionado em nanoporções. Trata-se de uma nova ordem no pensamento humano. Com a informação farta e de fácil acesso a todo momento, esta geração cresceu entendendo como

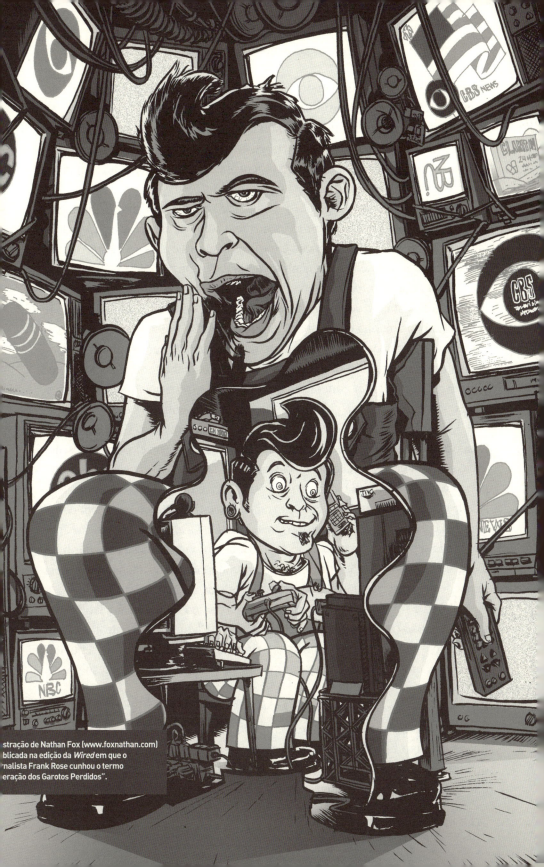

Ilustração de Nathan Fox (www.foxnathan.com) publicada na edição da *Wired* em que o jornalista Frank Rose cunhou o termo "Geração dos Garotos Perdidos".

dispensável o hábito de memorizar conteúdos. Isso também explica o fato de eles terem um desprendimento material.

Se seus pais imigrantes sentiam a necessidade de encher as estantes de livros, lotar as paredes com porta-cds e DVDs, esta geração se caracteriza justamente pelo total desapego físico-material em relação aos suportes físicos, como vimos no capítulo anterior do livro.

Estamos falando da geração "multitask" que se habituou a "navegar" pelos meios, plataformas e na própria vida real como se estivesse em um navegador de internet. Divide a atenção em vários assuntos e abas ao mesmo tempo sem concluir a experiência em nenhum deles de forma completa e absoluta.

Esta condição foi o terreno fértil onde foi cultivada uma geração altamente imediatista. Se você quer saber o que está acontecendo, por que esperar até o jornal de amanhã de manhã? Por que esperar se posso ver agora no meu smartphone? Se você quer assistir a um novo filme, por que esperar até o lançamento no cinema? Por que faria isso se posso baixar agora? E se posso ver o filme do Harry Potter com duas horas de duração, por que diabos eu leria o livro que me demandaria pelo menos alguns dias de leitura?

O novo já nasce velho e o que está por vir já é presente. Tudo ao mesmo tempo agora. Tudo perene, nada permanente. O futuro é antecipado, o presente vivido com intensidade latente e o passado permanece vivo apenas em alguma pasta de fotos do Facebook. Uma geração que vive o hoje com extrema intensidade e anseia pelo amanhã com elevada expectativa. Percebe o ontem como algo cada vez mais distante, mesmo que tenha sido há algumas horas atrás apenas. Cada segundo é uma nova oportunidade para virar a mesa e mudar tudo a sua volta. Essa pressão imediatista ocorrendo em ritmo intenso influencia também na busca irrefutável por diversão e prazer.

São os filhos do controle remoto, do *zapping*, da polivalência, da instabilidade. São os filhos da banda larga. Geração "control C, control V", "copiou, colou". Clique e terá resposta na hora exata, em milésimos de segundo, senão está lento demais. Um piscar de olhos é tempo demais para esperar.

## DE QUARTOS DE CRIANÇA PARA TECHBUNKERS

Com o intuito de entender um pouco mais sobre as novas gerações, um canal pago infantil realizou uma pesquisa qualitativa para investigar o que está se passando na cabeça das crianças. Pediram então para eles desenharem como seria um "quarto dos sonhos" na opinião deles.

O resultado surpreendeu os analistas mas não surpreenderia quem convive com uma criança em seu dia a dia. O que se viu ali, naqueles desenhos inocentes, foi uma manifestação precoce de um impressionante anseio consumista por tecnologia. Uma extensa lista de gadgets tecnológicos, que há pouco tempo atrás sequer existiam, está presente nos sonhos de consumo dessas gerações: aparelhos de ar-condicionado split digitais, players de Blu-Ray, PS3, XBox, Kinect, iPods, TVs de LED, iPhones, iPads e por aí vai.

O estudo demonstra que os quartos das crianças, que antes tinham bolas, soldadinhos, bonecas e carrinhos, transformaram-se em verdadeiros bunkers tecnológicos. É exatamente nestes "techbunkers" que a geração dos "garotos perdidos" vem se escondendo dos planos de mídia convencionais. Onde podem se passar por outras pessoas em perfis fakes no Orkut ou no Facebook. Onde podem adicionar e bloquear centenas de "amigos" no MSN. Onde podem jogar uma partida de futebol com um guri lá no Japão. Onde podem cantar, dançar, gritar, filmar isso tudo e postar no YouTube. Onde exibem seus momentos e expõem suas vidas em fotos no Facebook.

Estamos falando de uma geração que já cresce sendo "educada" diariamente a lidar com a exposição midiática de si e de tudo, em todos os sentidos, de forma democrática e igualitária. As marcas estão inseridas

## NASCIDOS NOS ANOS

| 40/50 | 60/70 | 80/90 |
|---|---|---|
| **BABY BOOMERS** | **GERAÇÃO X** | **MILLENNIALS** |
| PÓS-SEGUNDA GUERRA MUNDIAL | GUERRA FRIA | WORLD WIDE WEB |
| CONTESTADORES | INDIVIDUALISTAS | CONECTADOS |
| RACIOCÍNIO LINEAR | RACIOCÍNIO LINEAR | RACIOCÍNIO NÃO LINEAR |
| PAZ, AMOR, SEXO LIVRE E FLOWER POWER | VIVEM A BUSCA PELO PRAZER SEM CULPA | FAZEM BREAKS HEDONISTAS E UNEM TRABALHO AO PRAZER |
| CONQUISTARAM O DIREITO DE SER JOVEM | CONSOLIDARAM O PODER ECONÔMICO | CROWDFUNDING |
| COMUNIDADE X CIDADE | SÃO DIVIDIDOS EM GRUPOS | TRANSITAM EM DIVERSOS GRUPOS |
| CHAVE DA CASA | CHAVE DO QUARTO | CHAVE DO MUNDO |
| **JUVENTUDE LIBERTÁRIA** | **JUVENTUDE COMPETITIVA** | **JUVENTUDE GLOBAL** |

**WE ALL WANT TO BE YOUNG**

Todos queremos ser jovens. Eles estão no topo da cadeia de influência. Suas novas linguagens e comportamentos inspiram os mais jovens e os mais velhos. Mas o incrível poder dos jovens atuais se deve, exatamente, aos que vieram antes deles.

PODER FINANCEIRO

$         $$         $$$

SOCIAL

SEXO

MÚSICA

*Children of the Revolution*    *Boys Don't Cry*    *Lisztomania*
-T. Rex                -The Cure           -Phoenix

FILME

Hair       A garota de rosa-choque       A rede social

DROGAS

Verde         Branca         Colorida

MÚSICA + TECNOLOGIA

GAMES

MUSA

RELIGIÃO

JARDINAGEM

MEIO DE TRANSPORTE

LUGAR UTÓPICO

Designer: Niege Borges

pontoeletronico.me

na vida de cada um de forma íntima e envolvente. São expostas no filme da vida real de cada um que se passa diariamente em suas timelines do Facebook. Talvez por isso seja uma geração que não se importa com a presença de marcas em filmes, músicas e games. Afinal, se a vida já é repleta de marcas – que eles inclusive gostam ou até amam – qual o problema de estarem no filme, no clipe ou no game também?

Nunca as teorias de Guy Debord soaram tão coerentes. Afinal, estamos falando de uma geração que cresceu imersa na realidade virtual dos videogames que, cada vez mais, se confundem com o mundo real. Uma geração always online que idolatra o espetáculo e adora a imagem em detrimento do real. Chega ao ponto de ter dificuldade em diferenciar o território do real e a ilusão: o mundo todo é imagético em todas as suas manifestações e conexões. Seu avatar é a sua representação digital idealizada. É como ela gostaria de ser, como anseia que as pessoas a percebam.

Bronzeamento artificial, peitos falsos, "colorido artificialmente", "fake orgasms", "sabor artificial de", boneca inflável, inteligência artificial, perfis fakes no Orkut, "efeitos especiais", "air guitar", "realidade aumentada". Uma geração que está perdendo os pontos de contato com o mundo real. Uma geração que vive permanentemente dentro de Pandora, imersa na Matrix.

Como o tempo sempre parece escasso frente a quantidade de possibilidades e opções de coisas a fazer, esta geração preza em realizar apenas aquelas ações que lhe trarão alguma forma de prazer. Rir, gargalhar, emocionar-se, ficar com tesão, extravasar, curtir, essas são as máximas dessa geração. É de fato uma geração extremamente hedonista que coloca a busca pelo prazer e pela diversão – olha o entretenimento pintando como protagonista na vida dessas gerações – como premissa básica em suas vidas. Idolatram o espetáculo justamente por possibilitar o prazer sem limites, em seu estado pleno.

Estamos falando de uma geração movida à diversão. Investem praticamente todo o seu tempo na busca por coisas divertidas. Acabam por menosprezar tudo que possa trazer obrigações, aborrecimentos ou interrupções que atrapalhem seus momentos de diversão. Isso explica – e muito – a rejeição crescente que eles sentem em relação à publicidade convencional quando interrompe seus momentos de prazer e entretenimento apenas para dizer coisas chatas. Se for para mostrar coisas legais, nem é tanto problema assim.

Como vimos, muitas dessas características que constatamos como marcantes na geração dos garotos perdidos reforçam o coro em defesa do uso do entretenimento como ferramenta de marketing. É exatamente desta forma que as marcas e mensagens publicitárias conseguirão adentrar neste universo tão peculiar quanto excludente. O fato é que se as marcas continuarem a tentar contato por meio de métodos invasivos, massantes, interruptivos, onde a estratégia prioritária é vencer pelo cansaço por meio da repetição massiva, serão cada vez mais execradas do dia a dia desta geração – como já vem acontecendo.

Afinal, seja você um artista que produz conteúdo de entretenimento e está buscando novas formas de viver de sua arte. Seja você uma empresa de produção cultural, como uma gravadora ou uma editora, que formata e vende conteúdos e precisa encontrar novas formas de rentabilizar seu negócio. Seja você um anunciante que precisa encontrar novas formas de impactar o público que não está mais imóvel diante da televisão ou lendo jornal. Seja você um veiculo de comunicação broadcast que precisa enxergar além das limitações físicas do suporte hardware começando a compreender que você é um gerador de informação e de entretenimento, não importando por qual canal o usuário deseja receber e experimentar esse conteúdo. Seja você dono de uma grande agência de propaganda, ainda presa aos alicerces burocráticos da bonificação sobre veiculação, que limita seu horizonte aos meios convencionais por serem padronizados a este modelo de remuneração. Seja você uma pessoa extremamente conservadora que ainda gosta de escolher seus CDs em alguma loja na esquina, que ainda aluga seu filminho na locadora mais próxima ou ainda compra seu jornal na banca diariamente.

Seja você um jovem que está assistindo a toda essa confusão e sorri. Sorri pelo fato de poder decidir o que quer assistir, como, em que lugar, por qual gadget e meio, na hora que bem entender, com ou sem comerciais, digitalmente ou não. Todos, absolutamente todos, estão sendo desafiados diariamente a reinventar modelos e hábitos. São instigados a cada novo minuto a repensar suas ações para conseguirem um lugar ao sol em meio a este cenário cada vez mais conturbado. São desafiados a encontrar novas e inusitadas formas de continuar envolvendo uma crescente geração de *garotos perdidos*, seja no território real, seja no território virtual.

> Tão importante quanto nos preocuparmos com o mundo que vamos deixar para os nossos filhos é nos preocuparmos com os filhos que vamos deixar para o nosso mundo.

Alguns temem o novo porque ele ameaça o estabelecido, contesta as convenções, desafia as regras. Alguns evitam o novo porque ele traz insegurança, estimula o experimento, convida à reflexão. Alguns fogem do novo porque ele nos retira da confortável posição de autoridades e nos obriga a reaprender. Algus zombam do novo porque ele é frágil, não foi consagrado pelo uso. Mas essas pessoas se esquecem que tudo o que hoje é consagrado um dia já foi novo. Alguns combatem o novo porque ele contraria interesses, desafia os paradigmas, não respeita o ego, despreza o *status quo*. Mas tudo isso é inútil porque a história da humanidade mostra que o novo sempre vem. Por isso, recicle seus pensamentos, reveja seus pontos de vista. Atualize suas fórmulas, seus métodos, suas armas. Senão você será sempre um grande profissional, um sujeito muito preparado para lutar numa guerra que já passou.

Texto de Carlos Domingos publicado em seu livro
*Oportunidades disfarçadas* (Sextante, 2009).

# ESTABELEÇA METAS MAIS ALTAS, RASGUE NOVOS CAMINHOS, DISPUTE COM OS IMORTAIS. A MUDANÇA É O NOSSO SANGUE VITAL. A ESTAGNAÇÃO É O NOSSO CANTO FÚNEBRE.
## DAVID OGILVY

Há pouco tempo, o cenário da comunicação poderia ser comparado a um jogo de boliche. Havia uma mensagem padrão (bola) a ser transmitida por um emissor (jogador) que era o detentor exclusivo do direito de enviar a mensagem (arremessar a bola). Isso acontecia por meio de um único canal direto (pista) com o objetivo de impactar o máximo de pessoas possíveis (pinos). Juntas, essas pessoas formavam uma massa homogênea e passiva, que aguardava estaticamente o momento de ser impactada.

Atualmente, vivemos em um cenário bem diferente. Podemos afirmar, sem nenhum exagero, que seria um cenário mais parecido com um jogo de *pinball*. Caótico, conturbado, imprevisível, com múltiplos e diversificados alvos heterogêneos, em situações díspares e se comportando das formas mais divergentes. Um cenário onde o impacto e o feedback acontecem de forma sistemática e, em muitos casos, num ritmo tão intenso que beira a simultaneidade. Um cenário indefinido com múltiplas possibilidades de ruídos, fenômenos e resultados.

Esta analogia foi apresentada pela "Go Viral" no Festival de Cannes. Por ela podemos entender melhor o processo de transformação que o mercado publicitário vem sofrendo ao longo dos últimos anos. Uma metáfora que nos ajuda a perceber o tamanho do desafio que todos nós comunicólogos temos enfrentado todos os dias.

| PROCESSO DE COMUNICAÇÃO ANTES | PROCESSO DE COMUNICAÇÃO HOJE |
|---|---|
| MASS MEDIA | SOCIAL NETWORKED MEDIA |
| RELAÇÃO MEDIADA VERTICAL | RELAÇÃO DIRETA HORIZONTAL |
| CONTROLE CENTRAL | CONTROLE DESCENTRALIZADO |
| UM EMISSOR PARA UMA MASSA DE RECEPTORES | CADA RECEPTOR PODE SER UM EMISSOR, MEIO OU MENSAGEM EM POTENCIAL E VICE-VERSA PARA TODOS OS LADOS |
| ONE DIRECTION | ALL DIRECTIONS, ALL WAYS |
| IMOBILIZAÇÃO DE UMA MASSA DE INDIVÍDUOS ISOLADOS | MOBILIZAÇÃO DE NICHOS E DAS MASSAS |
| PRODUÇÃO POR ESPECIALISTAS | PRODUÇÃO COLETIVA E COLABORATIVA |
| PROPRIETÁRIOS PRIVADOS E BUROCRACIA | COMPARTILHAMENTO SOCIAL AUTORREGULADO |

Estes exercícios comparativos do tipo "antes e depois" são uma ótima forma de vermos juntos como o cenário vem mudando com grande intensidade ao longo das últimas décadas. Servem muito bem ao intuito de nos mostrar com clareza como a publicidade vem sendo desafiada diariamente a encontrar novas formas para alcançar os objetivos de marketing. Foi a partir destes desafios que surgiu uma necessidade cada vez maior de uma nova forma de envolvimento dos públicos e de pensar a publicidade como um todo a partir daí.

| PUBLICIDADE ANTES | PUBLICIDADE HOJE |
|---|---|
| EMPURRAR | PUXAR |
| CERCAR, CAPTURAR | ENVOLVER, ATRAIR |
| IMPACTAR | ENGAJAR |
| MASSIFICAR | DIALOGAR COM NICHOS |
| CONSUMIDORES – CONSUMERS | USUÁRIOS CO-WORKERS – CONSUSERS |
| FALAR, FALAR, FALAR | CONVERSAR |
| CALL TO ACTION | CALL TO ENGAGE |
| INTERROMPER | ENTRETER |
| CAPTURAR BORBOLETAS | CULTIVAR UM JARDIM E ATRAÍ-LAS DE FORMA IRRESISTÍVEL E ESPONTÂNEA |

ANTES

AGORA

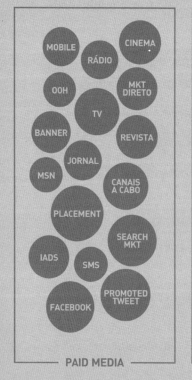
PAID MEDIA

OWNED MEDIA

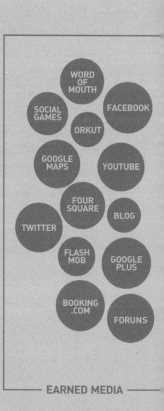
EARNED MEDIA

## FRAGMENTAÇÃO DA AUDIÊNCIA E DISPERSÃO DA ATENÇÃO

A fragmentação da audiência e a dispersão da atenção são, sem dúvida alguma, os dois principais fenômenos que vêm tirando o sono de profissionais de comunicação. Seja nos veículos, anunciantes, entidades ou agências. Grande parte dos desafios diários dessa turma passa por descobrir novas formas de resolver esses problemas. Vimos no capítulo anterior que esses fenômenos são ainda mais intensificados nas gerações mais novas.

Assim como vimos em "Revolução nos Hábitos de Consumo", o *zapping* começou a tirar o sono de todo o mercado. E a situação só se agravou com a chegada da TV a cabo e sua grande variedade de canais. Hoje, além desta infinidade de canais, o hábito do *zapping* também ocorre entre meios, plataformas e entre uma quantidade cada vez maior de gadgets. Como podemos ver, a coisa só piorou para quem precisa de pelo menos 30 segundos de atenção dedicada para a sua mensagem. E como nos alertou David Ogilvy: "É impossível catequizar uma igreja vazia."

Tudo isso faz com que a nossa missão seja cada vez mais árdua. Há 20 anos, 3 inserções poderiam impactar 80% do total de audiência. Hoje, são necessárias pelo menos 150 inserções para, talvez, conseguir o mesmo impacto. Don Tapscott nos conta em seu livro *Macrowikimonics*:

> *Poucos programas demonstram com mais clareza a capacidade cada vez menor das redes de televisão de conquistar grandes audiências no horário nobre que os principais noticiários da noite. O público dos programas de notícias da ABC, CBS e NBC evaporou nas últimas três décadas. Em 1980, a audiência total das três emissoras nesse horário era de 50 milhões. Hoje, os três programas juntos atraem nada mais que 22 milhões de espectadores, com a média na faixa de 60 anos.*

Se somarmos os fenômenos da "dispersão da atenção", e da "fragmentação da audiência" temos desenhado um pesadelo para todos nós publicitários e profissionais de gestão e marketing. Estes fenômenos somados vêm consolidando a crescente crise de atenção que a publicidade vem enfrentando há alguns anos de forma cada vez mais intensa.

Existem aqueles profissionais que insistem em desmerecer e diminuir esse processo claro de mudanças. Continuam a pleitear atenção exclusiva aos seus comerciais de 30". Suplicam que as pessoas parem para ler com atenção seus textos nos anúncios das revistas, que cliquem em seus banners e, por favor, visitem seus incríveis hotsites promocionais. Ligue, participe, acesse, clique, curta, parcele, alugue, compre, faça, emagreça, financie, "look at me", "look at me", "look at me", "look at me".

O que estamos vendo se confirmar é uma certeza de que a atenção das pessoas (*eyeballs*) não poderá mais ser facilmente empacotada e vendida pelas tabelas comerciais dos veículos de comunicação. As pessoas não vão mais se conformar em compor uma audiência homogênea vista unicamente como um alvo imóvel que obedece cegamente ao esquema estímulo-resposta. O negócio único e exclusivo de apenas vender conteúdo, palavras e imagens para os leitores e telespectadores e paralelamente vender leitores e telespectadores para os publicitários e marcas está se deteriorando por todos os lados.

O publicitário americano Clark Kokich, CEO da agência Razorfish, deu um depoimento transparente em relação ao processo de mudanças que a publicidade vem vivenciando:

> *Eu desperdicei os primeiros 30 anos da minha carreira em propaganda focado apenas em dizer coisas. O que precisaremos dizer para persuadir as pessoas a comprar nosso produto ou serviço? Como diremos isso de um jeito único e memorável? Onde nós diremos? Quanto gastaremos para dizer isso? Mas nós nunca pensávamos em realmente ouvir e, o que dirá, conversar.*

## O FUTURO DA PUBLICIDADE PASSA PELO FUTURO DO ENTRETENIMENTO

Ao expormos neste capítulo os desafios que a publicidade vem enfrentando para conseguir manter os índices de atenção, impacto e eficiência, estamos enfatizando que existem segmentos de públicos que, cada vez mais, estão se comportando de forma diferente. Para estes segmentos de públicos, que não por acaso foram o foco do capítulo anterior, apresentamos o Placement como uma incrível e eficiente ferramenta. São exatamente esses segmentos de públicos que se comportam de forma cada vez mais dispersa, fragmentando sua audiência em diversos meios e plataformas. São eles que declaram mais repulsa pelos esforços de publicidade convencionais e, talvez por isso, apresentam os maiores índices de descrédito em relação às promessas publicitárias tradicionais.

Uma paródia inspirada em um verso de Mário Quintana pode servir como dogma para o negócio da publicidade hoje em dia. Pare de se comportar apenas como um caçador de borboletas. Cultive também um jardim bonito e irresistível que elas virão por conta própria. Produza conteúdo relevante para o seu target que você não precisará gastar uma fortuna tentando apenas cercá-lo, interrompê-lo, impactá-lo. Ele virá por conta própria atraído por este conteúdo irresistível. É mais ou menos isso que afirma Tom Himpe, autor do livro *Advertising is Dead, Long Live Advertising* (Thames & Hudson, 2006):

> *Muitos gestores ainda consideram quantidade e impacto mais importantes que a qualidade do conteúdo. Eu acredito fortemente no potencial da qualidade de um conteúdo. Eu prefiro investir 80% da minha verba em algo realmente incrível e amplificar esse conteúdo o máximo possível, do que investir 20% na produção de algum conteúdo medíocre, o que eu então distribuirei pelos canais interruptivos tradicionais.*

Toda essa carga de realidade pode ser dura para os publicitários mais tradicionais e fechados. Já não é de hoje que se sabe que as pessoas nunca foram entusiastas da propaganda que simplesmente interrompe seus programas favoritos. Quem gosta de publicidade é publicitário. As pessoas sempre gostaram, gostam e sempre gostarão de conteúdo. Conteúdo que lhe entretenha e torne seu dia melhor. Existem exceções, mas hoje está claro que publicidade que se dispõe a unicamente interromper o consumo de entretenimento das pessoas está com os dias contados. O publicitário Bob Garfield, no manifesto "The Chaos Scenario 2.0", afirma categoricamente:

> *As pessoas não gostam de comerciais interrompendo tudo a todo momento. Quanto mais acesso à tecnologia essas pessoas tiverem, mais a usarão para fugir dos comerciais. Quando você, enquanto consumidor, quer um conteúdo, você simplesmente o quer e ponto. Você não quer ser interrompido, ora.*

Em uma palestra em Cannes em 2011, Garfield afirmou enfático: "Para as pessoas normais, toda forma de publicidade é spam." No mesmo ano, Phil Thomas, CEO do Festival, concluiu: "Cannes Lions não é mais um Festival sobre publicidade assim como nossa indústria não é mais simplesmente sobre publicidade apenas."

O publicitário brasileiro Carlos Domingos, um dos melhores redatores da publicidade mundial, afirma em seu livro *Oportunidades disfarçadas*:

SE VOCÊ TIVER QUE
TEMER ALGO, TEMA
A MEDIOCRIDADE.
**ALEX BOGUSKY**

*Não existe nada mais desagradável do que abrir um site e imediatamente pipocarem janelinhas e banners publicitários na sua frente, não é mesmo? Grande parte dos anúncios são assim: invasivos, barulhentos, desagradáveis e nos obrigam a fugir deles, acessando outros sites, trocando o canal da TV, virando a página da revista e assim por diante. Você pode estar surpreso em ver um profissional do ramo dizer que a publicidade pode incomodar as pessoas. Mas lembre-se: eu também sou consumidor. E, como você, aprecio publicidade inteligente, criativa, divertida, memorável ou apenas informativa, que respeita o público.*

O mais incrível é que existem muitos profissionais de publicidade que ainda insistem em não crer fielmente nesta realidade. Acreditam ainda que as pessoas folheiam revistas para ver seus anúncios geniais, zapeiam os canais de televisão sedentos em busca dos comerciais maravilhosos criados por eles e andam trôpegos pelas ruas ao olharem para os céus encantados com seus imponentes e suntuosos outdoors. *Bullshit!* As pessoas clamam, cada vez mais, por serem envolvidas, encantadas e entretidas, não mais interrompidas apenas.

McLuhan afirmou em seu livro *Os meios de comunicação como extensões do homem"*:

*Os anúncios parecem operar segundo o avançado princípio de uma bolinha numa barragem redundante de repetições que acabará por se afirmar gradualmente. Os anúncios levam o princípio do ruído até o nível da persuasão, bem de acordo aliás com os processos de lavagem cerebral.*

Na doutrina midiática da publicidade convencional reza a máxima "impacto *versus* frequência". E onde entra o engajamento nessa equação? Na era do consumer empowerment, o modelo "atenção – interesse – desejo – ação" nos parece empoeirado, não? Armada de um investimento mundial na ordem de quase meio trilhão de dólares, a publicidade cobre atualmente cada cantinho de nossas vidas: cada esquina das ruas, cada acostamento das estradas, paredes, prédios, pontos de ônibus, relógios de rua, metrô, ônibus, táxi, aeroportos, muros, celulares, shopping centers e mictórios. Interrompe sua leitura do jornal, seu programa favorito na televisão, suas músicas no rádio, seu jogo de futebol, seu vídeo no YouTube, sua conversa no MSN.

Se pelo menos essa onipresença compulsória rendesse resultados da mesma amplitude. Mas não é o que vem acontecendo. Com impacto decrescente, a publicidade que interrompe gera cada vez menos retorno para os anunciantes por um motivo muito simples: cada vez menos as pessoas estão dedicando sua atenção a ela. Em 1965, 80% dos telespectadores (18 a 49 anos) poderiam ser impactados com pelo menos 3 comerciais de 60 segundos. Em 2002, eram necessários 117 comerciais no horário nobre para conseguir o mesmo impacto, segundo Jim Stengel, Global Marketing Officer da Procter & Gamble.

O programa mais popular na televisão Americana em 1975 era o *All in the Family*, assistido em 60% dos lares. Em 2010, o programa número um era *American Idol da Fox*, assistido em menos de 15% dos lares. O aumento de horas no consumo de televisão, nos mais recentes resultados americanos, pode levar a uma avaliação ingênua e equivocada. Esse consumo é altamente disperso, em que o usuário divide sua atenção entre diversas outras atividades. E para piorar ainda mais esse quadro, grande parte deste consumo é realizada através de ferramentas libertadoras como o TIVO – equipamentos conhecidos nos EUA como DVR's – ou como a HDTV aqui no Brasil.

Pesquisas comprovam que de fato pessoas com DVRs consomem pelo menos 22% mais TV. Só que com um detalhe: 86% com o "adskip" ativado, segundo estudo recente realizado pelo The Guardian em agosto de 2010. No Brasil esse recurso não existe de forma automática, mas os usuários pioneiros realizam o "adskip" da mesma forma, só que manualmente, acelerando a gravação no momento dos comerciais ou baixando os programas sem breaks na internet.

Outros indícios: a grande maioria dos consumidores está cansada dos comerciais (78,2%) e efetivamente apenas 18% realmente admitem parar para assisti-los. Sabe-se que pelo menos 85% das pessoas se dispersam no momento dos comerciais. Segundo dados da Goldman Sachs, 158 milhões de americanos (81,6%) consomem 21.4 bilhões de minutos de vídeo na internet hoje em dia (dez/2009). São 13 bilhões de vídeos assistidos no YouTube em um mês (fev/2010). Lembrando que o dia continua tendo as mesmas 24 horas, ou seja, ainda não inventaram nenhum gadget, máquina ou device que consiga aumentar as horas do seu dia para caber essa grande quantidade de múltiplas atividades paralelas que os garotos perdidos desempenham hoje. Simplesmente não cabe em 24 horas.

Frank Rose afirma em seu livro *The Art of Immersion* que "a premissa fundamental do sistema broadcast é sua habilidade em contolar a audiência, entregando *eyeballs* para os anunciantes por dezenas de milhares de dólares". O fato é que tem sido cada vez mais difícil garantir que essas *eyeballs* estarão vendo o seu comercial. De acordo com o "Razorfish FEED report 2009", os americanos no geral despendem agora o mesmo tempo para a televisão e a internet, enquanto que os "garotos perdidos" com idades abaixo de 45 anos já dedicam mais tempo à internet do que à televisão. E não podemos esquecer que a internet está presente no dia a dia das pessoas de forma mais onipresente do que a televisão. A internet já tem presença garantida em lugares onde a televisão não está, como o local de trabalho e o mobile, por exemplo.

John West é fundador da nova Kids Sports Entertainment Network, denominada The Whistle. De início, West pensou que estava lançando uma nova rede de televisão com um bom site na internet como apoio. "Agora somos um portal na Web com um conjunto de aplicativos para dispositivos móveis e presença na televisão, como apoio." Ao investigar como os jovens gostariam de assistir a eventos esportivos, ele concluiu que "assistir" era apenas uma pequena parte do processo total.

> *As normas dessa nova geração nos levaram a concentrar a atenção na interatividade, na personalização e na colaboração na web e em plataformas móveis. Percebi como meus filhos de quatro e de sete anos passam mais tempo com o iPhone e o iPad de minha mulher nas mãos do que olhando para a televisão.*

Isso quer dizer que as marcas precisam, cada vez mais e mais, explorar outras formas de conseguir envolver seus públicos de interesse que não apenas pelos comerciais de 30" convencionais. Seja produzindo conteúdo de entretenimento (*branded content*) que seja relevante e esteja perfeitamente alinhado com os anseios e expectativas do seu público – e assim atraia sua atenção, envolvimento e, claro, dinheiro – seja estando presente (*placement*) em conteúdos de entretenimento que atraiam por si só a atenção e envolvimento emocional dos públicos.

Em um estudo realizado pela Answerlab and Society of Digital Agencies em fevereiro de 2011, 61% dos gestores de marketing afirmavam que pretendiam investir mais em comunicação por conteúdo proprietário que tenha potencial spreadable para ganhar mais visibilidade por meio do poder epidêmico das redes sociais, do que em mídia tradicional paga (seja online ou offline). Apenas 5% afirmaram que iriam investir menos em earned media (nome dado à mídia espontânea gerada nas redes sociais e demais meios a partir de uma causa criada pela empresa – como um conteúdo proprietário – ou não necessariamente).

Fernando Bittencourt, diretor da Rede Globo de Televisão, foi enfático no 5º Fórum Internacional da TV Digital em 2008 ao afirmar: "No cenário da mídia, falando do passado, nós éramos felizes e não sabíamos. Isso há dez, quinze anos. A única forma de ver televisão era pelo ar." Hoje sabe-se que 28% das pessoas já desejam assistir televisão dentro das redes sociais, segundo Mark Holden afirmou em Cannes em 2011.

Como vimos no capítulo dos garotos perdidos, as pessoas continuam e continuarão a desejar conteúdo televisivo. Jeremy Kaiman, diretor de Marketing da Samsung, afirmou em Cannes em 2011: "As pessoas não querem algo melhor do que a televisão e sim uma televisão melhor." A questão é o quanto deste consumo acontecerá on demand sem comerciais ou ainda se será pela televisão mesmo.

A publicidade investe toneladas e mais toneladas de dinheiro, infinitas, longas e intensas horas de trabalho árduo, um gigantesco arsenal de ferramentas e uma crescente coleção de táticas e estratégias com um único objetivo: interromper as pessoas. Não seria incrível se parte de todo este esforço, um pouco que seja de todo este ferramental, inteligência e uma pequena fatia desta grande quantidade de dinheiro fossem investidos em conteúdos e ações que, em vez de apenas interromper, entretessem as pessoas? É só isso que estamos pedindo: um pouco do todo e não tudo.

Saber até que ponto a internet foi influenciada ou influenciou essa nova forma de consumir e se comportar não se sabe. Mas acontece que o consumidor é que instaurou esse processo de mudanças a partir do momento em que percebeu-se com o poder de voz em suas mãos.

## BRANDS, PLEASE, MAKE STUFF THAT DOESN'T SUCKS!

O mercado não pode fechar os olhos para o fato de que a verba publicitária seguirá o consumidor, esteja ele onde estiver. Marcas como a Nike, que tem como a maior parte do seu público-alvo justamente os garotos perdidos, não podem vacilar, nem por um segundo que seja. Devem estar atentas a cada novo movimento e renovar sua estratégia a todo segundo.

Talvez por isso mesmo a Nike vem reduzindo o investimento nos meios convencionais – em torno de 55% de redução no budget para televisão nos últimos dez anos. Mostrando-se coerente com este movimento, Trevor Edwards, VP mundial da marca, declarou recentemente que "a Nike não está no

AN AGENCY THAT IS
NOT WILLING TO DIE
FOR A GOOD IDEA
WILL BE KILLED
ANYWAY.
JOHN HEGARTY

negócio de manter as empresas de mídia vivas e sim no negócio de se conectar com os consumidores". Seja como for, por onde for, esteja ele onde estiver.

Logo, seja memorável. Não apenas no conceito, mas na forma. Inove não apenas em títulos bem sacados, mas também na forma e nos formatos surpreendentes. Seja envolvente não apenas em mensagens engraçadinhas mas em concepção de produtos e serviços marcantes. Não se limite a criar apenas um 30" ou um 21X28. Não pense apenas em briefings de comunicação, pense em briefings de negócios. Sua criatividade certamente tem potencial para atuar em territórios muito mais amplos.

Quando Steve Jobs retornou em 1997 à Apple ele fez uma constatação sobre o portfólio de produtos da empresa: *"the products sucks! There's no sex them anymore"*.

Todos os gestores devem se fazer esse tipo de análise: há sensualidade em meus produtos, na minha comunicação? É envolvente ao ponto de tornar-se irresistível, fazendo com que as pessoas não consigam se conter em compartilhá-la com seus amigos? É mais ou menos isso que estamos clamando para cada publicitário, para cada gestor: coloque sensualidade cativante e irresistível em cada ação, em cada peça, em cada manifestação ou presença de sua marca. Steve Jobs também declarou ao apresentar a incrível nova tela do iPhone com seus apps: "Vocês vão sentir vontade de lambê-los." Sua comunicação causa esse tipo de reação visceral, instintiva, emocional e reptiliana nas pessoas?

É exatamente essa a mensagem essencial que Kevin Roberts, CEO mundial da Saatchi & Saatchi, nos passa em seu livro *Lovemarks*. Para uma marca passar de ordinária para extraordinária ela deve alcançar o coração das pessoas, conquistando o status de "lovemark", merecendo então uma fidelidade além da razão. Para tanto, é preciso que ela consiga envolver-se em uma aura de mistério, intimidade e sensualidade. É preciso que ela faça coisas que não deem no saco, que não sejam chatas ou interruptivas, que sejam *cools*.

E até onde sabemos, ainda não inventaram forma melhor de conseguir envolver-se em uma aura de mistério e sensualidade que não seja através do entretenimento. O apelo que podemos deixar aqui para gestores de marketing e publicitários é: *"Please, make stuff that doesn't sucks!"* Entretenha!

> O futuro da publicidade são produtos incríveis com marketing embedados neles.
> **Jeff Hicks**

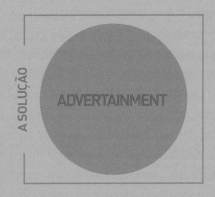

# A LEI DO DIREITO AUTORAL ESTÁ TOTALMENTE ULTRAPASSADA. TRATA-SE DE UM ARTEFATO GUTENBERGUIANO. NEGROPONTE

Quando foi a última vez que você comprou um CD? Ou que foi até a loja do shopping, pois queria muito ouvir as novas músicas da sua banda favorita? Ou que alugou um filme na locadora da esquina? Ou ainda que pensou em assinar um jornal de papel, pois precisava estar por dentro das coisas que estavam acontecendo a sua volta? Dependendo da sua idade, muito provavelmente você sequer chegou a fazer nada disso. Mas, de qualquer forma, convenhamos: se você pode ter acesso a todo este conteúdo sem ter que se esforçar muito, e o melhor, sem gastar um centavo, por que diabos o faria?

Anne Sweeney, presidente da Disney ABC Television Group, estava comemorando os índices de audiência de um episódio de *Desperate Housewives* quando um funcionário de sua equipe lhe mostrou uma cópia do mesmo episódio obtido via Torrent apenas 8 minutos depois que o episódio foi ao ar. Anne se perguntou: "Afinal, qual o real valor do conteúdo de entretenimento se as pessoas podem facilmente consumi-lo de graça?"

O fato é que as pessoas estão cada vez menos dispostas a gastar, qualquer valor que seja, para ter acesso aos conteúdos, seja ele uma música, um filme, um jornal ou um livro. Como vimos no capítulo sobre os garotos perdidos, estamos falando de jovens que nunca compraram um jornal em banca ou um CD na loja da esquina. Como explicar para eles que esse tipo de conteúdo tem custo? Sai mais barato encontrar novos modelos de negócio, não? A onda colaborativa é um fenômeno de democratização do acesso e da produção de conteúdos sem antecedentes na história da humanidade. A internet catequizou uma legião de *free users*.

Segundo Dan Frommer, editor do blog de negócios e tecnologia "Silicon Alley Insider":

*As pessoas usam o Hulu porque é de graça, fácil de usar e oferece conteúdos com excelente qualidade. Em sua grande maioria porque é de graça. A opção mais próxima, fácil e barata para os usuários do Hulu não é dirigir até a Best Buy e comprar um DVD. E sim uma navegada direto ao Pirate Bay.*

O autor e editor-chefe da revista *Wired*, Chris Anderson, afirma logo no início de seu livro *Free* que o escreveu todo no Google Docs, um software gratuito, e ainda usou internet gratuita em filiais da Starbucks. Em seu livro, Anderson afirma que o futuro do negócio baseado em conteúdo tem um preço radical: zero! Já Steve Jobs afirmava que o futuro consistia em preços baixos e lucro no volume.

Ainda segundo Anderson, a rede habituou as novas gerações de consumidores a terem acesso gratuito a informações. Ele menciona recorrentemente o Google – e seus diversos serviços e produtos gratuitos – como a empresa modelo dos novos tempos do capitalismo: oferta de serviços gratuitos para milhões de usuários online com os lucros baseados na cobrança de anúncios. O fato é que toda a indústria do entretenimento terá que invariavelmente caminhar para um modelo parecido ou igual ao do Google, mesmo que parcialmente, mesmo que a contragosto.

Esses fatores – além de todos os demais que vimos nos capítulos iniciais do livro – contribuem para o cenário de livre e desempedido tráfego de conteúdos que vem desafiando diariamente as indústrias do entretenimento – cinematográfica, fonográfica, editorial, de games... – a reinventar seus modelos de negócio. É exatamente frente a este cenário caótico que as indústrias de entretenimento do mundo todo vivem o mesmo dilema: como rentabilizar? Como transformar atenção em dinheiro, audiência em caixa? São incansáveis horas de reuniões, centenas de pesquisas, toneladas de dados e uma infinidade de consultorias e análises para responder a uma única questão: como transformar audiência em dinheiro, atenção em receita, público em lucro? Afinal, como rentabilizar, se as pessoas querem consumir cada vez mais conteúdo e pagar cada vez menos por eles?

## TECNOLOGIA: VILÃ OU SALVADORA?

É inegável que a tecnologia e os hábitos de consumo avançaram mais rapidamente do que as indústrias do entretenimento. Elas simplesmente ficaram assistindo o barco da história passar lotado dos novos consumidores digitais. Mas agora é ela, a tecnologia, que vem oferecendo para essas mesmas indústrias a oportunidade para a redenção e retomada das receitas. Do fenômeno Napster, que instaurou uma nova era no consumo de música, ao sucesso consolidado do modelo iTunes.

Se estamos falando de inovação tecnológica, consumo de conteúdo de entretenimento e revolução nos hábitos de consumo não há como não falar da Apple. A empresa que nasceu em uma garagem na Califórnia, assim como as bandas de rock americanas, em um curto espaço de tempo deixou de ser apenas uma companhia especializada em informática para se tornar uma gigante de um setor que ela mesma define como "tecnologia de entretenimento". Grande parte dessa revolução nos hábitos de consumo que vimos neste livro até aqui foi influenciada direta e indiretamente pelo processo de inovação constante imposto pela Apple. Grande parte dos desafios que os gestores das indústrias do entretenimento e profissionais de marketing vêm enfrentando ao longo das últimas décadas passou pelas mãos e pela cabeça de Jobs. O autor Leander Kahney afirmou em seu livro *A cabeça de Steve Jobs* (Agir, 2008):

> *Jobs dirige a Apple com uma mistura peculiar de arte intransigente e soberbo talento para os negócios. Ele é mais um artista do que um homem de negócios, mas tem brilhante capacidade de capitalizar sobre suas criações.*

Em 1984, se alguém perguntasse aos consumidores qual empresa – Sony ou Apple – teria maior impacto em suas vidas, aposto que a maioria teria escolhido a Sony. A empresa japonesa, fundada em 1946, conquistou o mercado com produtos eletrônicos criativos e confiáveis: rádios transistorizados, televisores, gravadores de áudio em fita, gravadores de vídeo, câmeras de vídeo e o walkman, o primeiro aparelho portátil que tornou a música disponível a qualquer hora do dia em qualquer lugar que você fosse.

O aparelho da Sony vendeu 250 milhões de unidades nos vinte anos que se seguiram até o lançamento do iPod em 2001, ano que consta na lápide do Walkman. Já o device musical de Jobs alcançou a marca de 275 milhões de unidades vendidas em apenas 8 anos de existência. Peter Drucker, papa do *management*, alertou: "O problema não é a ausência de saber o que fazer, mas a ausência de, de fato, fazê-lo."

Muitas empresas provavelmente sabiam o que fazer mas não o fizeram. Talvez por não saber como, talvez por não achar que seria o momento. Mas a Apple não pensou. Foi lá e fez. A ideia do iPod não foi uma grande inovação do ponto de vista técnico. Já existiam tocadores de MP3 no mercado desde 1999. Assim como o princípio do iPod já existia: a portabilidade de música. Bastava alguém somar outra variável do cenário: compartilhamento de música digital.

A Apple o fez de forma singular e marcante. Steve e sua equipe demonstraram uma habilidosa capacidade de observação do cenário e dos hábitos de consumo a sua volta – e a sua frente. Juntaram essas informações do cenário, embalaram em um design inspirador, inseriram uma usabilidade fluida e amigável e pronto.

Jobs chegou a declarar na época: "O ponto de partida para o iPod não foi um disco rígido menor que o normal ou um novo chip, mas a experiência do usuário." Jobs, mais do que ninguém, reforçava o que estamos afirmando desde o início deste livro: não é a tecnologia que inicia e consolida as revoluções e sim os hábitos de consumo iniciados pelos usuários pioneiros.

Observe: as pessoas já tinham o hábito de escutar suas músicas por onde fossem, não? Assim como estavam começando a baixar arquivos musicais na internet, não é mesmo? Por outro lado, surgiam possibilidades tecnológicas que permitiam a criação de algum produto que se encaixasse perfeitamente nesses hábitos de consumo, correto? Por que então afinal os japonezinhos da Sony, mestres milenares na arte da observação, não puderam perceber isso antes dos maconheiros da Califórnia? Bastava somar A + B + C.

Mas não só isso. Além de um produto envolvente, resistente, intuitivo e fácil de usar, a Apple foi mais além. A revolução musical não estaria completa se não fosse oferecida às pessoas uma forma igualmente fácil e intuitiva de organizar e transferir suas música. Com este intuito, Jobs lançou o serviço que decretou o início de um novo hábito de consumo de música digital paga: a iTunes Music Store. A loja virtual ofereceu ao mercado uma luz no fim do túnel para o faturamento das gravadoras. Steve simplesmente religou os aparelhos da indústria fonográfica que estavam rumando para a UTI assistindo a perdas de 30% ao ano na venda de produtos físicos.

Mais uma vez, o cenário em volta estava disponível para quem tivesse a destreza de observá-lo com inteligência. Afinal, um moleque de apenas 19 anos chamado Shawn Fanning havia lançado o primeiro programa de compartilhamento de música da internet. Poucos perceberam, mas o fenômeno Napster fazia de Shawn um messias, um enviado. Shawn Fanning estava na verdade mostrando ao mundo como seria o futuro do consumo de música.

O serviço foi obrigado a ser retirado do ar em março de 2001 quando o Napster alcançava picos de 8 milhões de usuários conectados trocando diariamente um volume estimado de 20 milhões de canções. Percebam o potencial de negócio que havia ali. Os gestores da indústria fonográfica de forma míope não enxergaram dessa forma. Optaram por matar o messias. E você sabe o que é mais incrível: eles não olharam sequer para os números em cima da mesa. Você sabia que enquanto o Napster operou ilegalmente (de 1998 a 2001), a venda de CDs aumentou em 500 milhões de dólares?

Mas o fato é que a geração Napster ficou órfã. O site foi fechado por ordem da justiça depois de uma série de ações legais promovidas pelas megacorporações da indústria fonográfica e seu exército de advogados. Lideradas pela Recording Industry Association of America (RIAA), a ação contou ainda com o apoio de alguns artistas conhecidos, como por exemplo o baterista da banda Metallica, Lars Ulrich. A acusação? Promover a pirataria e possibilitar a troca de arquivos de áudio protegidos por direito autoral.

E mais uma vez Jobs observou o cenário a sua volta, somou algumas variáveis e lançou um serviço de consumo de música que tinha como inspiração o que os gestores míopes preferiram ver como vilão. Jobs simplesmente formulou o sistema de consumo do iTunes de forma similar à experiência de uso que os usuários já usufruíam no Napster e nos sites que surgiram posteriormente. Ao contrário de muitos gestores, Jobs observa os hábitos de consumo dos usuários pioneiros, pois sabe que é ali que o futuro está sendo desenhado.

Atualmente, 95% da música que circula no mundo é digital. O que nos faz pensar: não teria sido mais inteligente – e estratégico – contratar o jovem Shawn Fanning para ser diretor de inovação da RIAA ou de qualquer uma das grandes gravadoras que o processaram? Veja o caso do hacker Geohot, famoso por ter conseguido desbloquear o PS3 e o iPhone. Ele foi recentemente contratado pelo Facebook para utilizar todo seu potencial e expertise em atuar do lado negro da força a serviço dos interesses do Facebook.

Faltou aos gestores da indústria fonográfica a sensibilidade e, por que não dizer inteligência, em observar com atenção aqueles 8 milhões de usuários pioneiros. Percebê-los não como criminosos ameaçadores mas sim como desbravadores que traziam em si o prenúncio das mudanças que todo o setor viria a sofrer alguns anos mais tarde de forma cada vez mais intensa.

O fato é que enquanto os boards executivos da indústria fonográfica agiam de forma armamentista e opressora, Jobs estava ocupado criando o sistema de venda de músicas que seria a salvação de toda a indústria. Alguns anos mais tarde, os números revelam quem estava tomando as medidas mais corretas: hoje, 70% da música digital dos Estados Unidos é consumida pela iTunes Store, a maior vendedora de músicas do planeta, tendo superado a rede mundial varejista Wal-Mart ainda em 2009. A loja online da Apple vendeu 15 bilhões de músicas no iTunes e 30 milhões de livros no iBooks em 2010. Trata-se de mais um marco histórico na jornada dos bits na superação do mundo dos átomos. Jobs declarou na época, quando a maioria dos especialistas o chamava de louco por acharem que a loja jamais conseguiria competir com a pirataria:

*Não vemos outra maneira de convencer as pessoas a não roubarem a não ser oferecendo-lhes uma recompensa e não apenas uma punição. E a recompensa é: vamos oferecer a você uma experiência melhor e só vai custar 1 dólar por música confiável e de qualidade.*

Tudo isso comprova como a indústria muitas vezes pode ser lenta e burocrática. Optam por enfrentar a tecnologia como rival quando ela na verdade pode ser uma incrível parceira. Demandam muito tempo para entender o que está acontecendo, interpretar, compreender os hábitos de consumo e então pensar estrategicamente como atuar neste cenário. Não tiveram a perspicácia e a agilidade de perceber que as pessoas simplesmente queriam conseguir os conteúdos de forma direta, fácil e pelo meio digital. Não foram capazes de compreender que aqueles usuários pioneiros não eram vilões.

Em vez de dialogar, aprender com eles e continuar lucrando, a indústria fonográfica optou por se aguarrar nas amarras dos direitos autorais e do suporte físico. O autor Mike Walsh dá um excelente conselho aos gestores das indústrias do entretenimento em seu livro *Futuretainment*:

*Muitos dos meus clientes me perguntam como eles podem implementar inovação em suas indústrias. Digo a eles que o melhor lugar para começar a investigar é no departamento jurídico da empresa. A próxima grande ideia provavelmente está ali no meio daquela pilha de documentos relacionados com as pessoas que você está planejando processar.*

Os gestores realmente não compreendem que não estamos falando de marginais. São pessoas comuns. Não percebem que eles não estão brigando com bandidos. Estão brigando com o futuro. Onde eles veem um bando de adolescentes desocupados roubando e trocando conteúdos, é preciso enxergar ativadores voluntários de seus conteúdos. E ainda um potencial de negócio gigante. Em seu discurso de posse como CEO e Chairman da Motion Picture Association of America, Inc. (MPAA), o Senador Chris Dodd afirmou que os "ladrões de filmes são talvez a única grande ameaça que nós temos que encarar".

O grande problema é que esses gestores não perceberam que o modelo de lucratividade da indústria fonográfica migrou lentamente da venda de músicas para outras formas de rentabilidade – como, por exemplo, receita de shows, experiências presenciais, parcerias promocionais e de conteúdo, entre muitas outras possibilidades. Prova disso é que o próprio nome da indústria – fonográfica – está errado. Um nome ainda baseado na venda dos fonogramas, veja você. Como o foco maior de tudo deve ser a música, o conteúdo e não o suporte, o nome mais correto seria indústria musical, não? E o que dizer do nome "gravadora"? Um nome criado em um tempo em que o negócio da música era baseado simplesmente em gravar as músicas e vendê-las. Um nome envelhecido e empoeirado. Um nome vencido.

De forma lúcida, o produtor musical Pharrell Williams afirmou em Cannes em 2011: "A Apple e a Microsoft estão fazendo certo porque concentram seus esforços em criar utilidade e serviço para as pessoas. É exatamente onde a indústria da música está fazendo errado: eles ainda falam sobre vender CDs."

Por tudo isso, podemos constatar que a tecnologia estaria para a indústria muito mais como heroína do que como vilã. Basta saber como utilizá-la a seu favor – até porque já se pôde perceber que não há mais como lutar contra ela e, principalmente, contra os hábitos de consumo que as pessoas vêm exercendo de forma cada vez mais intensa.

No lançamento do novo CD da Lady Gaga em 2011, a Amazon de Jeff Bezos ofereceu por 48 horas todo o disco por apenas 99 centavos de dólar. Resultado? Os servidores da Amazon foram ao chão. Por mais incrível que isso possa parecer, a Amazon não havia fechado nenhuma parceria com a artista ou com a gravadora. Para realizar a promoção, Jeff Bezos tirou do bolso algo em torno de 3 milhões de dólares. Não, Jeff Bezos não enlouqueceu. Ele apenas compreende que para a música gerar lucro hoje em dia é preciso ganhar em escala, ou seja, baixo valor por unidade e rentabilidade garantida na venda por volume.

Mas não apenas isso. Bezos compreende que na era do conteúdo a música pode ser uma das melhores ferramentas promocionais que existem. Com a ação, Bezos aumentou sua base de clientes cadastrados na sua plataforma de consumo de música, concorrente direta do iTunes de Jobs. Estamos falando de meio bilhão de novos usuários cadastrados em apenas 48 horas.

Visionários como Steve Jobs e Jeff Bezos, criador da Amazon, compreenderam o cenário a sua volta muito antes que os gestores das indústrias do entretenimento. Enquanto Jobs e Bezos liam nas entrelinhas como tudo estava mudando, os envelhecidos boards executivos das gravadoras permaneciam arraigados nos antigos padrões, que desmoronavam pelas mãos dos novos usuários.

Mas não são apenas os gestores da indústria fonográfica que vêm titubeando em acompanhar as mudanças no mundo a sua volta. Você acredita que em 2001 fãs de Harry Potter foram acionados judicialmente pela Warner Bros.? O episódio ficou conhecido como *PotterWar*.

O autor Frank Rose conta o caso em seu livro *The Art of Immersion*. Em dezembro de 2000, Claire Field, uma criança de 15 anos, recebeu uma carta ameaçadora que exigia que ela acabasse com o *fan site Harrypotterguide.co.uk* e entregasse o endereço aos domínios da Warner. O mesmo aconteceu com dezenas de outras crianças e adolescentes que simplesmente estavam manifestando seu amor à narrativa de Harry Potter. Trata-se de um dos maiores equívocos empresariais do século. Um incrível erro de compreensão do cenário que a Warner cometeu.

Enquanto os executivos da Warner fizeram de tudo para impedir que fãs de Harry Potter manifestassem sua paixão pela narrativa criada pela escritora J. K. Rowling, George Lucas incentivava os fãs de Guerra nas Estrelas a criarem conteúdos paralelos, interagindo com sua criação de toda e qualquer forma, "mashupeando", reinventando, republicando. Howard Roffman fazia parte do conselho da Lucas Films na época e afirmou: "Você estimulou a imaginação dessas pessoas e agora eles querem expressá-las." Felizmente, a Warner reconheceu o equívoco e, algum tempo depois, pediu desculpas públicas aos fãs da franquia Harry Potter.

Tapscott analisa esse case em seu livro *Macrowikimonics* e complementa:

> *Quando se consideram todos os efeitos positivos decorrentes, em termos de marketing, do envolvimento em comunidade, inovação e lealdade dos fãs, a questão deixa de ser por que Lucas aprovou a ideia, mas sim por que as outras empresas de mídia e os demais criadores de conteúdo têm sido tão lerdos em seguir o exemplo.*

Não seria incrível se os gestores da indústria do entretenimento fizessem o mesmo? Abrissem os olhos para as diversas possibilidades que se abrem à frente ao invés de ficarem fechando o cerco de forma míope, enxugando gelo? Não seria exemplar que eles pegassem toda essa energia investida no departamento jurídico e as colocasse no departamento de marketing? Em vez de criar caso, criariam estratégias novas, plataformas novas, soluções inusitadas.

Mais uma vez perguntamos: de que lado você quer estar? Dos otimistas ou dos pessimistas? Dos que olham para o caos e se desesperam ou dos que conseguem enxergar ali um amplo universo de possibilidades? Infelizmente, o que vemos de forma recorrente ao longo da história pode ser resumido em uma afirmação muito coerente atribuída ao lendário investidor Warren Buffet: "O que aprendemos ao longo da história é que as pessoas não aprendem com a história."

## NOVOS MODELOS DE NEGÓCIO

Assim como a relação das marca com os consumidores, a relação das bandas e artistas com seus fãs também foi profundamente impactada por todo esse cenário que estamos debatendo nestes capítulos iniciais do livro.

Nunca na história do Reino Unido venderam-se tantas canções: 281,7 milhões de faixas comercializadas (digital + analógico) em 2010. No Brasil, o problema é essencialmente ligado ao bolso do consumidor. Enquanto a legislação brasileira se mantiver estagnada no século passado, o mercado de música digital no Brasil não conseguirá se estabelecer como acontece no resto do mundo. Além disso, uma pesquisa sobre o comércio ilegal explicitou o que todos já sabem: o problema é econômico. Ajustado ao poder de compra local, o mesmo CD do Coldplay custa R$27 nos EUA e R$128 no Brasil (enquanto o pirata sai por R$4).

A banda Radiohead, em vez de lançar seu sétimo disco de forma convencional, por meio da gravadora EMI, decidiu lançar pela internet. Mas não apenas isso: a banda solicitava que os fãs interessados em baixar o álbum de forma legalizada e com excelente qualidade estipulassem, eles próprios, o valor que estavam dispostos a pagar. E o resultado disso?

*In Rainbows* se tornou o álbum de maior sucesso comercial da Radiohead. A banda vendeu 3 milhões de discos no mundo todo, incluindo downloads do site da banda, CDs físicos, uma edição especial com dois CDs e um vinil e vendas no iTunes e outras varejistas digitais. A edição especial, que custava US$80, vendeu 100 mil cópias.

Enquanto uns investem rios de dinheiro se preocupando em regular o download ilegal de músicas ou com advogados processando sites irregulares, outros enxergam neste mesmo caos uma possibilidade infinita de novas formas de se conectar, compartilhar e envolver as pessoas.

O especialista em direito autoral Ronaldo Lemos concluiu em uma matéria da revista *Superinteressante* de julho de 2011: "O Brasil é vice-líder na pirataria mundial e um dos países que mais combatem o comércio ilegal no mundo. Enquanto o problema dos preços continuar, não adianta investir em repressão."

Entre lojas online ou lojas físicas, você arriscaria um palpite sobre qual a principal plataforma de comercialização de músicas na China? Nenhuma das alternativas. É o celular. Por um preço que varia de 1 yuan a 2 yuans, o equivalente a R$0,26 a R$0,53 é possível comprar uma das 250 milhões de músicas disponíveis para download no serviço Mobile Music Player, da operadora chinesa China Mobile. Quem preferir pode assinar um pacote de 5 yuans (R$18,90) para ter a opção de fazer até 50 downloads. Com mais de 530 milhões de assinantes, a companhia é a maior operadora de celular do mundo em número de clientes. Bill Huang, gerente-geral do Instituto de Pesquisa da China Mobile afirma:

> Somos hoje a maior distribuidora de música da China, com 20 bilhões de downloads realizados por ano. Mais de 80% das músicas lançadas na China ficam disponíveis no nosso serviço. Se um cantor não oferece sua música numa plataforma digital, ele está acabado.

Conforme podemos ver, o negócio da música não está em crise. O que entrou em colapso foi o modelo de negócio que funcionou como o padrão da indústria durante décadas. Hoje existe um número infinitamente maior de bandas produzindo uma quantidade gigante de músicas como jamais houve na história. Só em 2008, o iTunes incluiu 4 milhões de novas músicas em seu catálogo. A produção cultural está mais efervescente do que nunca e o consumo nunca foi tão intenso e popularizado.

Resta então que o mercado encontre alternativas de modelos de negócio para conseguir tirar o máximo de proveito em meio a este novo cenário. Laura Lang, CEO da Digitas, afirmou no Festival de Cannes em 2011 que "no futuro, metade do lucro da indústria fonográfica virá das marcas".

## EXPERIÊNCIA DE CONSUMO

Outra parte da resposta sobre como a indústria do entretenimento pode transformar audiência em dinheiro passa pela experiência de consumo presencial. No caso da indústria fonográfica estamos falando dos shows. A indústria já se deu conta que se antes o artista fazia show para vender CD, hoje ele faz CD para vender show.

Não tem como não citarmos como exemplo o modelo de negócio inovador implementado pela banda brasileira Calypso – se até Chris Anderson cita a banda como exemplo em seu livro *Free,* quem somos nós para não fazê-lo? Vamos inclusive dar essa moral para o editor-chefe da Wired e reproduzir um trecho do seu livro:

> *A Banda Calypso não se importa de deixar de ganhar dinheiro com isso, porque a venda de discos não é sua principal fonte de renda. Na verdade, a banda está no negócio de shows — e é um bom negócio. (...) Eles não consideram os CDs baratos vendidos nos camelôs como pirataria. E sim como marketing. Usam a amplitude da economia das ruas para gerar credibilidade e destaque. Como resultado, quando a Banda Calypso chega à cidade, todo mundo já conhece suas músicas. A banda recebe enormes multidões em seus eventos, nos quais cobra não somente pela entrada, mas também pela comida e a bebida.*

Mesmo baseando seu negócio apenas na realização de shows, segundo apurou uma pesquisa coordenada pela FGV-RJ, o fenômeno do Tecnobrega movimenta cerca de R$2 milhões por mês com a venda de

CDs e DVDs. Ronaldo Lemos explica: "O modelo Calypso parte do princípio que música é feita para circular. Parcerias com camelôs, lanhouses, celular e bluetooth." O modelo instituído pela Calypso demonstra grande perspicácia empreendedora e visão de negócio. Mais do que isso: demonstra grande conhecimento do seu público, além de inteligência para adequar o seu modelo de negócio aos novos hábitos de consumo e à nova realidade de cenário.

A indústria fonográfica como um todo vem de forma consideravelmente mais lenta buscando compreender essa nova realidade. Prova disso é que enquanto a venda de CDs no Brasil caiu mais da metade na última década, a Calypso vendeu mais de 10 milhões de cópias, mesmo que o foco não seja ganhar dinheiro pela venda de CDs e sim pela venda de shows.

Mas e se formos para o cinema? Qual seria o paralelo para a indústria cinematográfica? Qual a lição que a indústria cinematográfica pode tirar dos caminhos que a indústria fonográfica vem batalhando para superar este cenário caótico?

A reinvenção da experiência de consumo presencial, no caso da indústria cinematográfica, passa pelos novos recursos tecnológicos avançados que consigam instigar as pessoas a saírem de suas casas para assistir a um filme na sala do cinema. Por isso, estes recursos tecnológicos (como o 3D, o som surround, 4D....) vêm sendo considerados para a indústria cinematográfica a salvação das receitas, assim como o show é considerado para a indústria fonográfica. Isso sem falar no consumo por *streaming*, na nuvem, que possui a mesma importância para ambas as indústrias.

Em se tratando de experiência de consumo, não há melhor exemplo do que *Avatar*, a pérola tecnológica de James Cameron. O sucesso de *Avatar* mostra claramente que o futuro do cinema é oferecer verdadeiras experiências multissensoriais para os usuários. Este é um dos caminhos para gerar cada vez mais receita em tempos de grande pirataria e livre tráfego de conteúdos.

E os números do filme não nos deixam mentir. *Avatar* conquistou uma série de recordes de bilheteria: em janeiro de 2010 passou Titanic tornando-se o filme mais lucrativo da história apenas 41 dias depois de sua estreia mundial. Foi simplesmente o primeiro filme da história a ultrapassar a marca de US$2 bilhões nos mercados estrangeiros fora EUA. O Box Office Mojo – respeitado site que analisa os números do cinema americano

– observou ainda que os valores dos ingressos diferenciados para quem quisesse assistir o filme em 3D e ainda com a tecnologia IMAX tiveram muita representatividade nos números do longa nas bilheterias.

Hoje o 3D é a salvação da indústria, é o futuro do negócio. Segundo dados da MPAA – Motion Picture Association of America em 2010, os filmes em 3D foram responsáveis por 21% da receita de bilheteria nos EUA e Canadá. Estamos falando que, mesmo com a receita tendo ficado estacionada em US$10,6 bilhões, os filmes 3D foram responsáveis por US$2,2 bilhões. Se não fossem eles, 2010 poderia ter sido um ano muito pior para Hollywood. Segundo dados da IHS Screen Diges, o número de cinemas com tecnologia 3D mais do que dobrou em 2010. Em 2006, havia 206 salas 3D nos EUA e Canadá juntos. O ano de 2010 fechou com 8.459 salas. E esse número não para de crescer.

De qualquer forma, acreditamos que mesmo filmes que não ofereçam a robustez tecnológica de *Avatar*, continuarão a ter sucesso nas bilheterias. Talvez não o mesmo sucesso de outros tempos. Mesmo que existam cada vez mais opções para consumirmos conteúdo cinematográfico de qualidade em nossas casas, com equipamentos cada vez mais apurados tecnologicamente na nossa sala de estar, o cinema continua sendo uma excepcional alternativa de programa de lazer para pessoas no mundo todo. Isso acontece porque, independente de você ter uma televisão de 50 polegadas de LED com um home theater 5.1 no conforto do seu sofá em casa, o encanto e a magia do ato de ir ao cinema ainda consegue lhe oferecer um algo a mais. (Conversaremos mais adiante sobre o poder do cinema.)

Por isso, o cinema ainda é, e tudo leva a crer que continuará sendo, um programa prazeroso e cultuado por milhares de pessoas no mundo todo. O hábito de ir ao cinema oferece às pessoas uma experiência marcante de consumo desde os primeiros anos de sua existência. Há algo de mágico naquela sala escura onde as pessoas se reúnem para assistirem juntas a um filme, seja ele uma comédia, um drama, uma aventura, um policial ou um romance.

## PARCERIAS COM A INDÚSTRIA DA PUBLICIDADE

Outra parte dessa resposta passa pelo budget da indústria publicitária que pode oferecer para a indústria do entretenimento novas possibilidades de receita. E acredite: eles estão em busca acirrada por essas novas possibilidades. Fazer cinema tornou-se uma operação imponente e extremamente onerosa. Em 2003, apenas para termos uma ordem de grandeza, os seis principais estúdios de Hollywood gastaram US$11,3 bilhões para produzir, divulgar e distribuir aos cinemas mundiais 80 filmes assinados por eles. E investiram mais US$6,7 bilhões (dados da *MPAA Economic Review*) em 105 filmes produzidos por seus selos independentes, como a Miramax, New Line, Fox Searchlight e Sony Classic.

Dessa enorme quantia de US$18 bilhões – que não inclui sequer os custos dos projetos abandonados, o que é bastante comum na indústria por diversos motivos – os estúdios recuperaram apenas US$6,4 bilhões por meio de sua participação nas bilheterias, restando-lhes um déficit de mais de US$11 bilhões após a exibição dos filmes em todos os cinema do mundo. A conta simplesmente não fecha mais apenas com a exibição nas salas.

Houve um tempo em que fazer cinema, e claro, fazer dinheiro a partir do cinema, era uma missão mais simples. Segundo o autor Gene Brow em seu livro *Movie Time: A Chronology of Hollywood and the Movie Industry* (Willey, 1995), os estúdios produziram 500 filmes em 1947 sem que houvesse nenhuma grande campanha de marketing para promovê-los, nenhum licenciamento para a televisão ou outros meios de comunicação e sem que fosse preciso licenciar suas propriedades para brinquedos, jogos ou outros tipos de produtos. Ainda no fim da década de 1980, o grosso da receita auferida mundialmente pelos estúdios vinha dos cinemas, da bilheteria, dos tickets de entrada. Para ser mais exato: 95%. Por isso, nessa época não existiam exibidores: os estúdios detinham as redes de salas exibidoras e, assim, acumulavam consigo todo esse lucro obtido.

Hoje, segundo nos conta o autor Edward Jay Epstein em seu livro *O grande filme – dinheiro e poder em Hollywood* (Summus, 2008), apenas 2% dos americanos vão algum dia ao cinema enquanto mais de 95% assistem a algum programa na televisão. Frank Rose, em seu livro *The Art of Immersion: How Digital Generation is Remaking Hollywood, Madison Avenue and the Way we Tell Stories* (W. W. Norton, 2011), afirma:

> *Enquanto a receita em bilheterias atingia um novo recorde em 2009, atingindo a marca de U$10,6 bilhões somente nos EUA e Canadá, o total de ingressos vendidos congelou em 1,6 bilhão em 2002 e não saiu desse patamar desde então. Realmente houve um pequeno incremento na receita em 2009 mas, em geral, as pessoas estão pagando mais*

*pelos filmes mas menos pessoas o fazem a cada ano. E não apenas com os filmes no cinema. O número de DVDs vendidos vem caindo vertiginosamente desde 2005. A receita na indústria fonográfica também: de U$39 bilhões em 1999 para U$25 bilhões em 2009 em todo o mundo.*

A realidade é que todos os grandes estúdios obtêm a maior parte dos seus lucros hoje por meio do licenciamento dos seus filmes para exibição doméstica (home video) e na televisão. Importante lembrar que a exibição em televisão só é possível graças aos anunciantes que capitalizam a grade da programação com a compra dos espaços. Isso tudo aconteceu devido à prodigiosa expansão da exibição doméstica por meio do videocassete, do DVD e das TVs por assinatura. Jim Zak, ex-diretor de distribuição para salas de cinema da Orion Pictures, explicou, em certa ocasião, que "(...) as salas de cinema domésticas são a locomotiva que move o trem".

Prova disso: no mesmo ano de 2003, mesmo com a pirataria já preocupando os gestores da indústria, a renda dos estúdios com o entretenimento doméstico foi quase cinco vezes maior do que a obtida nos cinemas. E você sabe qual foi a maior razão para esse crescimento gigante do consumo de conteúdos cinematográficos domesticamente: isso mesmo, no segmento de público infantil e adolescente, com os garotos perdidos, os usuários pioneiros. Essa migração de consumo das salas de cinema para as salas de casa já impactou diretamente a estutura dos estúdios.

Já deu para perceber o tamanho do problema, não é mesmo? Perceba como o eixo do lucro dos estúdios se deslocou das salas de cinema para as lojas de varejo e dali para os canais pagos? E agora começa outra forte migração: para o serviço on demand digital na nuvem mais próxima de você. Cada um desses movimentos migratórios foram inaugurados invariavelmente pelos usuários pioneiros. Perceba ainda como a forma e os suportes vêm se revolucionando mas as pessoas continuam desejando uma coisa muito simples: conteúdo de qualidade, envolvente e remarkable. E nisso, meus amigos, as indústrias do entretenimento são invencíveis. Nada nem ninguém tem esse expertise, esse potencial, esse tesouro nas mãos.

Basta então que as indústrias parem de temer os novos suportes e as novas formas de consumo. É preciso que elas se livrem das amarras do convencional, que rompam com os lacres dos suportes ultrapassados e passem a entregar seus conteúdos da forma e do jeito que as novas gerações estão impondo. Os desafios não cessam e continuam a impor uma renovação constante.

Por isso, parcerias entre as indústrias da publicidade e do entretenimento, como por exemplo em ações de Placement e de branded content, vêm sendo consideradas por muitos como "a tábua de salvação" das indústrias do entretenimento. Não por acaso, este é o caminho que este livro defende como uma eficiente alternativa de marketing para as marcas e uma eficaz alternativa de receita para o entretenimento.

Para tanto, a indústria do entretenimento tem compreendido que é possível abrir a presença de marca e mensagens no conteúdo cultural desde que seja de forma respeitosa, calibrada, ética, relevante, inteligente e criativa. Isso sem contar uma série de outras possibilidades de parceria que envolvem licenciamento de propriedades dos filmes, parcerias promocionais para ajudar a lançar o filme publicitariamente, ajudando a "bombar" o universo do filme por toda a mídia, entre muitas outras.

Infelizmente, os tradicionais gestores da indústria costumam destilar um instinto de autopreservação que ignora as novas possibilidades que este novo cenário apresenta. Eric Garland, CEO da empresa de análise do consumo de mídia digital Big Champagne, afirmou: "Todas essas mudanças que são tão empolgantes para consumidores, pessoas que realmente amam mídia, artistas e produtores de conteúdo, infelizmente tem implicações consideradas ruins pelos gestores tradicionais de mídia."

Conforme já dissemos: a música ou o cinema não estão em crise. O que está em colapso é o modelo de negócio tradicional no qual cada uma dessas indústrias do entretenimento foi constituída ao longo de décadas. Esse modelo não funciona mais. Se você não tiver a capacidade para mudar, de forma rápida e eficiente, certamente alguém o fará por você. E antes de você.

> Quality is the best business plan.
> **John Lasseter**

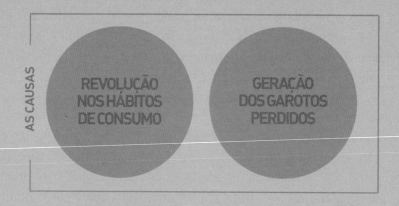

# ANDAR POR CAMINHOS CONHECIDOS SÓ LEVA AONDE OS OUTROS JÁ FORAM.
## GRAHAM BELL

Nos primeiros capítulos deste livro fizemos juntos um sobrevoo de reconhecimento. Demos uma olhada no mundo a nossa volta observando juntos o cenário atual da comunicação. Tivemos contato com a realidade cada vez mais conturbada e instável em que vivemos e concluímos um diagnóstico completo do nosso tempo. Vimos também como as indústrias da propaganda e do entretenimento estão sendo desafiadas a se reinventar a cada novo dia para conseguir atuar em meio ao caos. São elas as indústrias mais impactadas diretamente por este intenso processo de revolução nos hábitos de consumo. Por isso mesmo, precisam atuar na vanguarda dos acontecimentos, em uma busca incessante pela inovação que garantirá o sucesso e a sobrevivência de seus negócios.

Vimos como essas novas gerações de garotos perdidos estão influenciando e sendo influenciadas diariamente por toda essa revolução tecnológica e comportamental. Garotos compostos de um híbrido de átomos e bits. Um organismo vivo e orgânico, *hyperlinkado*, em que não há como saber muito bem ao certo onde termina o mundo real e onde começa o território digital. Eles não estão online. Eles são online. Vivem imersos no território virtual. Respiram em bits, transpiram em bytes. Jovens, seja na idade ou no *lifestyle*, que vêm instaurando um novo *mindset* na relação com as marcas, com os meios e com as outras pessoas. Jovens que vêm impondo uma reinvenção na forma como os donos do monopólio do poder de voz precisam dialogar com eles para continuar merecendo pelo menos 30 segundos de sua atenção.

Vimos como os gestores das indústrias do entretenimento vêm buscando, de forma incansável, alternativas para superar o desafio de continuar convertendo atenção em dinheiro. Vimos que as indústrias do entretenimento (fonográfica, editorial, televisiva e cinematográfica) não estão em crise. Nunca antes na história se consumiu tanta música, livros, conteúdo televisivo e filmes. O que está em crise, na verdade, é o modelo de negócio que funcionou durante décadas e hoje precisa ser reinventado.

Descobrimos como o poder do entretenimento talvez seja o principal vetor de engajamento dos garotos perdidos. Uma geração hedonista que preza pela diversão acima de tudo. São eles que menos toleram mensagens chatas interrompendo a todo momento os seus momentos de diversão. São esses jovens que compõem essa nova massa de consumidores que está lá fora suplicando para as marcas: "Por favor, pare de me interromper e me entretenha." Não por acaso, é esse garoto que está em destaque na capa deste livro.

São eles que estão desafiando diariamente os gestores da indústria da comunicação a encontrar novas formas para conseguir envolvê-los e engajá-los. Eles que fazem crescer exponencialmente a dispersão da atenção e a fragmentação de audiência. Como fazer se o número de pessoas que vêm se comportando de forma cada vez mais desafiadora só aumenta? Gente que não se contenta mais em assistir apenas a um programa, um canal ou um meio apenas. Dividem sua atenção em múltiplas plataformas simultâneas. Se o negócio da comunicação foi construído essencialmente em cima da venda da atenção das pessoas empacotada, como fazer se este é um recurso cada vez mais escasso? Como continuar impactando as pessoas se temos cada vez menos certeza onde exatamente elas estão? Como atingir um alvo móvel? Como diabos fazemos para envolver e engajar esse garoto perdido que está cada vez mais disperso?

## ATINGINDO-O NO MOMENTO DE DISPERSÃO

É exatamente neste ponto de interseção que o futuro das indústrias do entretenimento e da publicidade se encontram: no peito do "garoto perdido". Este que não é mais tão facilmente encontrado pelos planos de mídia convencionais. Este que não está mais imóvel diante do aparelho de televisão ou passivamente segurando um jornal de papel na poltrona da sala. Este que, mesmo que ainda esteja consumindo conteúdo televisivo ou lendo notícias, o faz de novas e inusitadas formas, interagindo com outras tantas plataformas e pontos de atenção ao mesmo tempo. Este que mesmo que ainda tenha que ser submetido aos breaks comerciais, quer que as marcas pelo menos apresentem conteúdos divertidos e envolventes para ocupar esses espaços convencionais.

Afinal, de um lado está o entretenimento, a principal forma de conteúdo consumida e desejada pelos jovens, em suas mais variadas formas: clipes, games, filmes, apps, piadas no Twitter, *trollagens* no Facebook, jogos de futebol, shows e vídeos engraçados no YouTube. Do outro lado, estão as marcas, precisando de alguma forma encontrar novas e inusitadas formas para envolver e engajar justamente esses mesmos jovens. Podemos perceber que as duas indústrias rumam para uma interseção, para uma sinergia cada vez maior. Hoje, há a certeza de que uma precisa da outra para continuar sobrevivendo com sucesso.

David Ogilvy afirmou que o objetivo primordial da publicidade é fazer a máquina registradora tilintar cada vez mais e mais. Hoje em dia, a publicidade vem descobrindo que para continuar fazendo a máquina registradora tilintar precisa repensar suas fórmulas e formatos. Rever discurso e abordagem. Nunca foi tão difícil envolver e engajar a audiência como é hoje. Perceba que, quanto mais observamos, mais percebemos as duas indústrias rumando para uma aproximação cada vez maior.

O publicitário Craig Davis, CCO (Chief Creative Officer) da JWT, a quarta maior agência de publicidade do mundo, fez recentemente o seguinte apelo para as marcas:

> *Em todo lugar as audiências estão cada vez mais difíceis. Eles não têm mais tempo para serem perturbados ou pressionados por propaganda ortodoxa old-fashioned. Precisamos parar de interromper o que as pessoas estão interessadas e começar a ser o que as pessoas estão interessadas.*

| CONSUMERS | CONSUSERS |
|---|---|
| CONSUMIR DE FORMA PASSIVA | INTERAGIR DE FORMA ATIVA |
| COMPRAR | SE APROPRIAR |
| RELAÇÃO INDIRETA MEDIADA | RELAÇÃO DIRETA TRANSMEDIADA |
| MARCA VENDENDO A SI MESMA | MARCA COMO HUB DE ENTRETENIMENTO |
| RECLAMAR PARA POUCOS AMIGOS | MOBILIZAR MILHARES |

Seja em meios convencionais ou em estratégias inusitadas. Seja em projetos de Placement ou em um anúncio de revista. Não importa. Seja qual for a plataforma, invista em maneiras reais e autênticas de estabelecer um diálogo com seus consusers. De instaurar um relacionamento baseado no envolvimento em que se deve engajar pelo que a marca tem a oferecer e, mais do que isso: pelo que as pessoas querem compartilhar e oferecer de volta. Não meça esforços para transformá-los em fãs da sua marca, em advogados evangelizadores.

Para que isso seja alcançado, ofereça mensagens e conteúdos *cools*, envolventes, irresistíveis, untados em sensualidade e mistério. Pare de olhar para o próprio umbigo. Seja leve e entretido, divirta, faça rir, não perturbe, não interrompa por interromper. Mesmo que continue existindo a necessidade de criar estratégias que tenham que ser interruptivas, pense em conteúdo relevante, divertido e emocionante para ocupar esses espaços. Se você quer que sua marca ocupe um local nobre na mente e no coração das pessoas, ocupe com inteligência aquele espaço nobre que ele está lhe oferecendo quando lhe cede um pouco de sua disputada atenção.

A publicidade *boring*, pé no saco, que apenas interrompe as pessoas, que perturba e é massante, está com os dias contados. Não por opção do mercado mas por imposição das novas gerações. São todos estes statements que estão implícitos neste pedido que é um verdadeiro manifesto para as marcas: não interrompa, entretenha!

O mercado já se deu conta que o entretenimento é hoje o principal vetor de engajamento que aproxima e une marcas e *consusers* (*consumers* + *users*). É a ponte, a liga, o elo, o cimento imprescindível para que uma marca consiga construir sua base de fãs. O molho lúdico do entretenimento faz com que as pessoas absorvam os eixos conceituais da atmosfera da marca de uma forma muito mais leve e profunda ao mesmo tempo. Algo parecido com o que sua mãe fazia quando colocava mel junto com o xarope na colher para que você não sentisse o gosto amargo. Uma forma leve, sem rupturas, não amarga, de absorver os conceitos que a marca deseja comunicar.

Por isso, o apelo que precisamos deixar aqui é: "Pare de simplesmente interromper e comece a entreter." Crie não apenas peças inusitadas mas também estratégias, produtos, serviços e ações que sejam cativantes, irresistíveis, íntimas, sedutoras, misteriosas. Não estamos dizendo para você tirar toda sua verba publicitária dos meios e formatos convencionais para colocá-la exclusivamente em ações de conteúdo de entretenimento. Não é este tipo de estratégia excludente – e pouco inteligente – que pretendemos defender com este livro. Defendemos, sim, o uso estratégico do Placement em conteúdos de entretenimento (filmes, games, clipes) como uma ferramenta importante para a obtenção de sentimento positivo em relação à sua marca, junto aos segmentos de públicos específicos que não estão mais imóveis e passivos em apenas dois ou três veículos e meios de comunicação.

Paralelamente, defendemos que a missão de entreter extrapole os limites padronizados dos formatos convencionais. Que esta nobre missão esteja enraizada na estratégia de branding de sua empresa. Que mesmo ao ocupar espaços convencionais, faça-o com criatividade e envolvimento suficiente para provocar pelo menos um sorriso no rosto do seu consumidor. Se é inevitável que se interrompa o consumo de conteúdo, que o faça de forma criativa, envolvente, irresistível e sedutora.

Tudo isso que estamos afirmando é tão importante que não deve ser visto apenas como inspiração para um projeto isolado de conteúdo proprietário. Nem como a mais nova ferramenta de marketing que está "na modinha" do mercado. Na verdade, a comunicação como um todo, em todos os seus esforços, ruma para este caminho: entreter.

Seja em projetos de branded content, seja em comerciais de televisão. Seja em ações de Product Placement, seja em alguma ação presencial. De qualquer forma, de um lado há uma marca com objetivos estratégicos. E do outro, um consumidor com necessidades e anseios. Seja por meio de um minidoc, um show ou um comercial de televisão. Não importa como, não importa que nome você queira dar. O que importa é que é preciso chegar no coração das pessoas. E a melhor forma de conseguir isso é unindo entretenimento e publicidade.

É exatamente a esta união de esforços entre indústrias da publicidade e do entretenimento que o mercado deu o nome de *advertainment*. O termo foi criado a partir da junção da palavra *advertising* – publicidade em inglês – com a palavra *entertainment* – entretenimento em inglês. Segundo a Wikipedia, "advertainment é uma forma de publicidade que esfumaça as distinções convencionais entre o que constitui um espaço publicitário e o que constitui um espaço de entretenimento".

Essencialmente, advertainment é um guarda-chuva que abriga algumas ferramentas de marketing que utilizam o conteúdo de entretenimento como plataforma de comunicação. Entre elas, o branded content (ou branded entertainment) e o Product Placement (ou merchandising, no Brasil). Neste momento, vamos conhecer um pouco mais sobre o branded content e o merchandising. E, na sequência, nos aprofundaremos de vez no Product Placement em cinema.

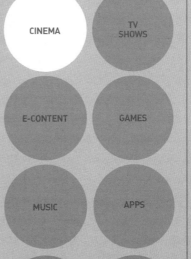

# BRANDED CONTENT

Branded content (conteúdo de marca) é uma ferramenta de marketing que consiste na produção ou distribuição de conteúdo de entretenimento por iniciativa da própria marca. O objetivo principal é fazer com que as pessoas assimilem a mensagem, os atributos e os conceitos de forma leve e envolvente.

As marcas começaram a repensar a lógica do investimento de alguns projetos. O usual em um esforço de comunicação costuma ser investir 30% do budget em produção e 70% em veiculação. Nos últimos anos, existem diversos cases bem-sucedidos em que essa lógica se inverteu. Isso quer dizer que as marcas passaram a executar projetos em que o investimento maior foi aplicado na produção de um conteúdo tão irresistível para seus públicos de interesse que não seria mais preciso investir tanto em veiculação.

Porém, não se iluda. Estamos nos referindo a uma inversão na lógica de investimento em que a verba de mídia seria menor, não inexistente. Dificilmente veremos o dia em que as marcas não precisarão mais investir em divulgação. Isso porque o conteúdo de marca pode até ter o mérito de conseguir um bom volume de atenção das pessoas. Mas com divulgação, esse volume pode ser muito mais potencializado.

Os meios mudaram, as formas vêm sendo reinventadas, novas e incríveis plataformas surgiram. Mas a pepita de ouro da comunicação continua sendo a mesma de 60, 80, 100 anos atrás: a atenção das pessoas. Antes apenas medida em pontos na audiência, hoje também medida em views e curtis. Antes conseguida através de um meio de comunicação, hoje tendo que ser conquista por meio de um esforço orquestrado de ações.

Outra coisa que não mudou é o que de fato atrai a atenção das pessoas: a ideia. Ela pode estar em um conteúdo de marca, em um anúncio de revista ou no bom e velho comercial de 30". A ideia está acima de tudo. Sem a ideia, nenhum formato se faz por si só. Você pode colocar o melhor carro do mundo nas mãos de um piloto de Fórmula 1. Mas se ele não tiver talento, de nada vai adiantar. E, de fato, a ideia é, muitas vezes, algo tão subjetivo quanto o talento. De onde se menos espera, pode surgir algo memorável. Kevin Roberts afirma:

*Nada mudou tanto assim. Ainda é o exorbitante poder da criatividade o grande diferencial. Ainda vivemos na era em que a ideia é o "rei". Conteúdo é um universo maravilhoso para uma ideia. Mas se não tiver ideia, não haverá sucesso.*

"Conte-me e eu vou esquecer; mostre-me e eu vou lembrar; envolva-me e eu vou entender." A famosa frase de Confúcio nunca foi tão atual. Poderia ser reconhecida como a máxima do storytelling. O fato é que guardamos muito mais facilmente qualquer informação quando ela é transmitida por meio de uma história, não é mesmo? E o papel da boa publicidade sempre foi esse: contar boas histórias.

Não é de hoje que as marcas empenham esforços para contar histórias. Quer melhor prova disso do que ter sido uma marca – a Coca-Cola em 1931 – a responsável pela narrativa em torno do personagem de Papai Noel como o conhecemos hoje? A novidade hoje em dia está justamente na ampla variedade de alternativas de plataformas e meios por onde esse envolvimento emocional pode chegar até o coração das pessoas.

## EM 1984, A APPLE ARREMESSA UM MARTELO BEM NO MEIO DO *STATUS QUO*

Um dos marcos históricos deste "namoro" entre as indústrias do entretenimento e da publicidade foi o comercial "1984" da Apple para o lançamento do Macintosh. Ali ficou mais claro como as duas indústrias poderiam estar ainda mais próximas, respirar do mesmo ar, inspirar da mesma forma e envolver os mesmos corações. A direção foi assinada por Ridley Scott, que já havia marcado a história do cinema com produções como *Alien* (1979) e *Blade Runner* (1982).

No comercial, uma heroína loira de corpo atlético aparece correndo em fuga pelos corredores de uma grande fábrica cinza e sombria. Ela está fugindo de um pelotão de soldados em meio aos operários. O cenário é tenebroso, exatamente como o mundo descrito por George Orwell em seu livro *1984*. A heroína então chega ao grande salão onde o Grande Irmão (*Big Brother*) aliena a população, mentalmente escravizada para sessões diárias de lavagem cerebral. Então, em um ato de bravura, ela arremessa um martelo contra a grande tela. No final, uma voz em off encerra dizendo: "em 24 de janeiro de 1984, a Apple Computers vai apresentar o Macintosh.

E vocês verão por que 1984 não vai ser como '1984'", em referência direta ao mundo opressor de Orwell. Steve Jobs assumiu publicamente que o comercial fazia referência direta à tirania opressora da IBM no mercado da época.

O comercial 1984 foi exibido nas salas de cinema durante duas semanas antes de sua única exibição em broadcast. Isso mesmo: o filme foi ao ar uma única vez. Tá certo que foi no break comercial mais caro do planeta, na final do Superbowl em 22 de janeiro de 1984. Mesmo assim, não deixa de ser incrível. Foi o suficiente para levar o Grand Prix em Cannes, ser premiado como o comercial mais importante da década pela *Advertising Age* e ainda integrar o hall da fama do Clio Awards.

O filme *1984* não foi apenas bem-sucedido na missão de elevar a marca Apple a um item cultural. Ele serviu também para abrir caminho para que a relação entre as indústrias do cinema e da publicidade se desenvolvesse de forma mais intensa a partir dali. Ali foi comprovada a possibilidade de a publicidade envolver emocionalmente a audiência por meio de histórias, da mesma forma como vemos nos filmes.

## BMW FILMS INAUGURA A ERA DO BRANDED CONTENT

Mas foi somente com o *The Hire* em 2001 que o termo *branded content* passou a ser utilizado. Também conhecido como "BMW Films", o projeto criado pela agência de publicidade Fallon até hoje é mencionado como referência sempre que alguma nova ação de branded content aparece. *The Hire* mostrou para as marcas como elas poderiam utilizar as novas plataformas e ferramentas para construir relações emocionais com determinados públicos de interesse, utilizando o conteúdo de entretenimento para alcançar o coração das pessoas. Não foi o primeiro caso de conteúdo de entretenimento criado por uma marca, mas foi o que o fez de forma mais sintonizada com o cenário contemporâneo.

*The Hire* foi o pioneiro em diversos aspectos e inaugurou uma nova forma, moldada e impulsionada pelas novas plataformas e novos meios. Por meio de narrativas, os atributos dos carros da marca eram enaltecidos de forma envolvente. Diretores consagrados, assim como novas revelações de Hollywood, foram convidados para assinar os filmes da webserie: John Frankenheimer, Ang Lee, Guy Ritchie, John Woo, Alejandro González

Capa do DVD do projeto "BMW – The Hire". Todos os direitos reservados à BMW.

Iñárritu e os irmãos Tony e Ridley Scott. Foram ao todo oito curtas-metragem com aproximadamente 10 minutos cada, produzidos para serem disponibilizados apenas na internet. Estamos falando de uma época em que o vídeo em streaming ainda era uma prática incipiente. Isso quer dizer que os filmes tinham que ser baixados para então serem assistidos.

Isso não impediu o sucesso da iniciativa. Foram registrados mais de 50 milhões de downloads dos filmes da webserie da BMW, só no período inicial do projeto. Mais de 100 milhões de pessoas assistiram aos filmes durante o tempo em que o projeto ficou oficialmente disponível no site da marca. Isso sem contar os views em outros sites que acontecem até hoje.

Mais do que um projeto de conteúdo proprietário muito bem arquitetado, estamos também falando de um projeto de branding exemplar. O objetivo principal era o rejuvenescimento da marca BMW, que vinha cada vez mais sendo percebida como *old fashioned* pelas novas gerações. Para os jovens, os carros da marca começavam a ser vistos como "carro de coroa". "BMW Films" foi uma grande cartada para começar a reverter essa percepção.

Apesar de ter objetivos essencialmente institucionais, a BMW viu ainda as vendas de seus carros subirem 12% em relação ao ano anterior da estreia da série de filmes online. O sucesso do projeto contribuiu para instaurar o branded content como uma alternativa de ferramenta efetiva de marketing.

*The Hire* foi um divisor de águas tão grande que chegou ao ponto de ter que ser criada uma nova categoria no maior festival de criatividade do mundo só para que pudessem premiá-lo. A categoria Leão de Titanium foi criada em 2003 para premiá-lo. E mais: nenhum case conseguiu o mérito de conquistar esse mesmo prêmio nos três anos seguintes. Podemos concluir que o mercado mundial demorou três anos para entender o que estava acontecendo.

A maior parte dos projetos de branded entertainment são formatados e distribuídos no modelo de webseries ou websodes. Porém, não seria errado afirmar que até um comercial convencional pode alcançar o status de conteúdo de entretenimento. Não faltam exemplos de filmes publicitários que conseguem entreter as pessoas e que possuem potencial de ser *spreadable*.

O que dizer de comerciais como "Take it to the Next Level", dirigido por Guy Ritchie, e "Write the Future", dirigido por Alejandro González

Iñárritu, ambos da Nike. São verdadeiros curtas-metragem de ritmo intenso que cativaram milhões de jovens em todo o mundo. Só "Write the Future" bateu o recorde de views de um vídeo viral em sua semana de lançamento, de acordo com o Visible Measures. Tudo concebido por uma agência de publicidade, a Wieden + Kennedy.

A mesma Wieden + Kennedy criou em 2001 um filme para a Nike que além de conquistar o Grand Prix em Cannes ainda conseguiu o feito de ser um dos primeiros virais de que se tem notícia. "Tag" é um comercial sem jeito de comercial. Não tem produto aparecendo o tempo todo em take fechado, nem frases de efeito, nem argumentos publicitários que soam egocêntricos. Um vídeo que parece ter um único objetivo: entreter. E isso não quer dizer que, por causa disso, a marca teve que abrir mão de comunicar. Muito pelo contrário. Por meio de um roteiro divertido e envolvente, o filme transforma uma cidade inteira em um grande playground onde toda a população participa de um jogo de pega-pega. "Tag" consegue fazer com que a marca seja percebida como divertida e irreverente, urbana e casual, jovem e dinâmica. Foi o primeiro filme neste estilo a ganhar o Grand Prix em Cannes.

## O AMADURECIMENTO DO BRANDED CONTENT

Hoje em dia existem dois caminhos mais explorados em estratégias de branded content. Um deles consiste em abordar histórias e assuntos ligados diretamente à marca. Você pode, por exemplo, encontrar bons vídeos no site da Absolut Vodka. São conteúdos sobre sua história, curiosidades sobre sua garrafa memorável e *highlights* sobre a forma inovadora como a Absolut é produzida. São conteúdos de entretenimento que trazem, de forma envolvente, detalhes e curiosidades que giram em torno da marca. Existem determinados públicos que podem estar, sim, interessados em conteúdos sobre as marcas que gostam. Além disso, podemos entender essa iniciativa como o "dever de casa" da marca. Toda marca deve investir em conteúdo proprietário sobre ela mesma, de excepcional qualidade e muito bem executado. Isso porque, quando os fãs ou usuários realizarem uma busca na internet vão encontrar esses conteúdos sobre a marca.

O outro caminho, que pode ser visto inclusive como um passo adiante, seria a marca produzir e distribuir conteúdos de entretenimento que não tratem diretamente sobre a marca. Esses conteúdos precisam ser extremamente relevantes para os públicos de interesse que a marca deseja impactar. É preciso ainda que o projeto de conteúdo tenha metas bem definidas e objetivos estratégicos a serem atingidos. É preciso que este conteúdo traga em si, mesmo que de forma implícita, atributos da atmosfera da marca que precisam ser reforçados. Senão, corre-se o risco de se realizar uma brincadeira de criança.

"Absolut NY-Z" é um projeto de advertainment exemplar. Um projeto que integra experiência presencial (concerto), branded content, Product Placement e, para arrematar, responsabilidade social. Um exemplo de que o pulo do gato muitas vezes está em "mashupear" estratégias e ferramentas.

Jay-Z é um dos produtores musicais mais bem-sucedidos e respeitados no showbizz mundial. Desfruta de um sucesso estrondoso como rapper, produtor e celebridade, já que além de tudo é casado com a cantora Beyoncé. Nada mal para uma marca como a Absolut que precisa constantemente reforçar os atributos de *cult* e ousadia em sua atmosfera, não é mesmo? Isso sem falar que, como se trata de uma marca europeia, associar sua marca a um ícone do principal gênero musical americano certamente ajuda a reforçar o elo emocional com a América e a aproximar a Absolut dos corações dos jovens americanos, não é mesmo?

No dia 11 de setembro de 2009, Jay-Z foi a atração principal e o anfitrião de um grande show beneficente chamado "The September 11 Concert". Toda renda foi destinada para as famílias dos bombeiros e policiais que deram a vida nos resgates dos atentados de 11 de Setembro. O show histórico aconteceu no Madison Square Garden. Jay-Z convidou diversos artistas para participar do tributo, como Alicia Keys, Kanye West, Rihanna e, claro, sua esposa Beyoncé. O show foi um marco na retomada do orgulho nova-iorquino. Lembre-se: todo esse momento histórico foi oferecido pelas mãos da marca Absolut.

Paralelamente, a Absolut convidou o renomado diretor de clipes Danny Clinch para dirigir um minidocumentário exclusivo para a fanpage da marca. A Absolut sabe muito bem qual é a melhor forma de aumentar sua base de fãs e manter um relacionamento estreito com eles: conteúdo de entretenimento relevante e bem produzido. Além dos preparativos para o show, o filme mostra um pouco da relação emocional de Jay-Z com a música e com a sua cidade natal, desde sua infância pobre no bairro do

Brooklyn. Com o minidoc, a vodka sueca foi muito feliz em conseguir associar sua marca emocionalmente a uma das cidades mais emblemáticas e importantes dos EUA.

Além disso, como se não bastasse, o projeto ainda rendeu um grande hit. A canção "Empire State of Mind", dueto de Jay-Z com Alicia Keys, extraída do concerto no Madison Square Garden, chegou ao topo das principais paradas em todo o mundo. Mais do que isso: tornou-se o novo hino da cidade de Nova York, chegando a ser considerada a sucessora natural da música "New York, New York", eternizada na voz de Frank Sinatra.

Perceba que todo esse conteúdo memorável foi oferecido pelas mãos de uma marca. Uma ação exemplar de advertainment muito bem planejada e realizada. A marca oferceu um conteúdo sensacional e relevante para seus fãs. A atenção das pessoas foi atraída naturalmente. Desta forma, a Absolut atuou como um hub de conteúdo, prestando o importante papel de curadoria com o que é relevante para seus fãs. Com isso ganhou em imagem, sentimento positivo e laços emocionais com a cultura americana e ainda com a nobre causa dos bombeiros e policiais.

O mais interessante é observar que "NY-Z" não foi um case isolado da marca. A Absolut vem investindo de forma consistente em diversas ações que utilizam o conteúdo de entretenimento como plataforma de comunicação. Veremos adiante que a assiduidade é uma das principais premissas para o retorno de investimento em ações de advertainment. A audiência e atenção das pessoas apresenta uma curva crescente com o desenrolar de projetos subsequentes.

A Absolut traz esse aprendizado valioso para nós. Para conseguir de fato tirar o máximo da ferramenta, é preciso consistência e regularidade no investimento em projetos que somem seus resultados ao longo de um período. Não basta investir em apenas um projeto de entretenimento e esperar que ele resolva todos os seus problemas de comunicação. Quando essa regularidade de projetos é alcançada ao longo de um espaço de tempo, a marca consegue estabelecer um relacionamento com sua base de fãs. Isso pode ser muito valioso, inclusive no caso de alguma crise de imagem envolvendo a marca.

Outras marcas como T-Mobile, Heineken, Starbucks e a própria Nike, já citada aqui neste capítulo, demonstram esse mesmo apuro no uso da ferramenta. A Red Bull, por exemplo, é um capítulo à parte. O CEO da

ABSOLUT VODKA PRESENTS

# NY-Z

DIRECTED BY DANNY CLINCH FEATURING **JAY-Z**

**ABSOLUT**
*Concert Series*
**MADISON SQUARE GARDEN**
The World's Most Famous Arena

Póster de divulgação do projeto NY-Z. Todos os direitos reservados ao Jay-Z.

Todos os direitos reservados à Absolut.

empresa chegou ao ponto de assumir o posicionamento revolucionário da marca: "Nós somos uma empresa de conteúdo que fabrica energéticos."

Outro aprendizado que o projeto nos deixa é a importância do conteúdo de entretenimento para o sucesso da presença digital da marca. Pode soar estranho para alguns gestores de marketing, mas pasmem: as pessoas não criam contas no Facebook ou entram no YouTube para ver vídeos sobre a sua empresa. Elas querem ver e compartilhar vídeos sobre o Jay-Z. Conteúdos com histórias que são relevantes para elas. Pode até ser que uma marca seja relevante em algum momento para determinado público. Mas, em sua grande maioria, as pessoas querem consumir conteúdos de entretenimento de verdade e não sobre as marcas.

Com isso podemos concluir, sem medo de errar, que o entretenimento é hoje o principal vetor de engajamento que une marcas e *consusers*. É a liga, o cimento necessário para que a marca consiga construir uma base sólida de fãs. O molho lúdico do entretenimento é o combustível ideal. É ele que faz com que as pessoas se transformem em fãs se absorvam os eixos conceituais da atmosfera da marca de uma forma mais leve e marcante.

# MERCHANDISING

Segundo a Wikipedia, a palavra inglesa *merchandiser* significa "negociante" que, por sua vez, é originada do termo francês *merchand*. Também poderia ser entendida como uma derivação da palavra *merchandise*, algo como "operação com mercadorias". Por isso, nos EUA, *merchandising* é o termo utilizado para englobar o conjunto de técnicas de marketing voltadas para explorar o ponto de venda em todas as suas possibilidades.

Merchandising também é o termo utilizado nos EUA para descrever os produtos licenciados com propriedades dos filmes, cantores e times de basquete, por exemplo. Como uma camiseta do Justin Bieber, um boné dos Lakers ou uma caneca do Harry Potter. Esses produtos recebem o nome de merchandising exatamente por levarem essas propriedades direto para a loja da esquina, ou seja, para o ponto de venda. Além de merchandising, o termo *tie-in* (*tie* – "amarrar" e *in* – "dentro de") é outra nomenclatura utilizada nos EUA para essas ações de cross promotion entre as propriedades de um filme e outros produtos, como um livro do Toy Story ou um videogame do mais novo filme do Batman.

No Brasil, o termo *merchandising* também é usado para se referir à presença de marcas no conteúdo de entretenimento. Segundo consta, essa nomenclatura começou a ser usada no início da televisão no Brasil, quando a programação ainda era ao vivo. Na época, os apresentadores interrompiam o que estivesse acontecendo no programa para falar de determinado produto para "as amigas donas de casa". Era o chamado "merchandising testemunhal".

Talvez seja neste ponto que o merchandising se diferencia do Product Placement, que é a nomenclatura utilizada nos EUA e que veremos de forma mais aprofundada mais adiante. Enquanto no merchandising há, de certa forma, a mesma mentalidade da publicidade convencional, de interromper o fluxo natural do conteúdo de entretenimento, no Product Placement a ideia é outra. No merchandising há uma interrupção, um solavanco, um parênteses. Já no Product Placement, a ideia é que essa presença ocorra de forma fluida, transcorrendo junto com o fluxo da trama que está se desenrolando. A presença é mais sutil e gera menos repulsa por parte dos telespectadores.

É unânime que o uso da ferramenta precisa evoluir muito no Brasil. O mercado ainda vê a ferramenta de uma forma marginal e menos importante. Principalmente no que diz respeito ao momento mais delicado de toda ação de Placement: a hora de pensar na presença dentro da trama, ou seja, as cenas em que os produtos estarão inseridos. Nos parece que no Brasil há um roteirista contratado exclusivamente para escrever as cenas de merchandising. Isso porque geralmente o produto cai de paraquedas no meio da trama, de forma grosseira e invasiva, sem nenhuma preocupação ou respeito pelo telespectador.

Veremos adiante que para realizar uma boa cena de Placement é preciso respeitar uma série de premissas. Esse expertise só será alcançado no Brasil com o amadurecimento do mercado como um todo, tanto pelo lado dos profissionais do meio cultural – leia-se produtores, diretores e atores – como pelo lado dos profissionais de marketing – leia-se anunciantes e agências. Todos precisam compreender a importância da ferramenta para então aprimorar a forma de executá-la. Não faltam exemplos de excelentes cenas de Placement na televisão americana. Mesmo que o produto seja mencionado, a cena faz parte do enredo, transcorre fluida junto com a narrativa. Enfim, um estado mais apurado da ferramenta.

## MERCHANDISING NA TELENOVELA BRASILEIRA

Para você que acha que esse negócio de merchandising, de conteúdo de marca, de advertainment é novidade, saiba que as primeiras telenovelas brasileiras eram produzidas pelos próprios anunciantes. Eles compravam o horário na grade de programação das emissoras de televisão e exibiam suas próprias produções. A empresa pioneira nesse tipo de estratégia de marketing foi a UniLever (na época ainda com o nome de Lever Brothers), que precisava apresentar para a mulher brasileira um novo produto: o sabão em pó.

A agência house da marca, a Lintas (Lever International Advertising Service), começou a implementar a estratégia pioneira ainda na era do rádio, quando a televisão nem existia no Brasil. Já na época, as indústrias do entretenimento e da propaganda atuavam em parceria. E essa relação entre patrocinadores e emissoras de rádio tornou-se especialmente importante ao longo da década de 1940, com a popularização das radionovelas. Como ficava mais caro fazer esses programas, a produção precisou ser viabilizada com o patrocínio de empresas.

As radionovelas se tornaram tão importantes para a comunicação da empresa que a Lintas passou a comprar textos originais para distribuir às emissoras. Com o surgimento das fitas magnéticas nos anos 1950, a própria agência gravava as radionovelas para distribuí-las às rádios, prontinhas – inclusive os anúncios, claro. Os anos 1950 marcaram o surgimento de outra inovação que revolucionaria o dia a dia de qualquer um de nós: a televisão. E a parceria entre anunciante, agência e indústria do entretenimento continuou no novo meio. A Lintas não apenas patrocinava as novelas, como também se envolvia na escolha dos roteiros e do elenco.

Além do pioneirismo da Gessy Lever, a primeira experiência mais deflagrada de merchandising na televisão brasileira aconteceu na telenovela *Beto Rockfeller* (Tupi, 1968), em que o protagonista que dava nome à novela bebia excessivamente, e sempre acordava de ressaca. Foi aí que o pessoal de marketing da Engov teve a ideia de procurar o ator que interpretava o personagem e sugerir uma parceria. Segundo consta, o ator Luis Gustavo ganhava CR$3.000 (três mil cruzeiros) toda vez que mencionava o produto. "Num único dia, repeti Engov 35 vezes. Só quem não gostou da ideia foi a Alka Seltzer. Afinal, a empresa patrocinava o futebol da Tupi", afirma o ator Luis Gustavo em entrevistas.

Esse exemplo pioneiro consta no *Almanaque da Telenovela Brasileira* (Panda Books, 2007), de Nilson Xavier. No livro, podemos comprovar como as novelas sempre tiveram uma força muito grande na população brasileira. Ao longo da história, elas sempre conseguiram influenciar comportamentos e incentivar hábitos de consumo.

Tudo vira febre ao ser usado pelos atores nas novelas. Todos querem se sentir um pouco mais próximos e parecidos com os galãs e as mocinhas das tramas. De repente, começou-se a perceber o quanto o poder lúdico e engajador do entretenimento inspirava as pessoas em todos os sentidos: em rir, se emocionar e, claro, comprar! Não importava que produto fosse, virava febre em todo o Brasil.

Nilson lembra que os vestidos de chita usados pela personagem principal de *O Direito de Nascer* (Tupi, 1964), por exemplo, viraram febre entre as donas de casa. O mesmo aconteceu com os sapatos de sola de borracha usados pelo personagem de Tarcísio Meira na novela *Cavalo de Aço* (Globo, 1973). Fizeram tanto sucesso que passaram a ser conhecidos como "sapatos cavalo de aço". Como a calça jeans Startoup que Sônia

Braga usava com sandálias e meias brilhantes em *Dancin' Days* (Globo, 1978).

Não demorou para que as marcas começassem a utilizar essa ferramenta de forma mais efetiva. O primeiro registro de exposição de marca negociado com a emissora foi na novela *O Primeiro Amor* (Globo, 1972) onde as bicicletas Caloi eram usadas pela dupla infantil Shazan e Xerife (Paulo José e Flávio Migliaccio).

É também da década de 1970 o primeiro caso de Reverse Placement da televisão brasileira. Conforme veremos adiante, o Reverse Placement ocorre quando um produto da ficção ganha vida na realidade. A cachaça Saramandaia, bebida pelos personagens da novela de mesmo nome (Globo, 1976), saltou da tela e foi comercializada pela fabricante Hofer. O perfume da novela *Vereda Tropical* (Globo, 1984) também foi lançado no mundo real pela Davene com grande sucesso entre o público feminino. A mesma Davene gostou da experiência e lançou no mesmo ano um creme hidratante associado a outra novela, a *Corpo a Corpo* (Globo, 1984).

E o que dizer do batom Boka Loka, talvez o caso mais representativo de Reverse Placement da televisão brasileira. Lançado por Victor Valentin (Luiz Gustavo) na novela *Ti-Ti-Ti* (Globo, 1985), o batom virou febre entre as mulheres brasileiras com o irresistível apelo lúdico de que os homens não resistiam à mulher que estivesse usando o tal batom "mágico" nos lábios.

Em 1977, a Caloi utiliza mais uma vez uma novela – *Sem lenço, sem documento* (Globo, 1977) – como narrativa-suporte para lançar o seu modelo especial para as mulheres, a Caloi Ceci. A ação inovadora foi criada em uma parceria bem-sucedida entre o autor da trama, Mário Prata, a agência de propaganda Novo Ciclo e o anunciante Caloi.

Quando não incentivava o consumo de um produto ou marca específica, as novelas demonstravam seu poder de convencimento e influência incentivando o incremento de toda uma categoria ou setor. Foi assim com a produção nacional de perucas diretamente influenciada pela personagem Sinhozinho Malta (Lima Duarte) ou com o bambolê que voltou a ser a brincadeira preferida das crianças depois da novela de mesmo nome exibida na Globo em 1987.

O merchandising também pode levantar bandeiras sociais e ajudar a conscientizar as pessoas em relação a diversos temas. Em 1983, o personagem de Tony Ramos em *Sol de Verão* (Globo, 1983) era surdo-mudo. Ele mostrou todas as dificuldades e desafios que uma pessoa com deficiência enfrenta. As crianças se sensibilizaram e passaram a reproduzir a linguagem dos sinais nas escolas. O alfabeto dos sinais chegou a ser distribuído nas ruas. A novela prestou um grande serviço de conscientização e desmitificação dos preconceitos em relação aos deficientes.

No último mês da novela *O Salvador da Pátria* (Globo, 1989), foi levado ao ar um projeto de merchandising social que girava em torno da Aids. Através dos diálogos, o autor Lauro César Muniz divulgava informações a respeito do tratamento e buscava desmitificar os preconceitos gerados pela doença. A iniciativa foi resultado de uma parceria entre a Rede Globo e a Divisão de Aids do Ministério da Saúde e o objetivo principal era sensibilizar o público a exercitar a solidariedade.

Hoje essa é uma prática recorrente em novelas da Rede Globo e costuma ser chamada de "merchandising social". Problemas sociais como o alcoolismo, a dependência às drogas, desaparecimento de crianças e a violência doméstica, entre outros, já foram temas de novelas da Globo. O merchandising social ajuda a desmitificar o preconceito e a conscientizar as pessoas da importância de respeitar e ajudar da maneira certa essas pessoas, prestando um serviço muito importante para toda a sociedade. Nós veremos mais adiante só que com o nome de Behavior Placement.

A socióloga Maria Tereza Monteiro, diretora do Instituto Retrato de Pesquisa, afirma, no mesmo *Almanaque da Televisão Brasileira*:

> *Mais do que um simples entretenimento, as novelas são extremamente valorizadas (...). Além de apresentar hábitos e costumes diversos, elas muitas vezes enfocam questões delicadas e complexas como virgindade, sexo e casamento, homossexualismo, hermafroditismo, inseminação artificial ou relacionamento afetivo entre pessoas de camadas sociais diferentes, dando acesso a temas da atualidade como fonte informal de aquisição de bagagem cultural, levando muitas vezes a questionamentos, elaborações de opinião e, em certos casos, até a revisões de posturas existenciais.*

Geralmente, o merchandising social é bem realizado na televisão brasileira. O tema está integrado na trama, faz parte de uma lógica na narrativa e as cenas que abordam o assunto fluem com naturalidade e estão contextualizadas no roteiro. Ou seja, atende às premissas para uma boa ação de Placement, conforme veremos adiante.

A pergunta que não quer calar é: por que diabos então eles não empregam esse mesmo expertise no merchandising de produtos? Vemos que eles sabem como executar a ferramenta, mas nos parece que não empenham a mesma dedicação às ações de produto. Uma das explicações para isso acontecer certamente passa tanto pela motivação de estar criando algo benéfico para a sociedade, no caso do merchandising social, quanto pela frustração de ter que inserir algo mercadológico no meio da novela, no caso do merchanising mercadológico.

Polêmicas à parte, um dos maiores benefícios em investir em uma ação de merchandising é o aumento no índice de lembrança de marca. Uma matéria publicada na revista *Exame* do dia 22 de setembro de 2010, relata uma ação de merchandising da marca de bicicletas Houston na novela *Passione*, de Silvio de Abreu. Fundada dez anos antes pelo empresário João Claudino Júnior, até aquele momento a Houston era uma ilustre desconhecida na Região Sudeste, o maior mercado do país. Entretanto, a marca já era vice-líder em vendas no país, ficando atrás apenas da Caloi. O objetivo principal da ação, segundo o próprio fundador, foi "tornar a Houston uma marca conhecida e liderar as vendas".

Ao longo dos episódios da novela, atores como Fernanda Montenegro, Reynaldo Gianecchini e Rodrigo Lombardi se revezaram em frases como "há também a parceria com a maravilhosa Houston. A Houston é importante para nós" e "a bicileta deles é boa mesmo". O acordo com a emissora previa, além das menções verbais, a exibição de marca nove vezes. Ainda segundo a matéria na *Exame*, é o autor Silvio de Abreu quem decide quando deve usar o nome da empresa no roteiro.

Apesar de ser uma exceção, o projeto da Houston com a Globo deixa um sinal de que as coisas podem estar começando a mudar para melhor no cenário de Product Placement no país. Anunciantes, publicitários e a audiência agradecem. Isso porque o projeto conseguiu avançar um pouco adiante do formato padrão de merchandising que se instaurou na televisão brasileira. Em vez de ter uma cena encaixada no meio do nada, assustando e indignando o telespectador, a Houston apareceu de forma integrada na trama, contextualizada como importante parceira da metalúrgica pertencente à protagonista de Fernanda Montenegro. Estima-se que a ação tenha custado R$6 milhões. Outro bom exemplo é a ação que a Lupo realizou na novela *Avenida Brasil* (2012) em que patrocinou o carismático time de futebol Divino Futebol Clube. Uma ação simples mas potente, inserida de forma leve e contextualizada na trama.

Na revista *Veja* (edição 1896), o jornalista Ricardo Valladares escreveu um bom artigo sobre os bastidores do merchandising. Ricardo relata uma iniciativa da Rede Globo para convencer anunciantes a realizarem ações de merchandising na novela das oito *América* (Globo, 2005) que estava prestes a estrear:

> *O departamento comercial da Globo e a autora Glória Perez já se debruçam sobre uma questão: como transformar os personagens de* América *em garotos-propaganda? (...) a emissora chama atenção para as potencialidades da trama (...) e do elenco. Tião, por exemplo, o peão interpretado por Murilo Benício, seria no início da trama o garoto-propaganda ideal para refrigerantes e produtos ligados ao agronegócio. (...) Não é à toa. As ações de merchandising pagaram metade dos 50 milhões de reais de custo da novela* Senhora do Destino, *antecessora de* América.

Valladares conta ainda no artigo que as novelas de todas as faixas de horário da Globo têm esse tipo de publicidade hoje em dia. E complementa:

> *A cada ação de merchandising, a emissora fatura até R$550 mil. Uma fração desse dinheiro vai para o autor. Durante o tempo em que* Senhora do Destino *ficou no ar, Aguinaldo Silva embolsou em torno de R$200 mil reais ao mês com o merchandising.*

Os dados relatados pelo jornalista comprovam a importância crescente da ferramenta no Brasil. Mas também reforçam algumas preocupações. Afinal, antes de começar a intensificar o uso da ferramenta no Brasil é preciso aprimorar a prática. Vemos um aumento crescente do interesse pela ferramenta tanto por parte das emissoras quanto por parte dos anunciantes, mas não vemos uma evolução na qualidade acontecendo no mesmo ritmo.

Podemos destacar cinco benefícios principais para uma marca começar a cogitar a hipótese de investir em uma ação de merchandising:

## BENEFÍCIOS DE SE INVESTIR EM MERCHANDISING:

1) MAIOR IMPACTO, POIS O PROGRAMA TEM MAIS AUDIÊNCIA QUE O INTERVALO.

2) MELHOR IMPACTO, JÁ QUE O TELESPECTADOR ESTÁ DESARMADO.

3) POSSIBILIDADE DE DEMONSTRAÇÃO DO USO DO PRODUTO.

4) O VALIOSO ENDOSSO DAS CELEBRIDADES.

5) ALTOS ÍNDICES DE *AWARENESS* E SENTIMENTO POSITIVO.

Porém, para que a marca realmente consiga conquistar os benefícios citados em sua plenitude é preciso que a presença seja muito bem planejada e executada. Caso contrário, corre-se o grande risco do feitiço virar contra o feiticeiro, ou seja, que a presença gere repulsa e indignação no público.

Por isso, a nossa maior preocupação está relacionada com a qualidade das ações de merchandising que vão ao ar no país. Que a ferramenta é sensacional e gera excelentes índices de retorno não há dúvida. Agora, o uso dela precisa evoluir, e muito. Basta fazer uma simples pesquisa no Twitter pelo termo que constatamos no senso comum opiniões extremamente críticas em relação à ferramenta.

Nos parece que a classe artística e os roteiristas que atuam na televisão brasileira não gostam da prática do merchandising e, por isso, não se dedicam a escrever e desenvolver boas cenas de presença de marca. É preciso que aconteça um amadurecimento do mercado e de todos os envolvidos para que tenhamos exemplos melhores no futuro e a ferramenta evolua na televisão e nos filmes nacionais. As cenas geralmente provocam uma ruptura no desenrolar da trama, o que desagrada o público e acaba contribuindo para o aumento da repulsa em relação ao merchandising.

Na televisão americana, mesmo em cenas em que o produto aparece como elemento central, percebe-se que, de certo modo, aquele momento está alinhado com eixos da trama. Além disso, as cenas com presença de marca são tão bem escritas quanto as cenas normais. E mais: geralmente os atores coadjuvantes são tão bons quanto os atores principais. Isso faz com que o público não perceba tão abruptamente a presença de marca acontecendo.

Para citar um exemplo, vale mencionar um Placement que aconteceu na sitcom *The New Adventures of Old Christine*. No episódio, a protagonista está vivendo uma série de dilemas em sua vida. Tudo se agrava quando ela é pedida em casamento na noite anterior mas diz não ao proponente. Todo o episódio gira em torno do fato de ela ser uma pessoa insegura que não toma decisões. Uma pessoa que tem medo de grandes mudanças em sua vida e por isso não evolui.

Em meio a uma série de situações engraçadas que evidenciam esses dilemas da personaem, ela vai buscar seu carro, um Prius da Toyota, na revisão. Na concessionária, ela, por impulso, procura um vendedor para trocar de carro. A cena se passa dentro da concessionária da Toyota mas, não por isso, deve ser ruim. E de fato não é.

O ator escalado para interpretar o vendedor é muito bom e isso ajuda muito. O texto da cena é tão bom quanto o roteiro tradicional da série e isso também ajuda muito. Para completar, o diálogo que gira em torno da marca está totalmente inserido no contexto da trama, contribuindo para compor tudo que a personagem está sentindo naquele episódio. Perceba que, mesmo se passando dentro da loja, com carros da marca aparecendo e citações nominais à marca, esse é um exemplo de Placement muito bem executado.

Aqui no Brasil, geralmente a cena parece na verdade um comercial mal encaixado no meio da trama. E o pior: daqueles mal escritos e pouco criativos, o que gera grande repulsa na audiência. Em contraponto ao exemplo citado anteriormente, recentemente foi ao ar uma cena de merchandising em uma novela A cena também se passa em uma concessionária, mas acontece do nada, sem nenhuma razão lógica para eles estarem ali. Simplesmente os dois atores já aparecem dentro da loja de uma hora para a outra. De repente, já estão dentro do mais novo lançamento da marca. O texto é simplesmente formado por elogios destacando os principais atributos do produto. Um exemplo claro de como não se deve fazer uma ação de Placement.

## MERCHANDISING NOS DEMAIS PROGRAMAS

Além das novelas, outros programas de televisão brasileira também oferecem um campo fértil para a proliferação de ações de merchandising. O *Big Brother Brasil* (Globo), por exemplo, é provavelmente hoje o produto mais rentável da Rede Globo de Televisão. O faturamento do reality show já tem passado da casa dos R$400 milhões por temporada. Uma das principais fontes de renda são as cinco cotas de patrocínio, vendidas atualmente a R$20,6 milhões.

As ações de merchandising no programa são vendidas separadamente e têm seu preço negociado caso a caso. Essas ações podem ser uma prova ou alguma atividade que tire os participantes da rotina da casa. As ações são criadas a seis mãos. O marketing do anunciante, a agência de publicidade e a equipe de roteiristas do programa trabalham juntos na concepção de como será a presença. A emissora comercializa as ações isoladas de merchandising com os cotistas e com outras marcas, desde, claro, que não sejam marcas conflitantes.

Dentro do *BBB* existem ações bem roteirizadas e planejadas e outras que chegam ao ponto de causar prejuízo de imagem ao anunciante. Em uma dessas ações, criada para uma marca de frangos, os participantes quase foram asfixiados dentro de sacos plásticos. O objetivo era comunicar um novo produto da marca que vinha temperado dentro de um saco para ser levado ao forno. Foi preciso uma comoção pelo Twitter para que abrissem furos no plástico para que eles pudessem respirar.

Em outra ação polêmica, os participantes tinham que consumir uma marca de refrigerantes em grande quantidade. A "brincadeira" consistia em enjoar de consumir uma marca, veja você. Claro que muitos passaram mal e alguns chegaram a vomitar. Tudo associado à marca que não estava pagando barato pela ação. Realmente não conseguimos entender quem é a pessoa que escreve uma ação dessas – e quem é que aprova.

Por outro lado, existem também ações bem planejadas e executadas. Pode ser, por exemplo, uma presença mais sutil e, não por isso, menos eficiente. Como o que faz a marca de protetores solar Sundown, por exemplo. Ela simplesmente disponibiliza sua linha mais *top* de produtos para os participantes utilizarem na casa. Uma presença que comunica os atributos do produto na medida certa e não ofende a inteligência do telespectador.

Também existem provas concebidas com mais inteligência e criatividade do que as citadas anteriormente. É o caso da já famosa prova que o Super Bonder realiza há algumas edições. Os participantes são presos no teto apenas pelo Super Bonder que é passado nas solas dos sapatos. Uma excelente ação que gera *buzz* e ainda comunica com propriedade o principal atributo do programa.

Além dessas ações em reality shows, o termo *merchandising* no Brasil é usado também para aquele tipo de ação em que o apresentador interrompe o fluxo natural do programa para falar de determinado produto. Apesar de ser uma forma pouco sofisticada de uso da ferramenta, em alguns casos ela gera bons resultados para o anunciante. Principalmente no que diz respeito a *awareness* (índice de lembrança de marca). Mas que é muito chato às vezes, disso ninguém discorda. Porém, mesmo assim, pode ser feito com leveza e descontração pelo apresentador, tornando a ação menos invasiva e mais eficiente.

É inegável que a ferramenta está na boca do povo. Infelizmente, de uma forma negativa. Há inclusive um apresentador que já possui um apelido que ironiza o fato de ser um recordista de ações de merchandising em seus programas. Já o programa *CQC – Custe o que custar* (Band) inovou em trazer uma forma diferente de merchandising. Em vez de o apresentador interromper o programa para falar um texto muitas vezes mecânico, eles criam esquetes especiais para cada um dos produtos. Desta forma, o merchandising diverte e passa muitas vezes fluidamente no fluxo do programa. É uma alternativa. Mas nem por isso pode-se extrapolar na quantidade.

O fato é: com a população cada vez maior da internet no Brasil e a TV digital tornando-se o padrão até 2014, o número de pessoas com mais possibilidade de fugir dos breaks tende a aumentar muito. Isso fará com que o merchandising ganhe cada vez mais urgência no cenário nacional. Achamos que esse aumento de marcas nos conteúdos televisivos pode ser feito de forma inteligente, relevante, eficiente e, acima de tudo, respeitosa. Com isso, todos ganham: as marcas, os veículos e o público.

# O PODER DO PLACEMENT EM CINEMA COMO FERRAMENTA DE MARKETING

A partir deste momento vamos conhecer mais a fundo essa incrível ferramenta chamada Product Placement que, conforme vimos, no Brasil é popularmente conhecida como merchandising. O nosso foco neste momento do livro será no Product Placement realizado em filmes. Mesmo assim, todo o aprendizado e expertise que desvendaremos juntos certamente poderá ser aplicado para planejamento de ações nas outras narrativas-suportes, como programas de televisão, videogames, entre outras.

O Placement é uma ferramenta estratégica de marketing que consiste na presença de determinado conteúdo de marca (input que pode ser a embalagem, a marca em si, um comportamento, uma música, um destino turístico) em algum conteúdo de entretenimento (narrativa-suporte que pode ser um filme, um clipe musical, um game, um livro, um *comic book*...). Segundo os autores Gupta e Gould: "Product Placement é a técnica de incorporar marcas em filmes em troca de dinheiro, promoção ou algum benefício concedido pelo anunciante."

Começaremos descobrindo algumas variações da ferramenta e na sequência os principais inputs que podem ser inseridos nos filmes. Depois, será o momento de conhecer de forma mais aprofundada o incrível poder lúdico desta sensacional plataforma que é o cinema. É muito importante ter noção de todo o potencial que esta ferramenta oferece para que ela seja usada com inteligência e respeito.

Depois, no histórico da ferramenta, analisaremos sua evolução ao longo dos cases mais importantes e veremos juntos os primeiros casos de product placement da história do cinema. Descobriremos o que acontece por trás dos principais cases, como o Product Placement era praticado e negociado no passado e como os projetos vêm sendo planejados e executados hoje em dia. Para fechar essa parte de histórico, veremos os cases mais atuais, em que o cinema vem se consolidando como um território estratégico para as marcas e o Product Placement vem atuando como protagonista em grandes estratégias de construção de marca.

Desvendar o histórico de cases da ferramenta e as histórias que acontecerem nos bastidores deles é certamente uma das melhores formas de começar a entendê-la. Afinal, você terá contato com uma série de experiências, bem e malsucedidas, que o ajudará a criar um discernimento entre o que é legal e o que não é muito legal de fazer. Entre o que funciona e o que pode ser uma furada. Entre o tipo de projeto que é o ideal para o seu desafio de marca e aquele que será um desperdício de tempo e dinheiro.

Depois dessa imersão nos cases de uso da ferramenta, chegará o momento de colocar a mão na massa. Você terá em suas mãos um manual prático que o ajudará no desafio de planejar, conceber, aprovar, ativar e avaliar uma ação de Placement.

Quando bem planejado e executado – e isso quer dizer quando é bom para a marca, bom para a produção do filme e bom para a audiência – o Placement em cinema é uma ferramenta fantástica. Ao optar por investir nela, você terá a seu dispor todo o poder lúdico e engajador do cinema para envolver e encantar consumidores em torno da atmosfera de eixos conceituais da marca. Basta seguir o manual e escolher o projeto mais adequado para seus objetivos estratégicos e *voilà*. Estamos falando de uma ferramenta com um grande potencial para transformar cada um dos seus consumidores em um fã da marca.

Na maior parte dos casos, o input, ou seja, o que pode ser inserido no filme, é o próprio produto em si. O carro futurista do herói do filme, o smartphone da personagem principal ou o *coffeeshop* onde o casal protagonista se esbarra pela manhã. Por isso, o mercado geralmente usa a nomenclatura *product* junto ao termo *placement* para se referir à ferramenta, formando sua nomenclatura mais popular: Product Placement. Na maior parte do livro, optamos por usar apenas o termo *placement* pois, conforme veremos, hoje existem outras possibilidades de inputs.

Os termos *embeded marketing, in-movie advertising* e *tie-in*, entre alguns outros, também são utilizados para se referir à ferramenta, embora aconteça em uma escala menor. Assim como o termo *brand integration,* que geralmente é utilizado para descrever uma ação de Placement supostamente mais bem realizada, em que o produto é inserido de forma mais integrada na trama.

Embora não seja uma ferramenta nova – muito pelo contrário, conforme veremos adiante –, a evidência e importância do Placement como ferramenta estratégia de marketing vem crescendo. Para alguns setores, como a indústria automobilística e de tecnologia, por exemplo, o território lúdico dos filmes já é considerado um terreno estratégico onde a disputa por espaço é tão acirrada como a que acontece no mundo real.

Os investimentos na ferramenta não param de crescer em todo o mundo, principalmente nos EUA, que abriga a maior indústria cinematográfica do mundo. No Brasil, a perspectiva de crescimento acompanha a evolução cada vez mais intensa do cinema nacional. Isso quer dizer que teremos um cenário com crescentes oportunidades de parceria entre anunciantes e produtores culturais. A nossa preocupação maior é que ambas as partes precisam se esforçar para dominar mais a ferramenta para que ela seja usada com inteligência e bom-senso.

A Associação Americana de Anunciantes (ANA – *Association of National Advertisers*) realizou uma pesquisa com os maiores gestores de marketing dos EUA em que 55% deles declararam um claro interesse em realizar alguma ação de Product Placement no próximo ano. Os motivos principais que eles consideram favoráveis ao uso do Placement como ferramenta de marketing são:

> 1) ESTABELECE UMA CONEXÃO EMOCIONAL FORTE COM OS CONSUMIDORES.
> 2) FORTALECE O ALINHAMENTO DAS MARCAS COM CONTEÚDOS RELEVANTES.
> 3) GERA UMA AFINIDADE MAIOR COM OS ATRIBUTOS DA MARCA.
> 4) EXCELENTE PARA POSICIONAR E REFORÇAR CONCEITOS.

Em pesquisa similar realizada com produtores e diretores de cinema americanos, eles destacaram os seguintes motivos principais que os levam a considerar a possibilidade de parceria de Placement com as marcas:

> 1) OS PERSONAGENS PRECISAM SE VESTIR, COMER, TER CARRO E FALAR NO CELULAR.
>
> 2) AS MARCAS AJUDAM A DEFINIR OS PERFIS DO PERSONAGEM.
>
> 3) AS MARCAS AJUDAM A DIVULGAR O FILME (AUMENTANDO O BUZZ E A BILHETERIA).
>
> 4) OBVIAMENTE, AS MARCAS AJUDAM A PAGAR AS CONTAS (CADA VEZ MAIORES).

E se fizéssemos uma pesquisa semelhante com as pessoas comuns? Se perguntássemos qual a opinião delas a respeito do Product Placement em filmes? Quais respostas você acha que encontraríamos? É exatamente isso que veremos a seguir.

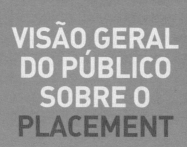
# VISÃO GERAL DO PÚBLICO SOBRE O PLACEMENT

Assim como acontece com grande parte das ferramentas de marketing, o Placement não é uma unanimidade. Há aqueles com uma visão mais crítica, que não aceitam a presença de marcas nos filmes; há aqueles que não se importam e acham natural; e há ainda aqueles que curtem, admitindo inclusive que são influenciados pelas ações de Product Placement.

Para identificar todas essas diferentes opiniões sobre a ferramenta realizamos uma ampla pesquisa no Twitter durante os dois anos e sete meses em que esse livro teve sua versão final escrita. Essa pesquisa resultou em um estudo qualitativo sobre o Product Placement de proporções singulares. E ainda possibilitou um levantamento quantitativo que, arriscaríamos afirmar, nunca foi feito anteriormente com tal quantidade de pessoas e impressões, regularmente, ao longo de um período tão longo.

Na próxima página publicamos uma pequena amostra contendo alguns comentários. Na sequência, apresentaremos ao longo do texto os principais *highlights* consolidados. Obviamente, o nome, a foto das pessoas e as datas e horários dos tweets foram alterados para manter a identidade dos mesmos preservada.

Nosso objetivo não é defender cegamente a ferramenta e sim fazê-lo com respeito à realidade – e à sua inteligência também. Por isso, vamos mencionar e analisar as críticas mais comuns e relevantes. Isso tornará nossa análise mais crível e sincera, porque acreditamos que essa análise precisa ser o mais imparcial possível para que, efetivamente, gere um conhecimento mais apurado de como deve ser uma boa ação de Placement. A unanimidade é uma aspiração utópica que não pretendemos para a ferramenta. Além do que deve ser muito sem graça, não é mesmo? Nelson Rodrigues afirmou genialmente que "toda unanimidade é burra".

cara, tava vendo um filme aqui e reparei: o product placement da apple é tão perfeito e natural que nem dá pra notar.

@anonimo, Tue 25 May 23:47 via Tweetdeck.

Will test drive a Volvo this weekend. Yes, I was bite by the New Moon product placement!

@anonimo, Tue 25 May 23:47 via Tweetdeck.

I used to think I was immune to product placement, but I watched Sin City yesterday and just got back from buying a pair of red Converses.

@anonimo, Tue 25 May 23:47 via Tweetdeck.

Product placement works! RT @anonimo: Every time I watch this, I want that car a ittle more. #H50

@anonimo, Tue 25 May 23:47 via Tweetdeck.

# PERCEPÇÃO POSITIVA

Talk about product placement...Chevy makes there cars look really good in movies, I almost want to go buy a camaro.

@anonimo, Tue 25 May 23:47 via Tw

Product placement really works on me. I want to go to Hooters for the chicken wings of course.

@anonimo, Tue 25 May 23:47 via Tweetdeck.

Nice product placement in Book of Eli. So, my iPod actually survive Armageddon? Nice!

@anonimo, Tue 25 May 23:47 via Tweetdeck.

Why do people complain about product placement in movies. Seriously there's product placement no matter wich way I look in real life!

@anonimo, Tue 25 May 23:47 via Tweetdeck.

This is proof that product placement works. After watching a 2 hr episode of Celebrity Apprentice, we went out & http://twitpic.com/2d4sk

@anonimo, Tue 25 May 23:47 via Tweetdeck.

**DEPOIMENTOS QUALITATIVOS COLHIDOS NO TWITTER.**

Product placement in movies is really starting to bother me.

@anonimo, Tue 25 May 23:47 via Tweetdeck.

Why is there so much product placement in music videos now? I think that is rather disgusting...

@anonimo, Tue 25 May 23:47 via Tweetdeck.

The amount of product placement tonight on Gossip Girl was overwhelming. But I still loved it.

@anonimo, Tue 25 May 23:47 via Tweetdeck.

Ok the product placement in this movie is unbilievable, there are more ads in SATC 2 than the September issue of Vogue

@anonimo, Tue 25 May 23:47 via Tweetdeck.

## PERCEPÇÃO NEGATIVA

All this product placement in music videos pisses me of

@anonimo, Tue 25 May 23:47 via Tw

Product placement is so funny to watch, how dr.pepper can is perfect showing and right in the center of the camera yum

@anonimo, Tue 25 May 23:47 via Tweetdeck.

I hate product placement almost as much I love the delicious taste of Coke Zero™ :P

@anonimo, Tue 25 May 23:47 via Tweetdeck.

hey, you, converse all stars, I've got you...I've seen you there, inside my movie! get out my movie! #productplacement

@anonimo, Tue 25 May 23:47 via Tweetdeck.

I hate TV product placement that has no taste, its like they are hammering u on the head with their products. Srsly, we get it!

@anonimo, Tue 25 May 23:47 via Tweetdeck.

DEPOIMENTOS QUALITATIVOS COLHIDOS NO TWITTER.

Por isso, é importante deixar claro desde já três diretrizes básicas que defendemos em relação ao uso da ferramenta:

> NÃO CONCORDAMOS COM O USO DO PLACEMENT COMO FERRAMENTA DE MARKETING PARA QUALQUER TIPO DE PRODUTO OU SERVIÇO.
>
> TAMBÉM NÃO CONCORDAMOS COM O PLACEMENT EM TODOS OS GÊNEROS DE FILMES. EXISTEM FILMES EM QUE NÃO CABE A PRESENÇA DE PRODUTOS.
>
> E AINDA, NÃO SÃO TODOS OS PERFIS DE PÚBLICOS DE INTERESSE QUE PODEM DE FORMA EFICIENTE SER IMPACTADOS PELA FERRAMENTA.

Também acreditamos que existem ações de Placement que merecem ser criticadas. Existem determinados gêneros de filmes, por exemplo, que simplesmente não são adequados para servir de narrativa-suporte para uma ação de Placement. Assim como existem determinados produtos que não possuem pertinência para serem inseridos em determinados contextos lúdicos e públicos que não serão positivamente impactados por determinadas ações de Placement. Por isso defendemos o uso da ferramenta para obtenção de objetivos muito específicos de marketing para envolver e engajar determinados segmentos de públicos muito bem definidos.

Concordamos com o uso da ferramenta para alguns objetivos específicos de marketing, para algumas categorias de produtos, em alguns gêneros específicos de filmes e para alguns segmentos de públicos determinados. Para ter certeza de que sua ação atenderá a esses preceitos, não se preocupe. No manual que montamos para você há as premissas básicas para uma ação de Placement. Basta segui-las que você estará respeitando esses preceitos.

Em torno de 46% dos comentários apresentavam uma percepção neutra sobre a presença de marcas nos filmes e 32% uma percepção negativa. Sendo que em 87% desses comentários negativos, a manifestação era dirigida diretamente a uma ação, filme ou programa de forma bem específica. Isso aconteceu pelo Twitter ser uma ferramenta em real time. Logo, os comentários foram postados no momento em que a pessoa estava, provavelmente, assistindo àquele filme específico. Portanto, não podemos concluir que 39% das pessoas é contrária à ferramenta. Elas podem ter manifestado suas opinões contrárias apenas àquele exemplo específico.

O instituto de pesquisas inglês Lightspeed Research realizou recentemente uma pesquisa para avaliar a percepção das pessoas em relação ao Product Placement. Eles concluíram que, cada vez, mais e mais pessoas se mostram tranquilas e com a opinião amadurecida sobre a presença de marcas nos programas de televisão ingleses. Comparado com os resultados de uma pesquisa similar realizada em 2010, mais pessoas afirmaram que o Product Placement é aceitável e até mais do que isso: mais pessoas afirmaram que se sentem mais propensas a comprar um produto depois de assistirem uma boa ação de Placement.

A pesquisa comprovou ainda que os consumidores mais jovens são sensivelmente mais receptivos. Eles são impactados de forma consideravelmente mais positiva pelas ações de Placement. A propensão a ser influenciado pela presença de marcas tende a cair conforme a faixa etária vai aumentando. Isso ocorre muito pelo fato de as novas gerações nutrirem uma relação com as marcas completamente diferente da que seus pais faziam. Eles simplesmente não ligam se há marcas no filme que estão assistindo, muito pelo contrário: eles até curtem a ideia e gostam de ser impactados pelas marcas.

São jovens que gostam de ver seus atores favoritos usando as suas marcas favoritas. Isso acontece porque a relação que eles mantêm com os atores é muito parecida com a que eles mantêm com as marcas: idolatria. Logo, nada mais natural – e esperado – que esses dois universos se cruzem diante de seus olhos. Por isso, eles não querem nem imaginar como seria assistir filmes como *Transformers* ou *Iron Man* sem nenhuma marca presente.

Segundo De Lorme & Reid em um estudo no qual analisaram as atitudes de pessoas que costumam ir ao cinema, "esses jovens cresceram em um contexto com muito mais marketing e publicidade em suas vidas por todo canto. Talvez por isso eles esperam também encontrar marcas nos filmes atuais, pois funciona até como um elo com a realidade deles". O fato é que as marcas estão presentes de forma tão intensa na vida deles que eles não se contentam em simplesmente consumir os produtos. Eles tomam para si e se apropriam.

Isso sem falar que estamos falando dos jovens que cresceram com um *joystick* na mão. Mais uma vez, quando falamos jovens não estamos nos referindo às idades, e sim ao modo de levar a vida, ao *youth lifestyle*. Esses "jovens" cresceram acostumados a viver entre a vida real e o território lúdico dos games. Pesquisas revelam que 82% dos gamers recebem de braços abertos as marcas em jogos. É muito fácil entender esse dado.

Afinal, qual seria uma das principais expectativas de um gamer? Que o jogo seja o mais próximo da realidade possível, não é mesmo? Então, como acreditar em uma "realidade" sem a presença de marcas? Como acreditar em ruas que não possuam sequer um painel com publicidade? Como acreditar em pistas e carros de corrida que não possuam sequer uma marca real de patrocínio, já que na vida real eles são repletos de marcas? Como acreditar em times de futebol sem patrocínio em suas camisas? Não tem como, não é mesmo?

Outro estudo teórico realizado por Van der Waldt e Du Toit buscou analisar se o Product Placement aumenta de fato o realismo da história e se as pessoas efetivamente se lembram das marcas inseridas nos filmes. Os respondentes, em torno de 18 a 24 anos, eram expostos a estímulos em vídeo para em seguida responderem um questionário na Universidade de Pretoria. Veja no quadro a seguir o que a grande maioria dos respondentes (em torno de 92% a 98%) afirmaram sobre Product Placement:

1) Preferem ver marcas reais nos filmes, em vez de marcas fictícias.

2) Não se importam de ver produtos reais, contanto que não sejam mostrados de forma surreal – fora do seu contexto real de uso, por exemplo.

3) Filmes devem conter apenas aquelas marcas e produtos que forem essenciais para o realismo da história.

O estudo concluiu ainda que o Product Placement no filme também aumenta em torno de 68% o índice de lembrança (*awareness*) e em 60% o sentimento positivo em relação àquela marca.

Outro respeitado teórico da comunicação, o professor americano Stephen J. Gould, realizou uma série de pesquisas e reports sobre o Product

Placement. Em um desses reports, Gould identificou uma relação entre a aceitação da presença de marcas em filmes e a frequência com que as pessoas viam filmes. Isso quer dizer que pessoas que costumam assistir a muitos filmes são mais receptivas à presença de marcas. E mais do que isso. Gould encontrou respondentes que não apenas não se opunham ao Product Placement como ainda declararam ser menos intrusivo que outras formas de publicidade.

Assim como na vida real, as pessoas nos filmes também precisam comer, se vestir, se locomover e se comunicar, não é verdade? Isso quer dizer que, independentemente de ter ou não Product Placement em um filme, o roteiro trará em si cenas onde não há como não existirem carros, roupas, acessórios de moda, alimentos e bebidas, gadgets, smartphones e tudo mais que for necessário para aquela representação da vida real. Agora, nos diga: realmente é um problema muito grande que esses elementos tenham marcas exatamente como acontece na vida real? Cremos que não. Claro que sempre com bom-senso e inteligência, entre outros fatores.

Além disso, assim como as marcas ajudam a definir personalidades na vida real, isso também acontece nos filmes. Roteiristas usam os produtos para ajudar a definir traços psicológicos e comportamentais dos personagens. Imagine você se todos os filmes resolverem abolir o Product Placement! Que marasmo seria! As histórias estariam totalmente distanciadas do mundo real, com marcas de carros e computadores tendo que ser escondidas e centenas de produtos fictícios. Too boring!

Será que as pessoas que criticam o Product Placement já pararam para observar a questão sob todos esses aspectos?

Uma pesquisa realizada recentemente – e apresentada por Martin Lindstrom da GoViral em Cannes em 2011 – mostra que, em 2001, 15% de tudo que conversávamos envolvia de alguma forma alguma marca. A pesquisa está se referindo a pessoas normais – não necessariamente publicitários – conversando em qualquer lugar – on ou offline, presencialmente ou por telefone. Em 2011 a pesquisa foi realizada novamente e o resultado foi incrível: hoje, 35% de toda a conversa entre pessoas é sobre marcas.

Outro ponto que é importante observar é que cremos que os próprios gestores das marcas que investem em Product Placement não querem estragar a festa. Eles sabem que uma ação de Placement malfeita é o pior negócio que existe.

# HIGHLIGHTS
# CONSOLIDADOS

## QUAIS FORAM AS CONCLUSÕES GERAIS?

1) Os jovens são mais propensos a não ligarem e até gostarem da presença de marcas em filmes.

2) Os mais velhos têm muita resistência e são mais críticos.

3) Homens são menos críticos do que as mulheres quando o produto integrado no filme é de categorias com problemas éticos (cigarro, bebida e armas).

4) Existem categorias de produtos e marcas mais bem recebidas que outras. Tecnologia, carros, roupas, comida.

5) Existem gêneros de filmes que são mais hospitaleiros com as marcas e outros que não devem ter nenhuma marca. Não por acaso, os gêneros preferidos pelos jovens – ação e comédia – são os mais adequados.

## POR QUE OS JOVENS SÃO MAIS RECEPTIVOS?

1) Já nasceram pós-boom da ferramenta e cresceram assistindo filmes com marcas e produtos integrados.

2) Nutrem uma relação com as marcas completamente diferente da dos pais quando tinham a mesma idade. Não só idolatram as marcas como têm uma relação emocional com muitas delas.

3) Têm uma visão mais business do cinema enquanto seus pais ainda nutrem uma visão mais romântica.

4) O fato de ser uma geração de gamers contribui, pois a grande motivação para um gamer é que o contexto lúdico seja o mais próximo possível da realidade – e as marcas ajudam nisso.

Conforme afirmou David Ogilvy: "Bad advertising can unsell the product." Nenhum anunciante, em sã consciência, desejará que a presença de sua marca no conteúdo de entretenimento aconteça de forma invasiva, abusiva, desrespeitando aquele contexto cultural. Isso faria com que a ação perdesse seu objetivo e gerasse efeito contrário. Ao invés de aumentar o sentimento positivo em relação ao produto, geraria enorme repulsa.

Além de todos esses argumentos, para aqueles que consideram o Placement uma ameaça ao conteúdo de entretenimento, vale observar a opinião do teórico da comunicação Gilles Lipovetsky:

*A existência de um contrato e de um patrocinador interessado não equivale ao desaparecimento da criação artística. Será preciso lembrar que as encomendas dos príncipes do Quattrocento de modo nenhum impediram os pintores de realizar obras-primas?*

Além do Placement tradicional, existem algumas outras variações da ferramenta. São versões e formas curiosas de uso da ferramenta um pouco menos conhecidas mas que vale conhecermos para de fato dominarmos todo o universo em torno dela. Além disso, essas variações também podem oferecer excelentes oportunidades de marketing para a sua marca. Fique atento!

## _FAUX_PLACEMENT

Quando um produto fictício é criado para fazer parte de uma trama em algum conteúdo de ficção. Um dos melhores casos que podemos citar para ilustrar um exemplo de Faux Placement é a famosa cerveja preferida de Homer Simpson, a Duff Beer. A grande popularidade da série *Os Simpsons* (Fox Entertainment) fez com que surgisse o interesse em lançar de fato a cerveja no mundo real.

Muitos fabricantes procuraram os produtores para tentar licenciar a marca. Porém, Matt Groening, o criador dos Simpsons, recusou todas as ofertas por ser um mau exemplo para as crianças fãs da série. Mas, mesmo assim, a Fox teve que processar uma empresa australiana que havia começado a fabricar a Duff Beer sem autorização da emissora. Além disso, basta uma pesquisa na internet para encontrar flagrantes da cerveja sendo consumida. Porém, é difícil saber ao certo até que ponto são de fato produtos comercializados ou lendas urbanas. Uma coisa é certa: se a Duff Beer fosse lançada de verdade, seria um estrondoso sucesso.

O diretor Quentin Tarantino também gosta de criar marcas fictícias para contribuir com o clima *cool* de seus filmes. É o caso dos cigarros Red Apple, do restaurante Jack Rabbit Slim e da lanchonete Big Kahuna Burger. Em alguns desenhos da Pixar Animation Studio há a recorrência das marcas fictícias como Pizza Planet e Dinoco. E o que dizer da Acme Corporation, uma marca fictícia que fabricava todos os produtos que apareciam nos desenhos da série *Looney Toons*. Entre eles, Bip-Bip e Coiote era um dos que mais tinham aparições de produtos da Acme Corporation. Também pudera: quase todos os planos infalíveis do Coiote para pegar o Bip-Bip usava explosivos, armadilhas e traquitanas da Acme.

# _REVERSE_PLACEMENT

Em alguns casos, esse produto criado apenas para a ficção consegue ganhar tanto destaque que decidem lançá-lo de fato na vida real. É neste momento que ocorre o Reverse Placement: quando algum produto criado para a ficção – Faux Placement – ganha uma representação na vida real. Enquanto o usual é termos produtos do mundo real inseridos no contexto da ficção, no Reverse Placement ocorre o inverso: um produto de fição ganha o mundo real.

No Brasil, há um bom exemplo de Reverse Placement ocorrido na novela *Ti-Ti-Ti* (Globo, 1985), quando o batom Boka Loka fez tanto sucesso na novela que o lançaram na vida real. Mencionamos esse caso na parte em que conversamos sobre merchandising.

Já nos EUA, podemos citar como exemplo o restaurante Bubba Gump. Você se recorda que o restaurante surgiu primeiro no filme *Forrest Gump*. Benjamin Buford Blue é Bubba, melhor amigo do carismático personagem vivido por Tom Hanks no filme. Bubba é quem convence Forrest a ser sócio dele em um negócio de camarões depois que a guerra do Vietnã acaba. Hoje, o Bubba Gump é uma cadeia de sucesso no mundo real com filiais espalhadas pelo território americano. O mais legal é que, sendo um bar temático do filme, o restaurante conseguiu reunir a atmosfera de valores do personagem que é muito forte e inspirador. Entre eles, superação e um grande orgulho da história americana.

Também acontece de os fãs de determinado filme ou programa sonharem com a possibilidade de consumir produtos, marcas ou serviços que seus ídolos consomem nas histórias. É o caso, por exemplo, do famoso café Central Perk, onde os amigos da série *Friends* se encontram. A primeira pergunta que todo turista, que é fã da série americana, faz ao chegar em Nova York é: onde fica o Central Perk?

Mas, para frustração de todos, não há um Central Perk de verdade em Nova York. Há apenas a fachada do prédio que serviu de tomada externa para o prédio da Mônica e Joey. Isso porque a série foi toda filmada dentro dos estúdios da Warner Bros, em Los Angeles. Mas isso não impede que essa

FAUX: DUFF BEER É UM PRODUTO CRIADO APENAS PARA A FICÇÃO.

REVERSE: RESTAURANTE DO FILME FORREST GUMP GANHA AS RUAS.

META: ELENCO DO *TOMA LÁ, DÁ CÁ* BRINCA COM A SITUAÇÃO.

GUERRILHA: MOMENTO EM QUE CARRIE DESDENHA DO IPHONE.

EASTER EGG: FRAME DE 1 SEGUNDO COM CARRO DA APPLE.

SUBVERSIVE: ASHTON KUTCHER NA POLÊMICA CENA SUBVERSIVA.

simples fachada do prédio da Mônica seja um verdadeiro ponto turístico da cidade de Nova York. E mais: há um pequeno bistrô embaixo, exatamente onde seria o Central Perk na série. Porém, sem sabermos muito bem ao certo o porquê, ninguém ainda abriu uma rede de cafés em Nova York inspirada no Central Perk. Você tem alguma dúvida que seria um sucesso?

O Reverse Placement também pode ser utilizado como uma ação promocional de alguma marca real. Em 2007, a rede de lojas 7-Eleven retirou a sua marca para aplicar a marca Kwik-E-Marts do famoso mercadinho da série *Os Simpsons*. E mais: dentro das lojas, você ainda podia encontrar versões reais dos principais produtos fictícios da série de animação, como o refrigerante Buzz Cola, os cereais Krusty-O's e a já citada Duff Beer. Não precisa nem dizer que a ação – que aconteceu em apenas 12 lojas – gerou um buzz gigante e se espalhou como pólvora pelo mundo em fotos e vídeos, né?

Outra ação realizada recentemente pela Nike vale menção honrosa. Você se lembra do famoso tênis futurista da Nike que causou buzz em toda uma geração no filme *De volta para o futuro II*, 1989). A cena começa quando Marty, o personagem vivido pelo ator Michael J. Fox, chega na máquina do tempo do Dr. Lloyd ao ano de 2015. Ele precisa de roupas daquela época para não atrair a atenção e levantar suspeitas. O Dr. LLoyd lhe entrega então um casaco e um par de tênis.

Ao vestir o casaco ele percebe que, por ser de outra pessoa, está 4 vezes maior nele. Mas, sem problemas. Afinal, você está em 2015! O Dr. Lloyd simplesmente aperta um botão e o casaco se ajusta automaticamente ao corpo de Marty. Ele então senta-se para calçar o par de tênis e *voilà!* Eles também se ajustam automaticamente aos pés de Marty.

A cena é um primor de Product Placement como talvez só Spielberg saiba realizar de forma tão exemplar. O produto está totalmente integrado à cena e contextualizado na narrativa. A Nike desenvolveu os produtos em parceria com os roteiristas do filme. Foi o setor de design da empresa que sugeriu os produtos autoajustáveis, pois faziam parte de estudos da empresa sobre o futuro dos itens de vestuário. São produtos-conceito criados especialmente para o filme.

Como se não bastasse, duas décadas depois, em um case sem precedentes de Reverse Placement, a Nike anuncia que vai lançar no mundo real o tênis do filme *De volta para o futuro*. A empresa disponibilizou apenas

CENA DO FILME DE 1989 EM QUE MICHAEL J. FOX CALÇA OS TÊNIS AUTOAJUSTÁVEIS DA NIKE.

22 ANOS DEPOIS, O TÊNIS GANHA VIDA DEIXANDO EUFÓRICA TODA UMA GERAÇÃO QUE HAVIA SIDO IMPACTADA EM 1989.

Todos os direitos reservados Universal Pictures, Amblin Entertainment e Nike.

1.500 pares do Nike Mag. Automaticamente, isso fez com eles se tornassem itens de colecionador.

Mas o toque de mestre ainda estaria por vir: os 1.500 pares foram leiloados no eBay e todos os rendimentos líquidos foram diretamente para a conta da Michael J. Fox Foundation, fundação mantida pelo ator voltada para atender pacientes e fomentar a descoberta da cura da doença de Parkinson. Michael J. Fox sofre da doença de Parkinson desde 1991. Ele declarou publicamente a doença em 1998.

Uma ação perfeita. Começando com o Product Placement exemplar no filme de 1989, passando pelo Reverse Placement que trouxe para a vida real um objeto de desejo de toda uma geração e culminando com a doação para a fundação do ator do filme que sofre da doença de Parkinson.

O projeto mostra como pode ser genial brincar com os limites que separam a ficção da realidade. Uma ação que demonstra como parcerias com o cinema podem ser tão intensas e marcantes que nem duas décadas de diferença conseguem destuir. Bem que a Mattel poderia se inspirar e lançar o Hover Board, é o Placement da Mattel no filme. Um skate que voa que também ficou registrado na memória afetiva da geração que ficou fã da trilogia.

# _META_PLACEMENT

O Meta Placement acontece quando uma cena de presença de marca ironiza o fato daquela ser, justamente, uma cena de presença de marca. É um exercício de metalinguagem. Essa variação é muito utilizada em contextos de humor, como filmes de comédia e sitcoms. A série *30 Rock*, por exemplo, facilita muito esse tipo de brincadeira pois a trama se passa em um canal de televisão. Logo, é muito natural que se brinque nos episódios com a própria ferramenta do Placement em si – e, claro, ainda aproveitar essas situações para fazer Placement de verdade.

No Brasil, uma ação de Placement da Hellman's na sitcom *Toma Lá, Dá Cá* utilizou esse recurso de metalinguagem. Os atores ironizavam a situação do primeiro merchandising do programa e disputavam a embalagem do produto afirmando que aqueles que segurassem ela e dissessem algo a respeito ganhariam um cachê maior. A ação repercutiu positivamente nas redes sociais. Em outra sitcom brasileira, o *Sai de Baixo*, toda vez que algum ator participava de alguma ação de merchandising um barulho de máquina registradora soava, se referindo ao fato de ele ter acabado de ganhar um cachê extra naquele momento.

Geralmente, o Meta Placement repercute de forma positiva. Ele costuma ser bem-visto pelo público pois, além de divertir, soa como sincero e transparente já que todos assumem de forma bem humorada que há uma ação de marketing acontecendo ali.

## _NEGATIVE_PLACEMENT

O Negative Placement acontece quando uma cena denigre a imagem de uma marca, produto ou serviço. Em vez de usar o poder do entretenimento para reforçar aspectos positivos, evidencia algum aspecto negativo. É muito difícil saber ao certo qual a real motivação dos produtores e diretores em realizar uma cena de Negative Placement.

Uma possibilidade seria se tratar de gosto pessoal mesmo, ou seja, alguém com poder de decisão simplesmente não gosta de determinado produto ao ponto de querer atacá-lo publicamente. Pode ser que a motivação seja encomendada. Enfim, não há como ter muita certeza, já que, tanto de um jeito quanto de outro, as coisas se desenrolam nos bastidores da produção de uma forma secreta e distante dos holofotes. Porém, tudo leva a crer que muitos casos de Negative Placement contecem por encomenda de marcas rivais. Neste caso, está configurado o Guerrilla Placement, ou seja, quando uma marca tem interesse em evidenciar algum aspecto negativo do concorrente dentro de um filme. Quando feito com um toque de humor pode funcionar muito bem. Existem alguns casos antológicos.

## _GUERRILLA_PLACEMENT

O Guerrilla Placement mostra como o território lúdico dos filmes está se consolidando cada vez mais como estratégico para as marcas. A mesma competitividade acirrada praticada no mundo real está sendo estendida para dentro das telas. Será dentro delas que marcas concorrentes disputarão pelos universos imagéticos dos filmes para enaltecer e reforçar atributos na mente do público.

Vejam um exemplo que aconteceu no primeiro filme da franquia Transformers ("franquia" é o termo usado pela indústria para filmes que geram sequências, produtos de merchandising, videogames, livros...). Há um grande acordo de Placement e Cross Promotion fechado entre a General

Motors e os produtores da franquia Transformers. Diversos carros da GM dão vida aos robôs mutantes do filme, entre eles o protagonista interpretado pelo novo Camaro Bumblebee.

No filme, em uma ação de Guerrilla Placement, a polícia corrupta é interpretada pelo modelo diretamente concorrente do Camaro, o Dodge Charger. Além disso, há outras cenas isoladas de Guerrilla Placement. No primeiro filme da série, há uma cena de perseguição entre um Pontiac da GM e um Audi R8, exatamente o modelo que tem um grande acordo de Placement e Cross Promotion com outra franquia de Hollywood, a série *Homem de ferro*.

No ponto alto da perseguição, o Pontiac se transforma em um robô e em um golpe certeiro rasga o Audi R8 ao meio, vencendo de forma humilhante a disputa. O robô ainda diz: "damn, I'm good!". Está claro que foi uma cena para enaltecer a marca GM em detrimento da marca Audi. Nos EUA, onde a concorrência além de ser mais acirrada é mais deflagrada, esse tipo de ação sequer sofre nenhuma forma de processo ou retaliação. Além disso, o consumidor americano é mais aberto para esse tipo de marketing mais agressivo do que o brasileiro.

Mas, ao contrário do que podemos imaginar, essa não é uma prática recente. Não é de hoje que marcas encomendam ações de Placement com o intuito de denegrir a imagem de concorrentes. Na maioria das vezes, o Guerrilla Placement vem no pacote do Product Placement, afinal, o vilão também precisa ter um carro, não é mesmo? No filme *Bullit*, ficou famosa a cena em que o Mustang do policial Bullit, mocinho do filme, é perseguido pelos vilões pelas ruas de San Francisco. Os vilões pilotam um Dodge Charger preto, modelo concorrente direto do Mustang da Ford. Ao final da cena, depois de uma perseguição intensa, o Dodge com os vilões leva a pior, obviamente, e explode contra tanques de gasolina.

Em outro exemplo, no primeiro filme da franquia Sex and the City, acontece uma cena de Guerrilla Placement. A cena ocorre em um momento-chave da trama, quando Carrie está prestes a se casar com Mr. Bigs. Quando o noivo simplesmente não aparece na cerimônia, sua amiga Charlotte oferece seu iPhone para que Carrie pudesse ligar para ele e saber o que havia acontecido. Carrie pega o iPhone, olha para ele e desdenha: "não, esse não, é muito complicado". Na sequência aceita um Motorola dourado oferecido por outra pessoa.

O mais curioso nesse caso é que a Apple é uma parceira histórica da franquia Sex and the City, pelo menos no que diz respeito à categoria de notebooks. Em se tratando de smartphones, podemos perceber que a parceria é com outra marca, não é mesmo?

## _BRANDFAN_PLACEMENT

O Brandfan Placement acontece quando um fã da marca insere algum conteúdo de entretenimento criado por ele, podendo ser uma música, um vídeo ou um clipe. Esse fã geralmente é alguém menos conhecido que cria conteúdos para divulgar na internet. Mas também nada impede de ser alguém famoso. Não é difícil acontecer de artistas incluírem marcas em conteúdos como clipes e filmes simplesmente por adoração e devoção pessoal àquela marca. Apenas como um exemplo, o rapper Jay-Z nunca ganhou um centavo por popularizar mundialmente a marca dos Yankees de Nova York.

A propósito, esse fenômeno é bem comum em estilos musicais mais populares como o hip-hop, nos EUA, e o funk, no Brasil. Existem uma infinidade de letras de funk com menção a diversas marcas como Red Bull, Victoria Secrets, Adidas, Nike, Oakley e Lacoste. Veremos alguns desses casos no capítulo sobre as outras narrativas-suporte. Veremos ainda outro caso de Brandfan Placement que ficou bem conhecido no Brasil: a cantora Stephany – até então desconhecida – e seu Crossfox no clipe que fez grande sucesso na internet.

O fato é: se você investir no desenvolvimento de produtos cada vez melhores, que inspirem as pessoas, elas desejarão não apenas consumi-lo mas também adotá-lo, tomá-lo para si e transformá-lo em uma parte de suas existências. Isso sem contar que a própria classe artística tem suas preferências e também nutrem suas paixões pelas marcas. Veremos mais adiante que muitas parcerias de Placement acontecem pela simples adoração que o diretor ou algum produtor tem pela marca.

## _SUBVERSIVE_PLACEMENT

O Subversive Placement acontece quando um ator ou outro profissional da equipe realiza de forma subversiva uma ação de Placement, ou seja, consegue realizar a aparição da marca sem que para isso tivesse que ter existido um acordo com a produção, estúdio, roteirista ou diretor.

Diferentemente do Brandfan Placement, quando o ator o faz por adoção ou adoração à marca, no Subversive ele recebe algum favorecimento em troca daquele ato. Temos dois exemplos para citar.

Um deles aconteceu na televisão brasileira e nós já falamos um pouco sobre isso analisamos o merchandising. Aconteceu na novela *Beto Rockfeller* (Tupi, 1968), na qual o ator Luis Gustavo fechou um acordo direto com o anunciante Engov e ganhava uma quantia a cada vez que mencionava o produto. O próprio ator assume em entrevistas que disse "Engov" 35 vezes em um episódio.

O outro exemplo aconteceu recentemente na nova temporada da sitcom americana *Two and a Half Men* (CBS, 2011). O ator Ashton Kutcher, estreando nessa temporada no papel de um milionário chamado Walden Schmidt, aparece em uma cena sentado no sofá e usando um laptop. Até aí, tudo conforme previa o roteiro. Acontece que no laptop estão colados uma série de adesivos de marcas de empresas nas quais Ashton mantém investimentos, incluindo Foursquare, Flipboard, Chegg, The Hipmunk and GroupMe. O curioso é que as marcas expostas estão até condizentes com o campo de atuação do personagem, um investidor em empresas digitais.

O fato passaria sem tanto alarde se a própria CBS não tivesse criado tanta polêmica em torno do ocorrido. A emissora declarou que não havia nenhum acordo de Placement ou publicidade com aquelas marcas e que não faz parte da ideia deles promover empresas sem nada em troca. Declarou ainda que as marcas seriam distorcidas nas reapresentações do episódio. Nos episódios mais recentes, o mesmo laptop já aparece limpo, sem nenhum adesivo. As marcas foram vistas em horário nobre por pelo menos 30 milhões de pessoas só naquela exibição. Porém, com a repercussão paralela, vídeos e imagens da cena conseguiram impactar outras milhares de pessoas em todo o mundo. Se Ashton planejava conseguir mais visibilidade e *awareness* para as marcas que compõem seu portfólio de investimentos, ele conseguiu. E com louvor.

## _EASTER_EGG_PLACEMENT

Uma forma bem simples de explicar o que é Easter Egg Placement seria dizer que é como se fosse um Placement "escondido". O termo inclusive vem do hábito praticado na Páscoa. Os adultos escondem os ovinhos de chocolate para que as crianças se divirtam encontrando-os. Essa a razão de ser do easter egg. São pistas e conteúdos propositalmente escondidos para que os usuários se divirtam procurando. O uso de *easter eggs* é muito comum em ações de ARG (*Alternative Reality Games*). São como grandes gincanas com missões e mistérios que precisam ser desvendados, tanto on-line quanto em situações offline.

Para ilustrar o que seria um Easter Egg Placement podemos citar dois exemplos que aconteceram em filmes da Pixar. No filme *Carros* (2006), logo na corrida que abre o desenho há um carro todo branco apenas com a marca Apple em cinza sobre o capô e o número 84. Esse carro aparece durante um piscar de olhos de não mais que um segundo. Só dá para encontrar se você pausar e avançar quadro a quadro. Claro que alguns aficcionados congelaram a imagem e salvaram um JPEG para mostrar ao mundo o que descobriram.

Já no filme *Wall-E* (2008), o robô protagonista, quando totalmente "carregado" pela energia solar, emite um som idêntico ao que é emitido quando um computador da Apple é ligado. Apenas os usuários mais atentos da marca percebem esse Placement sutil. No mesmo filme, o simpático robô assiste ao seu filme favorito toda noite na tela de um iPod sucateado.

O Easter Egg Placement pode ser uma boa ideia para ativação de alguma promoção cruzada ou de algum conteúdo proprietário fora do filme.

## _AD_PLACEMENT

O Ad Placement acontece quando uma peça publicitária é inserida no filme, em vez do produto ou da marca. Esse tipo de Placement acaba sendo considerado também como Product Placement pois entende-se que o fato de ser um anúncio ou comercial inserido seria apenas a forma encontrada para expor a marca e o produto. De qualquer forma, fica como mais uma variação para complementar o nosso conhecimento em torno da ferramenta.

Inicialmente foi muito utilizada quase como um padrão para ações de Placement. Afinal, não exije muito esforço em criar uma cena de Ad Placement, não é mesmo? Basta ter uma televisão na cena exibindo o comercial da marca ou um billboard na rua em que a protagonista mora.

# INPUTS

O que pode ser integrado dentro do contexto lúdico dos filmes.

## MÚSICA

Faz você conhecer e se envolver emocionalmente com músicas.

## CONCEITO

Faz você assimilar, de forma implítcita, conceitos e posicionamentos.

## PRODUCT

Faz você sentir forte envolvimento emocional com um produto, marca, instituição ou serviço.

## BEHAVIOR

Faz você repensar e rever seus comportamentos e atitudes.

## DESTINO TURÍSTICO

Faz você desejar conhecer destinos turísticos e lugares.

## IDEOLOGIA

Faz você mudar o seu modo de pensar em relação a determinado assunto.

Neste capítulo vamos fazer um sobrevoo nas possibilidades de inputs, ou seja, o que pode ser inserido no contexto dos filmes. O uso mais recorrente é de produtos e marcas, representações mais tangíveis e fáceis de perceber. Os demais input são, de certa forma, mais implícitos. Poucas pessoas se dão conta de que a locação ou a trilha sonora de um filme pode fazer parte de uma estratégia de marketing.

No capítulo onde veremos o histórico de cases da ferramenta, você certamente se lembrará dessas possibilidades ao ver que muitos exemplos permeiam essas opções de input.

## _PRODUCT_PLACEMENT

Quando o produto ou marca é o input a ser inserido no contexto do entretenimento. É o relógio do James Bond, o carro do Homem de Ferro e o notebook da Carrie. É a forma mais clássica e usual de Placement praticada, além de ser a nomenclatura mais utilizada pelo mercado para se referir à ferramenta.

## _MUSIC_PLACEMENT

Quando uma música é o input inserido no contexto de um filme. Exemplos ao longo da história do cinema não faltam, não é mesmo? Você mesmo já deve ter pensado em alguns. Grandes nomes da música mundial foram lançados e fortaleceram suas carreiras graças aos filmes.

Na era dos musicais, por exemplo, podemos citar grandes compositores como Cole Porter, Irving Berlin e George Gershwin. Gênios que ficaram conhecidos mundialmente através das telas do cinema. Em *The Jazz Singer*, lançado pela Warner em 1927, o primeiro filme com diálogos sincronizados da história do cinema, *Blue Skies* de Irving Berlin, interpretada pelo ator-cantor Al Jolson, tornou-se uma canção de grande sucesso em todo o mundo graças à presença no filme.

Ícones como Frank Sinatra e Elvis Presley fortaleceram suas carreiras por meio das telas do cinema. Quando os Beatles estavam em plena campanha pela conquista da América decidiram lançar um filme para ajudar neste grande desafio. Os reis do iê, iê, iê (1964) é considerado por muitos como o precursor da ideia dos vídeos musicais

Filmes como *Grease* e *Saturday Night Fever* fizeram das canções de sua trilha original verdadeiros hinos de toda uma geração. Mesmo que em gerações diferentes, filmes como *Flashdance*, *Footloose* e *Dirty Dancing* também emplacaram hits nas paradas de sucesso em todo mundo. Lançaram músicas que se tornaram grandes sucessos de vendas da indústria fonográfica e que tocam nas rádios até hoje.

Mas não é apenas em filmes musicais – ou que possuem a música e a dança como tema – que a música pode ter um papel importante e tornar-se um grande sucesso além das telas do cinema. Em 1942, o filme *Casablanca* transformou "As Time Goes By" em uma das músicas mais famosas de todos os tempos. Depois de entrar para a trilha do filme e aparecer na antológica cena em que um pianista de bar a interpreta, "As Time Goes By" ficou no topo das paradas por 21 semanas seguidas e até hoje é um standard da música americana, estando no Top 10 das músicas mais importantes do cinema americano.

Existem de fato muitas e muitas trilhas sonoras antológicas que ajudaram a lançar ou fortalecer carreiras de cantores e bandas. A trilha sonora de *Top Gun*, por exemplo, chegou a figurar no primeiro lugar da Billboard na lista de Pop Albuns por cinco semanas consecutivas. A música "Take My Breath Away", tema do casal protagonista, tornou-se um grande sucesso mundial e ainda levou o Oscar de melhor canção.

No Brasil, a indústria fonográfica cultivou durante anos uma parceria muito bem-sucedida com as novelas, principalmente depois da década de 1970 quando a Globo já possuía a hegemonia na produção. Emplacar artistas na trilha sonora original de alguma novela da Rede Globo é até hoje uma forte estratégia de marketing para a indústria fonográfica. Artistas e bandas como Lulu Santos, Djavan, Jorge Ben Jor, Tim Maia, Roupa Nova, entre muitos outros, devem muito de suas carreiras às novelas da Globo.

No cinema nacional também existem casos bem-sucedidos de músicas que se tornaram grandes sucessos a partir das telas. É o caso do filme *Orfeu da Conceição* que praticamente selou o início da parceria entre Tom Jobim e Vinícius de Moraes.

Nos EUA, Beavis and Butt-Head foram personagens de um desenho animado de muito sucesso criado pelo cartunista Mike Judge e levado ao ar pela MTV americana – e posteriormente para as MTVs no mundo todo, inclusive Brasil. Beavis and Butt-Head eram dois adolescentes idiotizados em fase pós-puberdade que passavam a maior parte do dia sentados em casa assistindo à televisão – principalmente os clipes da emissora – sobre os quais eles emitiam opiniões simplórias do tipo "legal" ou "um saco" e faziam muita piada sobre eles.

O programa passou a exercer forte influência sobre o gosto musical e, consequentemente, sobre as vendas da indústria fonográfica. Podemos mencionar como um excelente exemplo desse poder divulgador, o fenômeno que aconteceu com o álbum *La Sexorcisto: Devil Music* do grupo White Zombie. O álbum da banda não estava vendendo o suficiente para ser incluído sequer no TOP 100 da Billboard. Sua média de vendagem era de apenas 2.000 exemplares por semana. A partir do verão, o vídeo do grupo passou a ser atração constante do programa Beavis and Butt-Head. Como resultado, o álbum adentrou no TOP 30 da Billboard. Rick Krim, vice-presidente do setor de talentos e relações artísticas da emissora na época, definiu: "quase tudo que toca no Beavis and Butt-Head acaba tendo algum tipo de aumento de vendas".

Agora vamos observar um inusitado projeto de Placement de música em um comercial de uma marca. Esse caso nos mostra como as possibilidades de parceria entre o entretenimento e as marcas podem ser infinitas. Trata-se do projeto "Desert Rose" que uniu a Jaguar e o cantor Sting em uma ação integrada de comunicação. A história começou quando o produtor do músico, Miles Copeland, estava na fase de pré-produção do novo clipe da música "Desert Rose" do álbum *Brand New Day* de 1999. No roteiro do clipe, Sting dirigiria um carro moderno e veloz em meio a um grande deserto até chegar em um dance club em Las Vegas.

O produtor escolheu o Jaguar S-Type como o carro do clipe entre algumas outras opções levantadas pela equipe de pré-produção. Depois do clipe filmado, quando Copeland assistia aos primeiros cortes, a ficha caiu e ele chegou a uma constatação: "Meu deus, isso é um comercial." Ele então enviou uma cópia do clipe para a agência que atendia a Jaguar na época, a Ogilvy & Mather, com sede em Nova York. A agência simplesmente adorou a oportunidade. Gostou mais ainda quando ouviu do produtor de Sting qual seria a sua proposta: "Se vocês criarem um comercial com trechos do clipe, parecendo até um anúncio da música do Sting, nós cedemos a canção de graça."

Incrível, não? Em 2000, a indústria fonográfica já experimentava o gosto amargo da queda nas vendas de CDs. Divulgar uma nova música estava se tornando um desafio cada vez maior. Com esse cenário à sua frente, o produtor teve um *insight* e planejou um movimento ousado impensável para a época: usar um comercial de produto para divulgar a música em nível nacional. Antes da parceria, a previsão de investimento no álbum era algo em torno de US$1,8 milhão, já incluindo nessa conta os US$800 mil gastos na produção do clipe para a música principal de trabalho.

Depois da parceria, a Jaguar investiu US$8 milhões na veiculação do comercial com a música de Sting inserida. Antes do comercial, a canção não emplacou nas rádios e as previsões de vendas para o álbum não eram muito otimistas. Depois que o comercial da Jaguar entrou no ar, "Desert Rose" tornou-se o maior hit de Sting em 10 anos. A canção chegou a figurar em 180 listas de "Top 10" das rádios americanas e europeias e as vendas deslancharam, fazendo do álbum o mais bem-sucedido da carreira solo de Sting. Vendeu 4 milhões de cópias apenas nos Estados Unidos.

Pelo lado da marca, pesquisas revelaram um crescimento do interesse dos jovens pelos carros da Jaguar. Isso comprova um dos principais potenciais do entretenimento como plataforma: reposicionamento e rejuvenescimento de marca. Copeland foi pioneiro e visionário. Naquela época, sequer existia a nomenclatura branded content.

São apenas alguns exemplos que comprovam como a presença de músicas em filmes – e em conteúdos audiovisuais, como vimos – é uma excelente alternativa de marketing. Isso tanto para a indústria fonográfica, para ativar músicas e artistas, quanto para a indústria cinematográfica, que tem nas músicas uma parte importante da construção de enredo. Além disso, importante lembrar, a trilha sonora de um filme também representa mais custos para a produção do filme.

O editor musical Donn Cambern lembra que os custos em licenciamento com as músicas escolhidas para o filme *Sem Destino* (1969) chegavam a US$1 milhão, acima até do que o budget total do filme. Foi por meio de parcerias com a indústria fonográfica que a produção conseguiu tornar a trilha viável, com a participação de artistas e bandas como Bob Dylan e Steppenwolf.

## _DESTINATION_PLACEMENT

Acontece quando o input inserido em um filme é um destino turístico. Também é conhecido como Place Placement. Poucas pessoas se dão conta disso, mas o potencial do cinema como ferramenta de marketing para a indústria turística é sensacional. Estamos falando de um grande poder para promover pontos turísticos, cidades e países para uma indústria que movimenta aproximadamente US$1 trilhão por ano (segundo dados da World Tourism Organization referentes a 2010).

Talvez o caso mais antigo de Destination Placement seja a história da própria criação de Hollywod. Afinal, foi através de uma série de incentivos que o magnata do ramo imobiliário do Estado de Los Angeles atraiu os estúdios a se instalarem no subúrbio, criando assim a área hoje conhecida como Hollywood.

Hoje, o turismo é um negócio vital para muitos países, como por exemplo França, Egito, Grécia, Estados Unidos e Reino Unido, entre outros. Como todo negócio, trata-se de um mercado extremamente competitivo com destinos disputando entre si o volume em turistas e dinheiro gasto por turistas em suas terras. A França é líder mundial em quantidade de turistas, seguida de perto pelos Estados Unidos. Em relação às cidades, Paris, Londres e Nova York encabeçam a lista de destinos mais visitados no mundo. Não é mera coincidência o fato de estas também serem as cidades mais utilizadas como locação de filmes.

Na maioria desses grandes destinos existem inclusive os movie-walks, roteiros turísticos profissionais que visitam as principais locações de filmes na cidade. Nova York tem um roteiro exclusivo com locações de *Sex and the City*, assim como em Londres há um roteiro exclusivo de Harry Potter. A Nova Zelândia entrou oficialmente no mapa do turismo internacional depois de servir de locação para diversos filmes, entre eles, *O senhor dos anéis* (2001).

Com todo esse incremento, prefeituras e Bureaus de Turismo de diversas cidades têm adotado práticas agressivas para atrair produções. Vale de tudo: criação de campanhas exclusivas, facilidades irrestritas de locações e infraestrutura, incentivos fiscais e até pagamento em dinheiro. Se pensarmos que todo filme tem que ser filmado em algum lugar, a decisão pela melhor locação pode ser influenciada por diversos fatores. Entre eles, fatores financeiros, é claro, já que essa escolha pode ser influenciada por incentivos fiscais e acordos com hotéis e outros lugares importantes para qualquer roteiro.

Nova York talvez seja uma das cidades mais beneficiadas pelo Destination Placement. Imortalizada em filmes como King Kong (1933), *Bonequinha de luxo* (1961), *Os caça-fantasmas*" (1984) e *Homem-aranha* (2002), entre tantos e tantos outros.

"A cidade de Nova York estrela centenas de filmes por ano", afirma Katherine Oliver, Comissária de Cinema, Teatro e Radiodifusão do Gabinete do Prefeito da Cidade de Nova York. Katherine complementa: "Quando cineastas captam a essência da cidade com a câmera, seus filmes se tornam uma divulgação poderosa para a cidade de Nova York, tanto como destino turístico, quanto como capital internacional da produção cinematográfica." É o departamento de Katherine que administra a atração de projetos para a cidade. Ela pode oferecer permissões de filmagem gratuitas, cobertura e assistência policial completa entre outras práticas para estimular o Destination Placement de Nova York nos filmes.

Realmente, se começarmos a comentar os filmes em que a cidade serve de locação provavelmente renderia um livro à parte. E o poder desses filmes em fazer com que pessoas do mundo todo desejem visitar a cidade é incomensurável. Afinal, quem não sente vontade de planejar uma viagem a Nova York depois de assistir ao filme *Tarde demais para esquecer*" (1957). O roteiro gira em torno de um dilema. O casal de protagonistas, interpretados por Debora Kerr e Cary Grant, decide se afastar. Mas deixam combinado que, se quiserem retomar o romance, ambos se reencontrariam em seis meses no topo do Empire State Building. Para saber como essa história termina, só vendo o filme.

Woody Allen, através de grande parte de seus filmes, ajudou a construir o patrimônio imagético da cidade de Nova York, divulgando todo o charme e sofisticação de suas ruas, prédios e restaurantes para todo o mundo. A importância do cinema para a construção desse patrimônio imagético que vem à sua cabeça toda vez que você pensa em Nova York é incomensurável. Hoje, o diretor tem plena noção do poder que seus filmes possuem. Tanto que, depois que rompeu com Hollywood por discordar da pressão por mais sucesso nas bilheterias, Woody vem fechando uma série de parcerias com prefeituras no mundo todo para a produção de filmes.

É inegável o patrimônio que filmes como *Match Point* (2005), *Vicky Cristina Barcelona* (2008) e *Meia-noite em Paris* (2011) deixam de legado para as cidades que servem de locação. O próximo será *Nero Fiddled* que foi rodado em Roma e tem lançamento previsto para 2012. Existem informações de bastidores de que, na sequência, Woody Allen desembarcará no Rio de Janeiro para filmar.

E o que dizer de Las Vegas? Um local que não passava de um deserto se transformou em um desejado destino turístico. O cinema foi parte imprescindível nessa estratégia. Mesmo que você nunca tenha ido a Las Vegas, você sabe que é a cidade para onde as pessoas vão extravasar em noites frenéticas e fazer loucuras. Garantimos que você sabe de cor o lema "o que acontece em Vegas, fica em Vegas", não é mesmo? Você já se deu conta que foi o cinema que construiu essa imagem na sua cabeça?

Não há como assistir a um filme desses e não sentir vontade de visitar esses lugares. Nada disso é por acaso. Um filme pode de fato potencializar a imagem de um destino turístico internacionalmente. Pode facilmente fazer com que você pense em determinado momento do filme: "Eu preciso conhecer esse lugar." A indústria turística, e toda a economia que o turismo movimenta nestes destinos turísticos, começam a explorar muito bem esse potencial.

O filósofo Gilles Lipovetsky disserta no livro *A tela global* sobre o incrível sucesso do cinema na construção de todo um patrimônio imagético em torno das cidades americanas:

> *O país que fabricou o cinema é como que fabricado por ele. Esses centros são visitados como se olha um filme. Os músicos de rua, convocados para animar os lugares, criam um banho sonoro permanente que faz o turista sentir-se mergulhado dentro de um filme. A realidade*

*coincide com um sonho filmado. As luzes e os sons se correspondem num verdadeiro-falso real, num verdadeiro-falso filme: o turismo como universo-cinema. Cidades inteiras são como que encenadas.*

## _BEHAVIOR_PLACEMENT

Neste caso ocorre uma forma de Placement mais sutil: quando o input inserido em um filme é um comportamento ou hábito. O Behavior Placement tem como objetivo conscientizar a audiência e inspirá-la a agir de forma diferente em relação a determinada situação. No Brasil, a Rede Globo chama o Behavior Placement de merchandising social, conforme vimos na parte em que conversamos sobre merchandising.

O episódio final da série *E.R.* é um excelente exemplo de Behavior Placement. O episódio conta com uma participação especial de George Clooney, que voltou a interpretar o Dr. Doug Ross depois de 10 anos de sua saída do programa. Susan Sarandon participa do episódio especial. Na cena final, o Dr. Doug procura convencer a personagem interpretada por Susan a autorizar a doação de órgãos de seu neto, que havia falecido após um atropelamento. Praticamente todo o episódio gira em torno dessa temática: a doação de órgãos.

Mas o melhor ficou reservado para a cena final. A avó do menino atropelado está reticente por não acreditar que ele esteja realmente falecido. Esse é justamente um dos principais argumentos das famílias que não autorizam a doação de órgãos de seus parentes. O Dr. Ross tenta a todo custo convencer Sarandon a tempo de os órgãos poderem ser transplantados. Ele garante que a equipe médica fez todos os testes possíveis, duas vezes, para garantir que não há mais nenhuma possibilidade de o menino estar vivo.

No auge da emoção do episódio, o Dr. Ross chama a avó para conversar. Ele começa perguntando como era Billy, seu neto. Ela se emociona ao responder que seu neto era maravilhoso, amável, inteligente e muito bonito. E continua, muito emocionada, afirmando ser um garoto com muitos amigos e com um coração gigante, o que seria até pouco usual em meninos tão novinhos. O Dr. Ross então emenda: "generoso?".

Ela então para, reflete por alguns segundos. Levanta a cabeça, olha para o médico e mostra que entendeu a colocação. Responde "sim, muito". A ficha vai caindo e então ela pergunta "que partes eles costumam precisar". A assistente lista uma série de órgãos, menciona as córneas, cartilagem, ossos, tudo que pode salvar dezenas de vidas naquela noite. O Dr. Ross complementa: "ele vai poder mudar vidas para melhor. Cinco vidas, talvez dez, quem sabe uma dúzia...". A assistente ainda observa: "o coração de Billy pode salvar a vida de alguém antes do anoitecer". O Dr. Ross arremata: "não é algo que vai fazer com que você reverta a sua perda... mas já é algo". A avó vai se convencendo e finalmente sinaliza que sim, que autorizará a doação.

Essa simples cena consegue fazer qualquer pessoa na face da Terra decidir na hora em se tornar um doador de órgãos. Mais do que qualquer comercial de 30", mais do que qualquer campanha do Ministério da Saúde. O potencial do entretenimento em influenciar comportamentos é infindável.

Já no caso do filme *Top Gun*, o comportamento incentivado era o alistamento militar. O produtor do filme, John Davis, declarou que *Top Gun* foi o vídeo de recrutamento mais bem-sucedido da história da Marinha Americana. Os jovens viam o filme e simplesmente afirmavam "Wow! I want to be a pilot". A própria Marinha dos Estados Unidos da América declarou que depois do lançamento do filme o número de jovens que se alistaram para o serviço militar aumentou 500%.

O entretenimento também pode incentivar a adoção de hábitos alimentares mais saudáveis. É o caso do marinheiro Popeye, que teve sua primeira tirinha publicada em um jornal em 1929. Já na tirinha, sempre que precisava de mais força para derrotar o vilão Brutus, Popeye comia uma lata de espinafre. Em alguns anos, o marinheiro já havia conseguido uma boa popularidade nos EUA e ganhou inclusive uma versão animada para a televisão. Apenas nesses primeiros anos de sucesso, o consumo de espinafre aumentou 33% nos EUA.

Se você está achando estranho o Placement de um produto sem marca específica como o espinafre, talvez seja importante você saber que os EUA na década de 1930 era o maior produtor mundial do vegetal. Logo, assim como aconteceu em maior escala com a indústria tabagista, os produtores de espinafre se uniram e articularam a ação de Placement na trama de Popeye. A parceria foi um grande sucesso.

Popeye acabou se tornando um modelo de alimentação saudável e o espinafre um ícone de força e saúde que venceu a resistência das crianças. O marinheiro fez com que milhares e milhares de mães ao redor do mundo comemorassem o fato de seus filhos não reclamarem mais de ter que comer verduras, sem que para isso elas precisassem ameaçar colocá-los de castigo.

## _IDEOLOGIC_PLACEMENT

O objetivo de um filme pode ser emocionar, levar a plateia às lágrimas ou à reflexão. Pode ser tirar o fôlego, provocar gargalhadas, dar sustos ou fazer as pessoas se segurarem nas poltronas. O objetivo pode ser também aumentar o *awareness* em torno de um produto, aumentar o sentimento positivo em relação a uma marca ou ainda incentivar um comportamento sócio-responsável, como veremos nos capítulos seguintes. Porém, quando em mãos erradas, todo esse poder lúdico pode ser usado ainda como ferramenta ideológica. O poder lúdico e engajador do cinema pode ser utilizado tanto para o bem quanto para o mal.

Tão importante quanto compreender o potencial do cinema como ferramenta de marketing é conhecermos a amplitude do poder lúdico e engajador desta ferramenta. Até para respeitá-la mais ainda quando formos utilizá-la. Estamos falando de uma ferramenta que foi usada ao longo da história como instrumento político-ideológico. Aristóteles nos ensinou que por detrás de um mito existe um narrador que imprime a seu bel-prazer suas intenções particulares, no objeto ou fato narrado.

Afinal, quais eram as reais motivações das indústrias cinematográficas soviética, alemã e americana para a produção de filmes em ritmo acelerado a partir da Primeira Guerra Mundial? Até que ponto as duas grandes guerras influenciaram e fomentaram a produção cinematográfica? Até que ponto as grandes potências utilizaram o cinema como instrumento de propaganda política?

Em 1917, perto da entrada oficial dos EUA na Primeira Grande Guerra Mundial, o presidente americano Woodrow Wilson declarou o cinema uma "indústria essencial" e criou o Foreign Film Service. Na época afirmou, em um trecho citado por David Puttman no livro *O grande filme – dinheiro e poder em Hollywood*: "O cinema alcançou a categoria de 'mais alto meio de disseminação da inteligência pública' e, por falar uma linguagem universal, se presta significativamente para a apresentação dos planos e propósitos do país."

Perceba que o próprio presidente americano assumiu publicamente que o cinema seria a mais importante ferramenta a serviço da máquina ideológica americana. Estava decretado oficialmente o intenso processo de colonização cultural que os americanos implementariam por meio do cinema. O que o sociólogo Jacques Ranciére chamou de "ficção dominante" referindo-se à "realidade" ideológica que figura nos filmes americanos. Já no final da década de 1940, a antropóloga Hortense Powdermaker descrevia Hollywood como sendo uma "fábrica de sonhos empenhada na produção maciça de ilusões pré-fabricadas".

E, assim, os EUA passaram a utilizar de forma deflagrada e assumida o cinema como ferramenta disseminadora do *american way of life* imputando em diversas sociedades uma colonização cultural sem precedentes na história. Roosevelt teria declarado que "onde chegam nossos filmes, chegarão nossos produtos".

Graças ao cinema, na década de 1920, o modo de vida americano foi exportado para todo o mundo, enlatado. O mundo logo se dispôs a comprar sonhos enlatados. O cinema não apenas acompanhou a primeira grande era do consumo como incentivou e propagou esse movimento. McLuhan afirmou em *Os meios de comunicação como extensões do homem* que

> *O que o Oriente via em um filme de Hollywood era um mundo em que as pessoas comuns tinham carros, fogões elétricos e refrigeradores. Assim, o oriental passou a ver-se como uma pessoa comum que havia sido privada dos direitos de nascença comuns do homem.*

A respeito do entretenimento ser usado como entorpecente do povo no intuito de manipular o senso comum, o autor Todd Gitlin afirma em seu livro *Midias sem limite*:

> *Marx morreu em 1883, quatro anos antes da primeira patente de gramofone e doze anos antes do primeiro filme. Sem nunca ter ouvido uma música gravada nem ido ao cinema, ainda assim compreendia que o capitalismo exigia distração popular. Assim como o camponês boliviano mascava coca para superar a exaustão de uma vida miserável, o trabalhador numa sociedade capitalista se voltava para a religião como "o suspiro da criatura oprimida, o sentimento de um mundo im-*

*piedoso, a alma das condições desalmadas. É o ópio do povo (...) a felicidade ilusória dos homens".*

Em um bom trecho do livro *A cultura da mídia*, o sociólogo Douglas Kellner reforça o coro em prol do poder dos itens culturais em fornecer à população um reconforto:

*Há uma cultura veiculada pela mídia cujas imagens, sons e espetáculos ajudam a urdir o tecido da vida cotidiana, dominando o tempo de lazer, modelando opiniões políticas e comportamentos sociais, fornecendo o material com que as pessoas forjam sua identidade. O entretenimento oferecido por esses meios frequentemente é agradabilíssimo e utiliza instrumentos visuais e auditivos, usando o espetáculo para seduzir o público e levá-lo a identificar-se com certas opiniões, atitudes, sentimentos e disposições.*

Tudo isso prova o quanto o entretenimento e o cinema constituem territórios que oferecem um grande potencial para a manipulação ideológica.

## O CINEMA E A INDÚSTRIA TABAGISTA

Vimos ao longo desse capítulo como o cinema pode ser de fato uma ferramenta com um poder incrível na construção de patrimônios imagéticos. Os filmes, de um modo geral, conseguem exercer grande influência sobre os hábitos das pessoas. Talvez uma das provas mais irrefutáveis deste poder seja o case de sucesso do uso do cinema pela indústria tabagista. Afinal, foi pelas mãos do cinema que o cigarro conquistou a admiração e adoção em massa de várias gerações de jovens e adultos. Foi através da fábrica de sonhos de Hollywood que o ato de fumar conquistou jovens, homens e mulheres em todo o mundo.

Astros como James Dean e Marlon Brando conferiram ao ato de fumar uma atitude rebelde e transgressora que conquistou uma legião de fãs. Jovens que buscavam de todas as formas se comportar da mesma forma que seus ídolos dos filmes de grande sucesso na época. Galãs como Humphrey

Bogart e Gregory Peck conferiam um charme envolvente e enigmático ao hábito de fumar. Divas como Rita Hayworth e Audrey Hepburn, envoltas em uma aura de requinte e glamour, conferiam uma aura de sensualidade e status.

E foi assim que a cada nova cena, a cada novo galã, a cada nova baforada, a indústria tabagista conseguiu transformar um produto que faz um grande mal à saúde em um hábito de consumo que representava glamour, sensualidade e rebeldia. Trata-se de uma das indústrias que melhor compreenderam e utilizaram todo o potencial do cinema na construção de universos imagéticos e na obtenção de objetivos estratégicos de marketing.

Na grande tela, o cigarro foi recorrentemente associado a atos de requinte e glamour, a momentos de charme e sedução e ainda vinculado ao próprio ato sexual em si. Afinal, quem não se lembra da clássica cena eternizada em diversos filmes na qual o galã acende um cigarro logo após o término da relação sexual, com aquele ar de missão cumprida. Em *A carne e o diabo* (1926), em uma inversão de papéis, Greta Garbo é quem acende o cigarro e em seguida o entrega ao seu par amoroso.

O cinema ainda era mudo mas essas cenas já diziam muito. E quando o cinema deixou de ser mudo com o lançamento do filme *O cantor de jazz* (1927), a marca Lucky Strike aproveitou a ocasião para lembrar que seu produto não irritava a garganta e protegia a voz.

Em *Alegre divorciada* (1933), em um dos números de dança mais marcantes da história do cinema, Fred Astaire conduz Ginger Rogers ao som da canção mais conhecida de Cole Porter: "Night and Day". Após a dança, neste filme que marca a estreia do casal de dançarinos mais importante da história dos musicais, ele a deita no divã e prontamente lhe oferece um cigarro.

No filme *Relíquia macabra* (1941), considerado o inaugurador do estilo noir, acontece a consolidação do ícone do mocinho fumante em sua expressão maior pelas mãos de Humphrey Bogart. O galã interpretou Sam Spade e empunhava de forma glamourizada cigarros da marca Lucky Strike ao longo da trama. No ano seguinte, Bogart protagonizaria um dos maiores clássicos da sétima arte: *Casablanca* (1942) consta em 10 de cada 10 listas com as produções mais importantes da história do cinema. É incrível constatar que em pelo menos 75% de suas cenas há alguém com um cigarro na mão, um charuto na boca ou um narguilé na mesa.

No drama *Estranha passageira* (1942) há outro exemplo clássico da associação entre o fumo e a virilidade masculina. Nas cenas finais, Paul Henreid acende de uma só vez dois cigarros, ficando com um em sua boca e colocando o outro nos lábios de Bette Davis. E então emenda a célebre frase: "não vamos pedir a lua, nós temos as estrelas".

Em *A bela ditadora* (1949) os personagens de Frank Sinatra e Gene Kelly se gabam por ensinar o verdadeiro espírito americano a um grupo de jovens na rua e dão a eles fotografias de jogadores de beisebol que vinham em embalagens de cigarro. Com o tempo, Sinatra se consolidaria como um dos garotos-propaganda mais emblemáticos da indústria tabagista, ampliando a glamourização do ato de fumar para além das salas de cinema, sempre portando um cigarro nas mãos em shows e apresentações por todo o mundo.

Claro que não poderíamos deixar de mencionar uma das cenas mais recorrentes na memória dos amantes da sétima arte: Audrey Hepburn segurando a piteira na legendária fotografia de divulgação do filme *Bonequinha de luxo* (1961).

Até em filmes mais atuais há a presença marcante do cigarro em alguns casos exponenciais. Apenas as marcas foram mudando ao longo dos anos, mas a apologia ao hábito de fumar continua em muitas e muitas produções. É o caso de Superman II, um filme com grande apelo infanto-juvenil lançado em 1989. A mocinha Lois Lane, que nunca havia fumado nos quadrinhos, fuma cigarros da marca Marlboro no filme. A Philip Morris admite ter pago a quantia de US$42,000 (o equivalente a US$700,000 atuais) por 22 presenças de marca no filme dirigido por Richard Lester associando seu produto ao heroísmo e virilidade do personagem infanto-juvenil.

A entidade americana National Coalition on TV Violence analisou 150 filmes lançados em 1989 e encontrou presença de cigarro em pelo menos 83% deles.

Em um caso ainda mais recente, pode-se citar o filme de maior bilheteria de todos os tempos: *Titanic,* de James Cameron. Nele, o astro infanto juvenil Leonardo DiCaprio, vivendo o protagonista e herói Jack, volta a conferir para as novas gerações de adolescentes ares de rebeldia e charme ao ato de fumar. Logo nas primeiras cenas Jack aparece em um jogo de pôquer fumando um cigarro

Por motivos óbvios, a indústria tabagista nunca assumiu abertamente o envolvimento em ações de Product Placement no cinema. A ferramenta geralmente já é envolta em uma nuvem de segredos. Quando envolve um tema polêmico como o tabagismo, essa propensão à confidencialidade alcança níveis de filmes de espionagem. A dificuldade de conseguir alguma informação é muito grande. Além disso, assim como também ocorre com as ações de Product Placement de outras categorias de produtos, as parcerias entre produtores de cinema e representantes da indústria tabagista se concretizavam das mais variadas formas.

Poderiam ser parcerias com diretores, onde havia um relacionamento pessoal e uma troca de interesses. Poderia ser ainda um acordo direto com o ator. Sylvester Stallone, por exemplo, teria recebido US$500,000 dólares para fumar Brown and Williamson em pelo menos cinco filmes.

Documentos descobertos em investigações do British Medical Journal sobre a indústria tabagista apontam a existência de uma longa e profunda relação bilateral entre os gestores do tabaco e Hollywood. Seja inserindo o fumo em filmes ou mediando acordos com celebridades, encorajando-as a assinarem contratos para figurarem campanhas publicitárias. O British Medical Journal concluiu em um documento oficial:

> *A indústria do tabaco recruta novos fumantes ao associar seus produtos com a diversão, alegria, sensualidade, saúde e poder por meio de manifestações que expressam rebeldia e independência. Uma das formas mais representativas encontradas para promover essas associações é encorajar o fumo em produções de cinema.*

Nas décadas de 1920 a 1950 as marcas Lucky Strike, Chesterfield e Camel juntas transformaram a indústria tabagista no principal setor anunciante dos EUA da época. A fabricante American Tobacco investiu em 1929 a respeitável quantia de US$6,5 milhões – o correspondente a aproximadamente US$90 milhões nos dias atuais – só no ano de 1929 na divulgação de suas marcas. Esses dados constam nos boletins investigativos da Tobacco Control Association, entidade americana voltada a combater o fumo.

O PODER DO PLACEMENT EM CINEMA COMO FERRAMENTA DE MARKETING

Contrastando com essas verbas astronômicas, a indústria cinematográfica buscava novas formas de promover seus filmes em nível nacional e internacional. O problema era que a indústria ainda não contava com os orçamentos de hoje. De forma ainda muito incipiente, Hollywood utilizava ferramentas muito tímidas de divulgação. Basicamente realizava ações no saguão do cinema e pendurava cartazes. A indústria apostava muito no boca a boca (*word-of-mouth*), esperando que isso ajudasse a transformar um filme em sucesso nas bilheterias.

A Tobacco Control Association encontrou contratos que revelam que a American Tobacco Company pagou por endossos testemunhais de atores e atrizes em filmes e campanhas, além de documentos que comprovam negociações de cross promotion com os estúdios de Hollywood. Por isso, além do cigarro aparecer em praticamente todos os filmes mais importantes, a mão inversa também acontecia. Era muito comum ver atores e atrizes estrelando campanhas publicitárias e associando sua imagem aos produtos e marcas como forma de levar o universo glamouroso de Hollywood para cada canto dos EUA e do planeta Terra, ajudando a divulgar a indústria cinematográfica.

Ainda na passagem do cinema mudo para o falado, os atores Al Johnson, King Vidor e Betty Compson anunciavam "Lucky Strike: é torrado, não irrita a garganta e não dá tosse." Marlene Dietrich, conhecida por ter negado um convite de Hitler para participar de filmes alemães, não teve a mesma ética ao aceitar trabalhar para a indústria tabagista. Já a atriz austríaca Hedy Lamarr, que foi inspiração para Walt Disney desenhar seu primeiro desenho animado de longa metragem – a *Branca de Neve* de 1937 – e considerada pelo diretor Max Reinhardt "a mais bela mulher da Europa", afirmou em anúncios de revista e cartazes que "um bom cigarro é como um bom filme, sempre saboroso".

O fato é que o cinema ao longo de sua história foi amplamente utilizado pela indústria tabagista como uma ferramenta altamente estratégica na construção de todo um patrimônio imagético que conferiu ao ato de fumar os atributos de glamour, charme, sensualidade, conquista e rebeldia. Existem anúncios nos quais médicos e até bebês são usados para apelar que o fumo não era algo ruim para as pessoas. Até o seriado infantil *Flintstones* foi utilizado como plataforma de comunicação para vender cigarros em ações de Placement.

Nos anos 1990, a indústria cinematográfica foi praticamente obrigada pela opinião pública a assinar um acordo com a Organização Mundial da Saúde (OMS) com o objetivo de diminuir a exposição do fumo em filmes. O jornal inglês *The Lancet* publicou 13 anos mais tarde uma pesquisa dizendo que o fumo nos filmes seria responsável por cerca de 52% da iniciação ao fumo entre jovens de 10 a 14 anos. Se essa pesquisa tivesse sido realizada na época de ouro do cinema americano, certamente esse índice teria sido, infelizmente, ainda maior.

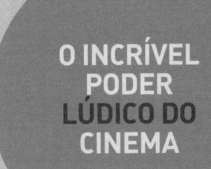

Quem nunca saiu do cinema carregando nas mãos uma sacola repleta de sonhos renovados? Qual homem não desejou ser o próprio Humphrey Bogart para não deixar que Ingrid Bergman partisse naquela pista de aeroporto em *Casablanca*? Que homem não saiu da sala do cinema querendo ser Sean Connery em *007* ou Harrison Ford em *Indiana Jones*? Quem nunca desejou dançar como Gene Kelly ou John Travolta? Ou imaginou ter a voz do Sinatra ou do Elvis? Qual homem não saiu do cinema se imaginando Tom Cruise no volante dos carros de *Missão impossível* ou pilotanto as máquinas turbinadas que Vin Diesel comanda em *Velozes e furiosos*?

Qual mulher nunca saiu do cinema desejando ter o charme de Audrey Hepburn ou o ar inocente de Natalie Portman? Que mulher não quis dançar como Ginger Rogers ou com a paixão de Jennifer Grey nos braços de Patrick Swaze? Qual mulher não desejou ter a sensualidade de Katharine Hepburn, ser linda e destemida como Angelina Jolie ou ter a cruzada de pernas de Sharon Stone? Ou, quem sabe, ter os cabelos e a boca de Julia Roberts, que deixam até o Richard Gere desnorteado? Nos aponte uma mulher que não tenha se imaginado saindo para beber uns Cosmopolitans com Carrie, Miranda, Charlotte e Samantha pela noite de Nova York.

Com as crianças então nem se fala. Qual garoto não saiu do cinema ensaiando os golpes de karatê de Daniel San ou socando o ar como Rock Balboa? Qual criança não imaginou como seria ajudar um E.T. a voltar para casa? Qual menino não amarrou um lençol nas costas e sentiu-se com a capa vermelha e os superpoderes do Superman? Ou que não quis brincar com os bonecos do Woody e do Buzz ou os robôs de *Transformers*?

Qual menina não saiu do cinema sonhando ser a Cinderela que supera todas as dificuldades e ainda consegue conquistar um príncipe encantado? E qual adolescente não teve medo de andar em uma casa escura correndo o risco de se deparar com o Jason ou com o Freddy Krueger? Qual delas não desejou que um vampiro como Robert Pattinson ou Brad Pitt mordesse seu pescoço?

Quem não se imaginou tendo que escolher entre a pílula azul e a pílula vermelha que Morpheus oferece a Neo? Ou que tenha imaginado como deve ser ter uma armadura tecnológica como Tony Stark em *O homem de ferro* ou poder voar na forma de um avatar montado em seres esquisitos pelo reino de Pandora?

Você já parou para pensar como é realmente incrível o poder que um filme tem em nossas vidas? Ali, naquela sala escura e mágica, nos entregamos de forma absoluta e nos colocamos a caminhar, sem nenhuma resistência, pela estrada de tijolos dourados. A cada cena, a cada take, nos entregamos emocionalmente. Ao nos sentarmos naquelas poltronas assumimos intimamente que estamos ali para sermos encantados e envolvidos por uma grande história. E assim, sem vacilar, a mágica se faz presente.

Os filmes inspiram nossos comportamentos e sentimentos. E nós, assumidamente, nos deixamos levar. Canções que embalam nossos sonhos e automaticamente passam a compor o que costumamos chamar de "trilha sonora de nossas vidas". Personagens inesquecíveis que nos marcam, tornando-se muitas vezes nossas referências, influenciando nosso estilo de vida e nossos hábitos de consumo. Fazem com que milhares de pessoas queiram ter aquele corte de cabelo, aquela jaqueta, aquele carro, aquela namorada, aquele relógio, aqueles óculos escuros. Se hospedar naquele hotel, caminhar por aquelas ruas, visitar aqueles mesmos lugares.

O filósofo francês Gilles Lipovetsky, teórico da Hipermodernidade, disserta sobre o cinema em seu livro *A tela global: mídias culturais e cinema na era Hipermoderna* (Sulina, 2009): "O mundo das aparências se banha num glamour legítimo (...). O cinema ditou-lhe a lei. As pessoas querem se ver e serem vistas como os ídolos que resplandecem por inteiro na tela."

Já o sociólogo Douglas Kellner afirma em seu livro *A cultura da mídia* (EDUSC, 2001) que os meios de comunicação têm um papel de protagonismo em influenciar o senso comum e o comportamento da sociedade. E complementa:

> *As narrativas e as imagens veiculadas pela mídia fornecem os símbolos, os mitos e os recursos que ajudam a constituir uma cultura comum para a maioria dos indivíduos em muitas regiões do mundo hoje. Numa cultura contemporânea dominada pela mídia, os meios dominantes de informação e entretenimento são uma fonte profunda e muitas vezes não percebida de pedagogia cultural: contribuem para nos ensinar como nos comportar e o que pensar e sentir, em que acreditar, o que temer e desejar – e o que não.*

O cinema é uma manifestação artística dona de um incrível poder envolvente que influencia a vida de milhares de pessoas ao redor do globo. Quando o assunto é envolver emocionalmente e mobilizar as pessoas, sem dúvida alguma o cinema é a manifestação artística mais poderosa de todas. É de longe a forma mais incrível e cativante de se contar uma história, seja ela triste ou feliz, dramática ou emocionante.

O cinema influencia comportamentos, inspira hábitos e mobiliza audiências por todo o mundo. Élie Faure afirmou que "o cinema é uma música que nos atinge por intermédio do olho." David Lynch endossa afirmando que "o cinema é um meio de dizer o que ninguém conseguiria dizer apenas com palavras".

Não seria nenhum exagero afirmar que o cinema foi para a imagem uma revolução assim como a prensa foi para a literatura e para o texto. O cinema popularizou a narrativa. Possibilitou que mais pessoas tivessem acesso e pudessem descobrir histórias. Nesta missão podemos concluir que ele foi inclusive mais longe do que a própria prensa, já que o cinema não faz nenhuma exigência intelectual. Ao contrário de um livro, não é preciso ser alfabetizado nem saber ler para se encantar com uma grande história contada pelo cinema, não é mesmo? Ainda no livro *A tela global*, Lipovetsky afirma:

> *O ecrã não foi apenas uma invenção técnica constitutiva da sétima arte – termo cunhado em 1912 pelo italiano Ricciotto Canuto que defendia que o cinema traria uma revolução cultural ao século XX, visto que*

O CINEMA, PELO
QUAL ENROLAMOS
O MUNDO REAL NUM
CARRETEL, PARA ENTÃO
DESENROLÁ-LO COMO
UM TAPETE
MÁGICO DE FANTASIA.
**MCLUHAN**

*reunia as outras seis artes já conhecidas: a dança, o teatro, a música, a literatura, a pintura e a escultura – foi também aquele espaço mágico onde se projetaram os desejos e os sonhos das massas.*

O autor complementa lembrando do fato que muitos se esquecem: o cinema foi a primeira tela neste mundo de telas em que vivemos imersos hoje em dia.

*Durante a segunda metade do século, outras técnicas de difusão da imagem apareceram, vindo acrescentar outras telas à tela branca das salas escuras. Em primeiro lugar, a televisão que, já nos anos 1950, começa a penetrar nos lares; depois, nas décadas seguintes, outras telas que se multiplicam de maneira exponencial (...). Em menos de meio século passamos da tela-espetáculo à tela-comunicação, de uma tela ao tudo-tela.*

Hoje, as telas se espalham em cada canto de nossas vidas: na sala, em cada um dos quartos, no trabalho, na cozinha, no táxi, no carro, no ônibus, no consultório do dentista, no banheiro, na sua mão onde quer que você esteja. Televisão, mobile, GPS, tablet, máquinas digitais, caixa eletrônico, videogame. Vivemos hoje a era das telas. Elas são adoradas e contempladas por milhares de pessoas ao redor do globo. Estejam elas na parede da sua sala, sendo compartilhada em uma sala escura ou na sua mão no trajeto para o trabalho.

Mas a tela do cinema continua como protagonista na missão de contar histórias. Pouca coisa mudou ao longo de sua existência de mais de 110 anos. Sua missão continua sendo reunir em uma sala escura um grupo de pessoas para compartilharem juntas uma boa história sendo contada de forma envolvente.

Mesmo com a concorrência de tantas telas paralelas, o cinema mantém seu protagonismo por proporcionar uma experiência única e exclusiva de consumo. Experiência esta que as pessoas não conseguem reproduzir da mesma forma em nenhum outro lugar. Lipovetsky endossa: "Certamente os tempos mudaram mas, num mundo que se tornou hipermidiático, o papel da sétima arte, contrariamente ao que se afirma às vezes, de modo nenhum está em declínio." O teórico de cinema Jean Epstein afirma:

*Mesmo quando amplia convicções que, posteriormente, poderão ser confirmadas pelo raciocínio, o cinema continua a ser, por si só, um caminho pouco racional, um caminho sobre o qual a propagação do sentimento ganha em velocidade sobre a formação da ideia. É o caminho romântico, acima de tudo.*

No território imagético do cinema tudo é possível. Por isso ele é conhecido mundialmente como fábrica de sonhos: ali, na sala escura, naquela grande tela, tudo pode ser realizado, tudo pode ser real. Até o surreal. Tudo aquilo que você sempre imaginou ser impossível pode se tornar em realidade na tela do cinema.

Estamos falando de uma máquina de construção de percepções mediatizada por imagens. A mente humana é uma engrenagem perfeita de reversão que espelha aquelas imagens em nossas próprias vidas. O herói que realiza o que você sempre sonhou em realizar, o mocinho que vive os momentos inesquecíveis que você sempre quis viver ou a princesa que encontra o príncipe encantado que você sempre quis encontrar.

Neste ponto é onde habita todo o poder lúdico do cinema como máquina de sonhos, como manifestação soberana da indústria da fantasia. O cinema sempre cativou e fascinou indivíduos ávidos em vivenciar através da grande tela outra coisa que não a realidade.

## MUNDO REAL X TERRITÓRIO LÚDICO

São tantas telas nos cercando a todo momento, em todo lugar, que as fronteiras entre os mundos representados nelas e o real começam a sumir. Lipovetsky afirma em *A tela global* que estamos assistindo a um processo de cinematização de tudo a nossa volta.

> *Essa cinematização se infiltrou um pouco em toda parte com muitas esferas da vida imitando o universo cinematográfico. O próprio fenômeno de "estrela", nascido na telona, invade os meios dos criadores, da política, do esporte, dos people (...).*

O autor defende que tudo hoje em dia é roteirizado como em um filme e, desta forma, passa a ser consumido como espetáculo. As notícias são televisionadas de forma sensacionalista, como se fosse um filme. Sequestros são programas líderes de audiência transmitidos ao vivo. A própria guerra virou um espetáculo televisionado em broadcast para todo o mundo. Vemos casas e pessoas explodindo enquanto abrimos mais um saco de salgadinhos. Jogos de futebol, finais do basquete e até missas, tudo consumido como grandes espetáculos.

As técnicas que antes estavam restritas à produção de um filme, com o objetivo de criar um grande e envolvente espetáculo, são utilizadas hoje por tudo e por todos. Com a diferença que no cinema são bem claros os limites que separam a fantasia do mundo real. Desta forma, tudo é roteirizado e recebe o mesmo tratamento de um grande filme. Seja um jogo de futebol com 42 câmeras, uma guerra televisionada ou uma campanha eleitoral que deveria ser o mais real possível. Lipovetsky completa:

> *O estilo-cinema invadiu o mundo: agora o vemos sem vê-lo, modelados que somos por ele, banhados nas imagens que, a partir dele, inervaram as telas que nos cercam. Alguns dizem que o espetáculo nos despoja da "verdadeira" vida. É possível. Na época do tudo-tela, porém, recebemos de volta uma vida não menos rica, mas diferente, "cinematizada", reconfigurada pela espetacularização vinda da tela. Pode-se dizer que o cinema se introduziu na existência concreta dos homens, nos genes de nossa cotidianidade.*

Shakespeare costumava afirmar que "o mundo é um palco onde homens e mulheres não são mais do que meros atores". O filósofo chinês Chuang-Tsu afirmou: "Sonhei certa vez em ser uma borboleta e, ao acordar, não sabia se era um homem que tinha sonhado ser uma borboleta ou uma borboleta que sonhava ser homem."

No livro *Sociedade do espetáculo* de 1968, o sociólogo francês Guy Debord teceu uma dura crítica à sociedade de consumo que começava a mostrar suas garras pós-Revolução Industrial. Debord começou a perceber ali que em pouco tempo viveríamos em um mundo completamente mediado por imagens. Alertou que o capitalismo nos venderia produtos não pelo que eles de fato são, mas pela imagem construída pelo capitalismo para ser percebida como o real. E assim sendo, estaríamos presenciando a construção de uma sociedade cada vez mais voltada a adorar o espetáculo como zona de conforto psicoemocional.

> *Toda a vida das sociedades nas quais reinam as condições modernas de produção se anuncia como uma imensa acumulação de espetáculos. Tudo o que era diretamente vivido se afastou numa representação (...). O consumidor real torna-se um consumidor de*

NEO, VOCÊ JÁ TEVE UM SONHO EM QUE ESTAVA CERTO QUE ERA REAL? E SE VOCÊ FOSSE INCAPAZ DE ACORDAR DESSE SONHO? COMO SABERIA A DIFERENÇA ENTRE O MUNDO DO SONHO E O REAL?
**MORPHEUS**

Trecho e imagem do filme *Matrix* (1999) com todos os direitos reservados à Warner Bros. Pictures.

*ilusões. A mercadoria é esta ilusão efetivamente real, e o espetáculo a sua manifestação geral.*

Podemos concluir que o cinema foi a primeira forma popular de espetáculo. Ele popularizou e massificou o consumo de espetáculo e, assim, consolidou-se como precursor do processo de espetacularização da sociedade. A estrutura de narrativa utilizada pelos filmes talvez seja até hoje a principal referência na roteirização do mundo real que vivemos e consumimos hoje.

Baudrillard afirmou em *Sistema dos objetos*, que quando você consome um produto na verdade você essa consumindo o seu significado projetado pela publicidade. Em seu livro *A sociedade de consumo* afirma ainda que "a lógica do consumo define-se como manipulação de signos". Já em seu outro livro, *Simulações e simulacros*, Baudrillard se mostra coerente: "A simulação é onde interagimos com representações, símbolos, imagens e ícones achando que é o original."

*Simulações e simulacros* tornou-se ainda mais conhecido por ter servido de inspiração para os irmãos Wachowiski na concepção do enredo e roteiro do filme *Matrix*. Nele, também há uma alegoria que critica essa propensão do capitalismo em construir camadas de percepções entre as pessoas e a realidade. No filme, há um mundo imagético concebido pelas máquinas para que os humanos continuassem acreditando que viviam no mesmo mundo real de sempre, antes da Terra ter sido devastada.

# HISTÓRICO DE CASES DO PLACEMENT EM CINEMA

No inverno de 1896, os irmãos Lumiére, criadores do cinematógrafo, conheceram um empresário suíço chamado Francois-Henri Lavanchy--Clarke. Entre outros negócios, Clarke era distribuidor e promotor da fábrica de sabão inglesa Lever Brothers, que mais tarde viria a se tornar a Unilever. Os irmãos Lumiére haviam inventado uma grande maravilha mas perceberam que precisavam de ajuda para espalhar aquele invento por toda a Europa. Os irmãos viram em Clarke a possibilidade de conseguir levar seus filmes para outros lugares da Europa e até dos EUA. Afinal, ele era um experiente homem de negócios com expertise em distribuição e comércio internacional.

E foi assim que o primeiro caso de Product Placement da história do cinema aconteceu. No filme *Washing Day in Switzerland* (1896) dos irmãos Lumiére. Nele, operários estão saindo do trabalho e caminham por uma praça. Em um dado momento, um homem entra em quadro empurrando uma carroça e para. Na carroça está a marca do sabão em francês Sunlight Savon, fabricado pelos irmãos Lever. No mesmo ano, em outro filme dos irmãos Lumiére, *The Card Game* (1896), aparece uma garrafa de cerveja sendo servida a dois amigos. A cerveja é da cervejaria que o padrasto dos irmãos Lumiére mantinha em Lyons.

Todas essas informações constam em um excelente artigo intitulado "The Hidden History of Product Placement" de Jay Newell, Charles T. Salmon e Susan Chang (1996). Os autores contam ainda o primeiro caso de branded content da história. Entre 1914 e 1921, a Ford Motor Company criou uma série de curtas intitulados *Ford Animated Weekly*. Os filmes mostravam, entre outras coisas, corridas com carros Model T que enalteciam a performance dos modelos. Esses filmetes publicitários foram distribuídos aos exibidores de salas de cinema. A Ford chegou a registrar uma média de público de 3 milhões de pessoas por semana. E a gente achando que apenas o BMW Films era inovador, não é mesmo?

Por mais que isso possa parecer irônico, até mesmo para quem critica a ferramenta, o Product Placement foi inventado pelos mesmos irmãos que criaram o próprio cinema em si. E, como pudemos perceber, desde o início, parcerias entre as marcas e o cinema foram imprescindíveis para o desenvolvimento do cinema. Já naquela época, os produtores viam dois benefícios diretos nas parcerias com as marcas:

HISTÓRICO DE CASES DO PLACEMENT EM CINEMA

> 1) UMA FORMA DE REDUZIR OS CUSTOS DE PRODUÇÃO.
> 2) UMA MANEIRA DE INCREMENTAR A DIVULGAÇÃO DO FILME EM NÍVEL NACIONAL.

Há muitas controvérsias a respeito da chegada da prática do Product Placement em Hollywood. Inicialmente, a maioria dos casos de presença de marca no cinema americano aconteciam informalmente. Muitos dos casos ocorriam graças ao bom relacionamento que alguns empresários mantinham com os produtores de Hollywood. Era raro ocorrer um pagamento para que uma marca ou um produto fosse inserido em algum filme. O dinheiro não "trocava de mãos", como se diz na indústria.

Existem casos em que empresários enviavam caixas do produto para a equipe de produção e, como uma troca de gentilezas, o produto era inserido em cenas do filme. Em outros casos, a produção do filme precisava de fato de produtos para serem utilizados em cena, com o objetivo de compor a história, e até, para ajudar a compor personagens. Porém, em muitos casos, não havia um orçamento que cobrisse essas despesas com itens de cena, que eram percebidas na época como gastos extras. Empresários então ofereciam gentilmente esses produtos para serem utilizados nas filmagens.

Em muitos casos, aproveitavam para presentear diretores e produtores com produtos caros como carros e relógios. Isso quer dizer que o Placement, muitas vezes, era algo muito informal, sem maiores responsabilidades ou expectativas de nenhuma das partes. Até pelo fato do cinema ser ainda um meio de comunicação iniciante e incipiente, batalhando ainda pelo seu lugar ao sol como meio de comunicação de massa.

Já em 1916, conforme nos conta Jean-Marc Lehu em seu livro *Branded Entertainment*, o estúdio LKO/Universal produziu um filme mudo com o título sugestivo de *She Wanted a Ford*. Em 1919, há outro registro em uma comédia de 25 minutos dirigida e estrelada por Fatty Arbuckle e Buster Keaton, famoso comediante da época. O curta-metragem intitulado *The Garage* tem uma sucessão de cenas cômicas que se desenrolam em uma garagem. Nela, há a presença da marca *Red Crown Gasoline*, uma grande rede de postos de abastecimento da época.

MUITO ALÉM DO MERCHAN! | 183

Em 1927, no longa-metragem *Wings*, o primeiro filme a conquistar o Oscar de melhor filme, há uma cena em que um soldado oferece uma barra dos chocolates Hershey's a outro soldado. Em 1929, um luminoso da marca de gin Gordon aparece no filme *Blackmail* de Alfred Hitchcock.

Em *Horse Feathers* (1932), a pobre mocinha do filme cai da canoa em um rio e clama para que alguém jogue um sinalizador para ela. O comediante Groucho Marx, que permanece tranquilamente na canoa, ironicamente arremessa para ela uma embalagem das balas *Life Savers*, conhecidas na época por serem embaladas com um papel reluzente e brilhoso.

Em 1933, um gorila gigante resolveu subir no topo do prédio mais alto do mundo e ajudou a projetar a cidade de Nova York e seus arranha--céus para todo o planeta. Além de ser considerado um marco no cinema de ação, *King Kong* também foi um caso pioneiro de Destination Placement. Começava ali uma longa história do uso do cinema como a principal ferramenta da construção da imagem de Nova York.

Em 1961, o filme *Bonequinha de luxo* (1961) inovou no uso da ferramenta em diversos sentidos. A começar pelo título original, que faz uma referência direta à famosa joalheria localizada na 5ª Avenida, em Nova York. Em um diálogo que ficou muito famoso, a protagonista vivida pela atriz Audrey Hepburn desabafa dizendo o que ela faz quando está em um mal dia, deprimida, com mau humor: "Bem quando eu chego lá a única coisa que me faz bem é entrar em um táxi e ir para a Tiffany's. Me acalma na medida. O silêncio e o aspecto reconfortante de lá. Nada, de fato ruim, pode acontecer lá."

Outro Placement que ficou famoso em *Bonequinha de luxo* é de uma categoria de produtos que pouca gente se dá conta que é uma ação de Placement. O vestido preto utilizado pela personagem principal foi criado pelo estilista francês Givenchy e marcou uma era na indústria da moda. Audrey Hepburn era uma amiga muito próxima de Givenchy e costumava se referir ao designer como sendo seu "melhor amigo". O estilista a considerava como uma irmã. Eles haviam se conhecido em outro projeto, quando Givenchy desenvolveu o vestuário para o filme *Sabrina* (1954), outro grande sucesso na carreira de Hepburn.

Um bom exemplo de Placement que foi possível graças a um relacionamento próximo entre a classe artística e o empresário, no caso, da indústria da moda. O vestido é tido até hoje como um dos maiores ícones da

## HISTÓRICO DE CASES DO PLACEMENT EM CINEMA

moda no século XX e considerado o mais famoso vestido de todos os tempos. Não é para menos que, em 2006, ele tenha sido vendido por US$807 mil em um leilão em Nova York.

Além disso tudo, o filme também é um case de Music Placement. A música tema da personagem de Hepburn no filme é "Moon River", até hoje um grande sucesso no mundo todo.

Em 1964, no filme *Dr. Strangelove or How I learned to stop worrying and love the bomb*, Stanley Kubrick apresenta o *New York Times* como sendo o mais importante e confiável bastão da imprensa.

Como podemos ver, existem muitos casos de Placement em filmes ainda do início da história do cinema. Certamente existem ainda centenas de outras aparições de produtos e marcas realizadas de formas mais informais e *undercovered*.

De qualquer forma, em termos gerais, a indústria como um todo não considera nenhum desses casos como ações estabelecidas de Product Placement. Até mesmo a nomenclatura só passou a ser utilizada de fato pelas indústrias do entretenimento e da propaganda a partir da década de 1980. Antes disso, a presença de produtos em cena recebeu uma série de outros nomes: *publicity by motion picture, moving picture advertising, co-operative advertising, plugs, tie-in advertising* e ainda *trade outs*. Entre todas essas variações, os nomes que persistiram e acabaram sendo os mais utilizados no intervalo de tempo entre 1920 e 1970 foi "tie-ups" e "tie-ins". Neste período, nos acordos entre produtores e marcas, mais importante do que a presença do produto em cena era o *star endorsements*, ou seja, a possibilidade de utilizar os atores nas peças publicitárias, endossando o produto. Também já havia nessa época a ideia de utilizar as campanhas publicitárias para lançar os filmes na mídia.

O uso de tie-ups ganhou mais força em 1930 com o surgimento da primeira agência de mediação entre anunciantes e estúdios, a Walter E. Kline Agency, em Beverly Hills. O criador da agência, Mr. Kline, circulava pelos estúdios com um catálogo contendo uma lista de produtos que poderiam ser cedidos sem custos aos produtores. Para isso, bastava o estúdio ceder as imagens para serem usadas na publicidade do produto posteriormente. A lista incluía máquinas de escrever Remington, máquinas de tabulação da IBM, produtos General Electric, entre muitos outros itens. Pode-se dizer que Mr. Kline foi um dos pioneiros.

MUITO ALÉM DO MERCHAN! | **185**

De qualquer forma, o crítico Balasubramanian (1994) afirma que o Placement não poderia ser considerado um negócio legitimado antes da década de 1980, já que não havia contratos nem pagamentos. Era muito informal como uma troca de favores entre cavaleiros. Miller (1990a, 1990b) endossa afirmando que o Placement fazia parte de uma área não muito organizada de Hollywood. Até que um certo extraterrestre viesse de uma outra galáxia para instaurar um novo marco no uso da ferramenta.

## A FERRAMENTA RENOVADA PELAS MÃOS DE UM E.T.

O primeiro caso mais notório do uso da ferramenta de forma mais articulada – e comercial – acontece pelas mãos do diretor Steven Spielberg em *E.T., o extraterrestre* (1982). O diretor já havia flertado com a ferramenta em seu filme anterior *Contatos imediatos de terceiro grau* quando um comercial da Budweiser veiculado em um aparelho de televisão aparece em cena. Mas em *E.T.*, Spielberg foi mais ousado e competente na contextualização dos produtos na narrativa do filme.

Veremos mais adiante que a relação de Spielberg com a ferramenta estava apenas começando. Steven mostrou, pela primeira vez, que era possível apresentar produtos em um conteúdo de entretenimento de uma forma bem-sucedida, sem que nenhuma das partes envolvidas tivessem que comprometer a qualidade. O conteúdo artístico não foi comprometido por causa da presença dos produtos, que não se apresentaram invasivos ou desrespeitosos. E ainda viram suas vendas e índices de *awareness* subirem substancialmente.

O principal e mais emblemático Placement no filme é do confete Reese's Pieces da Hershey's. O produto faz parte da trama de forma contextualizada e fluida. Elliot, protagonista do filme, utiliza o Reese's Pieces para atrair o pequeno ser do outro planeta para dentro de seu quarto. De forma sutil e muito bem elaborada, o produto é apresentado como o herói, como o primeiro elo emocional entre os dois protagonistas do filme. *E.T.* foi um grande sucesso mundial de bilheteria.

Em apenas três meses após o lançamento a Hershey's divulgou um comunicado oficial no qual afirmou ter registado um aumento de vendas do Reese's Pieces na ordem dos 65%. Agora, ainda mais incrível é constatar que um dos primeiros casos de Placement bem realizado da história é também um grande caso de miopia de marketing

A Mars, concorrente direta da Hershey's, foi contatada por Spielberg para colocar o M&M no filme. Mas os gestores da empresa consideraram o título e o nome do personagem "E.T." muito feio e recusaram a proposta de utilização dos confetes M&M's na história. A proposta de Spielberg não envolvia sequer algum pagamento. Ele sugeriu aos gestores da Mars um acordo de cross promotion, em que a empresa ajudaria a divulgar o filme nas campanhas do M&M em troca da presença no filme.

Até o case bem-sucedido da Hershey's com Spielberg, os casos de Placement em filmes que podem ser destacados como referência envolvem as categorias de produtos que podem ser mais facilmente integradas a um roteiro de cinema, como veículos, roupas e acessórios. É o caso do filme *Sem destino* (1969) em que os personagens interpretados por Peter Fonda e Denis Hopper ajudaram a transformar a Harley-Davidson em um símbolo latente de liberdade e atitude, atributos que estão presentes até hoje na atmosfera da marca. Ao som de "Born to be Wild" (um caso exemplar de Music Placement também) os motoqueiros consolidaram o movimento hippie surgido no verão do amor de 1968 em San Francisco e espalhado pelo mundo através das telas do cinema.

Outro caso que pode ser mencionado é a parceria entre a Volkswagen e a Disney na franquia de filmes com o carro de corridas Herbie. A parceria começou em 1968 com o filme *Se meu fusca falasse* (1968) e rendeu seis longas e inúmeras versões para séries de televisão. No filme, um carro da marca Fusca (nos EUA, Beetle) atua como um carro de corrida que demonstrava enorme robustez, velocidade e resistência para enfrentar todo tipo de pista e desafio.

Embora a Disney jure de pés juntos que não havia nenhuma parceria acordada entre o estúdio e a marca de carros alemã, fica muito difícil acreditar que o Beetle foi escolhido apenas por seus atributos. A Disney argumenta em sua defesa que a marca da Volkswagen não aparece nos filmes. Mas em se tratando de um carro com traços tão inconfundíveis você acha que precisava aparecer a marca? Polêmicas à parte, o fato é que a série de filmes contribuiu para a construção de uma imagem de simpatia e carisma em torno do modelo. Além disso, comunicou que se tratava de um carro muito resistente e valente.

## UM AGENTE ESPECIAL
## A SERVIÇO DA SUA MARCA

Outro bom exemplo do uso do cinema como plataforma de comunicação eficiente para marcas e produtos são os filmes da série *007*. Ao longo da história, o agente especial inglês promoveu uma série de produtos como relógios, óculos de sol, carros e gadgets para os quais emprestou sua aura de sedução e sofisticação. Especialmente os carros se tornaram uma atração à parte. Em todo o mundo fãs da série criam listas com os principais carros já utilizados pelo agente e especulam sobre qual será o próximo carro de James Bond, gerando sempre um grande *word-of-mouth* em torno da marca e do próprio filme.

Ao longo do tempo, os filmes da franquia comprovaram o potencial do personagem em emprestar glamour e requinte para as marcas. Foi exatamente em busca disso que a BMW investiu US$110 milhões para fazer do seu mais novo lançamento o carro de James Bond em três filmes da franquia.

A parceria começou no filme *Goldeneye* de 1995. A presença do BMW Z3 foi uma das ações centrais da campanha de lançamento do novo modelo marca alemã. *Goldeneye* foi um marco na cinematografia do agente britânico. Foi o primeiro filme estrelado por Pierce Brosnan, o primeiro a não ter seu roteiro baseado em um livro de Ian Fleming e ainda o primeiro a ser lançado depois do fim da Guerra Fria. Logo na abertura do filme, uma cena que jamais seria possível em um comercial, o BMW Z3 supera nada mais nada menos que uma Ferrari em uma perseguição incrível. Isso comprova como o território lúdico pode oferecer oportunidades que seriam no mínimo inviáveis no mundo real. O filme chegou ao topo das bilheterias mundiais e as vendas do novo carro da BMW não ficaram atrás. No mês de lançamento do filme já haviam 9.000 carros vendidos, mesmo que ainda não existisse naquele momento nenhuma unidade nas lojas. O BMW Z3 foi lançado alguns meses depois que o filme saiu de cartaz.

O sucesso do case foi tão emblemático que no filme seguinte da franquia, *O amanhã nunca morre* (1997), outras marcas se interessaram em utilizar o universo lúdico do agente especial como plataforma de marketing: Visa, L'Oréal, Ericsson, Heineken, Avis, entre outras. A marca de relógios Omega, por exemplo, simplesmente conseguiu substituir o Rolex do pulso de James Bond depois de décadas de parceria. A BMW voltou a estar presente, mas desta vez promoveu o lançamento do modelo Série 7. Há informações que estas parcerias de Placement e cross promotion captaram mais de US$300 milhões para o budget de produção do filme.

Em *007 – O mundo não é o bastante* (1999), Pierce Brosnan pilota um BMW Z8. A BMW demonstrou que compreendeu mesmo todo o potencial que o território lúdico do cinema oferece para a construção de marca. Afinal, foi depois da bem-sucedida parceria em três filmes da série *007* que a marca lançaria, dois anos depois, o projeto "BMW Films" que vimos na parte de branded content.

Enquanto a BMW partia para uma estratégia de branded content, James Bond não poderia ficar a pé, não é mesmo? A partir de 2002, em *007 – Um novo dia para morrer* (2001) a série *007* retoma a parceria com a marca Aston Martin. A marca inglesa utilizou o filme como principal plataforma de lançamento do seu novo modelo Vanquish equipado com motor V12 de 6.000 cilindradas e 460 cavalos de potência, podendo chegar a 100 km/h em 5 segundos. Segundo consta, a Ford, nova proprietária da marca, investiu US$125 milhões para fazer a Aston Martin voltar a ser a marca preferida de James Bond nos próximos filmes da franquia. A Ford não queria de forma alguma abrir mais espaço para outra concorrente.

Em *Cassino Royale* (2006) o agente especial, a partir de então interpretado por Daniel Craig, pilota tanto o clássico DB5, conquistado em um jogo de pôquer, quanto o novo e possante DBS, que lhe é entregue como seu novo carro "de trabalho". Em *Quantum of Solace* (2008), Bond pilota o mesmo Aston Martin DBS equipado com um motor V12 de 6 litros de 510 cavalos que atinge a velocidade máxima de 307 km/h.

Não há como questionar todos os atributos que um personagem como James Bond consegue conferir a uma marca ou produto. A franquia 007 é um excelente exemplo de que o Placement pode funcionar até para aquelas faixas etárias que seriam menos abertas para aceitar a presença de marcas. E não apenas marcas de carros, conforme vimos. Existem sites na internet, como por exemplo o James Bond Life Style, que mostram como a franquia é poderosa em alçar as marcas a um status elevado de adoração e desejo.

Algumas marcas não limitam sua parceria a estar presente na trama. Paralelamente, são lançados produtos exclusivos com a marca 007 contribuindo para uma ampla linha de produtos licenciados do filme. A Omega e a Persol lançaram modelos de relógio e de óculos, respectivamente, exclusivos do agente especial. Existem ainda categorias de produtos que as pessoas nem sempre percebem como sendo Product Placement como vestuário e bebidas, por exemplo. Afinal, James Bond precisa se vestir, não é mesmo? Qual o problema de ele usar ternos da Calvin Klein e malas da Gucci? Ou ao degustar um drink que seja um Vesper Martini, uma vodka Stolichnaya ou ainda uma champanhe Dom Pérignon?

O fato é que um seleto grupo de marcas investe cada vez mais de forma estratégica para utilizar filmes como os da franquia 007, como plataforma de comunicação para a construção de um universo imagético em torno de seus produtos em um bem arquitetado planejamento de branding. Marcas como a fabricante de relógios suíços Rolex, por exemplo, que historicamente investe em Product Placement no cinema. Podemos afirmar sem nenhuma forma de exagero, que muito da mítica, do status e do prestígio da marca Rolex deve-se ao cinema, além de estarmos falando claro de um produto de alta qualidade e de classe superior.

Este é um bom exemplo de produto que não aparece com grande destaque em cena e dificilmente foi oralmente citado em algum filme. Mesmo assim, atrai os olhares de seu público-alvo: pessoas que percebem os detalhes, que valorizam um item de luxo, que estão atentas a estes pequenos sinais de status e prestígio. Pessoas como Jake Patek, que mantém o *Rolex Blog,* um site na internet exclusivo sobre os casos de Placement do Rolex no cinema, na música e em toda forma de entretenimento possível. Foi no *Rolex Blog* que descobrimos que além dos famosos carros de James Bonds, as marcas de relógios também disputam esse território estratégico de comunicação com unhas e dentes.

Jake conta no blog uma história interessante. Seu tio de 57 anos, pelo qual tem uma grande estima, desabafou certa vez com ele: "Jake, quando eu era criança meu pai me levou para ver Sean Connery como James Bond e disse-me: 'filho, Bond é o último dos homens. Tenho a esperança que um dia você vai crescer e se tornar um homem como ele'."

Jake sabia que seu tio possuía dois relógios pelos quais tinha uma grande estima: um Omega Seamaster e um Omega Speedmaster Moon. Jake não pôde evitar de perguntar ao tio se ele havia comprado os relógios para se sentir exatamente como o James Bond. Seu tio então olhou para ele de forma serena, ficou parado por alguns instantes e, relutante, admitiu: "sim, sem dúvida alguma". Com essa breve história, pode-se perceber a representatividade que um personagem de cinema pode ter na vida de uma pessoa. E como pode ser extremamente poderoso associar um produto a este personagem. Em muitos casos, os produtos são o ponto de contato com a realidade entre o personagem e seus fãs. É por meio do produto que a mágica acontece e pode se tornar um pouco mais real.

Segundo consta já nos livros escritos por Ian Fleming, o famoso autor dos 12 romances que serviram de base para os filmes da série *007*, o personagem de James Bond usa um Rolex. O autor chegou a declarar que "James Bond não poderia usar um relógio, teria que usar um Rolex". Não se sabe se este Placement editorial aconteceu em parceria com a empresa ou por simples adoração ao produto, já que o próprio Ian Fleming possuía um stainless steel Rolex Explorer, como pode ser comprovado em algumas fotos do autor.

Além disso, é sabido que assim como personagens podem ajudar a definir produtos, o inverso também acontece. É muito factível que Fleming tenha citado que seu agente secreto utilizava um Rolex para conferir ao perfil de seu personagem um toque de requinte e status. Assim como aconteceu com os carros, algumas marcas disputaram ao longo da história o direito de ser o relógio de James Bond. O Rolex foi soberano durante muitos anos mas a partir de 1995 a Omega tomou esse território estratégico e explorou a parceria com o universo imagético de *007* de múltiplas formas. Além de estar presente em diversas cenas nos dois filmes, James Bond está usando os relógios da marca nos pôsters oficiais em um dos poucos casos de Placement em material de divulgação oficial. A Omega lançou ainda edições especiais e exclusivas com a marca 007.

Como podemos ver, o cinema é cada vez mais uma plataforma estratégica de comunicação para produtos e marcas. Estamos falando de um território onde as marcas disputam palmo a palmo o direito de se associar a este ou àquele personagem. Afinal, qual o valor de ter seu carro sendo pilotado por um dos heróis mais famosos da história do cinema? Qual o valor de ter a seu favor toda essa atmosfera imagética de charme, sofisticação e requinte que a série *007* consegue conferir aos produtos que estiverem presentes na trama? Mas e para o estúdio, o que efetivamente significa esse rendimento extrabilheteria para a produção de filmes?

Bom, estima-se que o rendimento com as parcerias de Placement financiem pelo menos 40% a 50% da produção de um blockbuster como um filme da franquia 007. Isso sem contar com as verbas que cada marca investe em campanhas publicitárias, o que ajuda e muito a promover o filme e levar mais e mais pessoas às bilheterias. Sabe-se que o próximo *007*, que ainda está sendo filmado, já captou US$45 millhões de marcas como American Express, Lexus e Bulgari.

Existem filmes em que parece não existir nenhuma ação de Placement, mas na verdade há. E não estamos falando apenas de carros, gadgets ou itens alimentícios. Em *Dirty Harry* (1971), Clint Eastwood interpreta o policial durão Harry Callahan. Logo no começo do filme, Harry diz uma das falas mais memoráveis do cinema enquanto rende um bandido: "Eu sei o que você está pensando. 'Ele deu seis ou apenas cinco tiros?'." A arma que o detetive Harry usa é uma Magnum 44, tido como o revólver mais poderoso do mundo. De acordo com especialistas em armas, é difícil imaginar que a Magnum 44 teria chegado ao status de ícone americano sem que tivesse havido a parceria com o cinema americano, especialmente iniciada no filme *Dirty Harry*.

De um revólver para um par de óculos. Em 1983, o filme *Negócio arriscado* (1983) foi ao mesmo tempo marco inicial da carreira de Tom Cruise e um marco na história da marca Ray-Ban. Neste filme, iniciava-se uma parceria com o cinema que seria responsável pela construção de uma das marcas de óculos mais famosas do mundo.

No filme, Tom Cruise interpreta Joel, um estudante de ensino médio do subúrbio que fica com a casa só para ele durante um final de semana, já que seus pais viajaram. Seu personagem usa, inclusive no pôster de divulgação, o modelo de óculos Ray-Ban Wayfarer que viria a se tornar um ícone da década de 1980. A Ray-Ban estava vivendo um dos piores momentos de sua história. No ano anterior ao lançamento do filme, a marca havia vendido apenas 18.000 pares de óculos. No ano de lançamento do filme, vendeu 360.000 pares do modelo que aparece no filme. Um crescimento em torno de 2.000%. Eles estavam prestes a descontinuar essa linha de produtos até Tom Cruise usá-lo no filme.

Tudo aconteceu por intermédio de uma agência especializada em intermediação entre os estúdios e as marcas, a Unique, sediada em Burbank, onde ficam as sedes dos maiores estúdios de Hollywod. A agência conseguiu acordos para inserir os óculos da Ray-Ban em mais de 60 filmes e programas de televisão ao longo de cinco anos de contrato. A estratégia resultou em sucesso absoluto. Uma empresa que quatro anos antes havia vendido apenas 18.000 pares de óculos, em 1986 registrou a incrível marca de 15 milhões de pares.

Foi também no rosto de Tom Cruise que a marca emplacou outro sucesso que se transformou em um ícone de toda uma geração. Em 1986, depois do filme *Top Gun – ases indomáveis* (1986), a marca viu crescer em mais de 40% as vendas do seu modelo Aviator.

Também em *Top Gun*, o piloto de jatos da Marinha americana Pete "Maverick" Mitchell, interpretado por Tom Cruise, pilota uma Kawasaki Ninja 900R em diversas cenas importantes. Em uma dessas cenas, Maverick pilota a Kawasaki em alta velocidade em plena pista de pouso praticamente apostando corrida com um jato rumo à decolagem.

O fato é que a Ray-Ban gostou tanto das parcerias com o galã americano que assinou um contrato pessoal com Tom Cruise. Em todos os filmes do ator ele usa modelos da marca. E não somente isso: a marca fechou ainda um contrato de Celebrity Placement, ou seja, Tom utiliza os óculos Ray-Ban em seu dia-a-dia também. Tanto que em uma pré-estreia de *Encontro explosivo* (2010) realizada no Rio de Janeiro, Tom chegou ao tapete vermelho usando os óculos escuros da marca. Detalhe: a sessão acontecia de noite.

Quatro anos depois do grande sucesso de *Top Gun*, o mesmo time formado pelos produtores Don Simpson e Jerry Bruckheimer, pelo diretor Tony Scott e ainda pelo ator Tom Cruise, se une novamente para lançar *Dias de trovão* (1990). O filme foi considerado pela crítica como o "Top Gun das pistas". Alguns dos autódromos e muitos carros de corrida verdadeiros da Nascar foram utilizados na produção.

Para fazer um filme como esse é preciso fechar uma grande parceria com a realizadora do campeonato na vida real. E, obviamente, todos esses carros, pistas e uniformes estão repletos de marcas no filme. Pense conosco: seria impossível produzir um filme em que o tema central gira em torno do automobilismo sem que haja a presença de marcas, não é mesmo? Soaria muito falso e distante da realidade. As marcas que fecharam um acordo de Placement garantindo uma presença mais forte no filme foram a Chevrolet e a petrolífera americana Exxon.

## O AMADURECIMENTO DA FERRAMENTA

Mesmo depois do case do Reeses's Pieces em *E.T.*, nem toda presença de marca ou produto que se vê em cena é fruto de uma parceria mercadológica. Continuam existindo casos que levam em conta outras variáveis. Acontecem ainda acordos em que a produção deseja otimizar o orçamento do filme e, para isso, consegue parcerias de cessão desses produtos com os fabricantes. Assim como acontecem também casos em que o roteirista junto ao diretor optam por determinado produto, pois contribuirá de certa forma para o enredo do filme, porque são fãs dele de alguma forma ou ainda por manterem um bom relacionamento com os gestores daquela marca.

A Ferrari 250 GT California Spyder de 1961 é recorrentemente lembrada como um caso emblemático de Product Placement em filmes depois que figurou praticamente como um dos personagens do filme *Curtindo a vida adoidado* (1986). O que poucos sabem é que a escolha pelo modelo foi influenciada principalmente pelo gosto pessoal do diretor John Hughes, um fã confesso da marca italiana. O diretor destaca uma curiosidade no material extra do DVD do filme:

> *Os carros que usamos nas cenas mais ousadas eram obviamente réplicas. Havia apenas 100 unidades da Ferrari 250 GT no mundo e seria muito caro destruir um desses. Mas para as cenas em close nós usamos uma Ferrari verdadeira como tinha que ser.*

A escolha da marca para a parceria com o filme também pode ser influenciada por questões hereditárias. Foi o que aconteceu por exemplo no filme *Uma saída de mestre* (2003), um *remake* do filme de Peter Collinson de 1969 estrelado por Michael Caine, Benny Hill e muitos Míni Coopers da época. O que fizeram os produtores então? Propuseram à BMW, que havia comprado a marca Míni, a ser parceira do *remake*. A marca alemã topou na hora e ainda forneceu pelo menos uns 30 modelos do carro.

Alguns críticos de cinema incluíram em suas críticas publicadas nos jornais e revistas alguns comentários sobre a presença dos Mínis no filme. Joe Morgenstern, por exemplo, chamou o filme de "o melhor comercial de carro de todos os tempos". Stephanie Zacharek e Jack Matthews também mencionaram o volume de presença do carro em cenas mas afirmaram que, de certo modo, isso foi bom por servir como uma conexão com a versão do filme de 1969. Independentemente dos comentários, a parceria foi um sucesso. A revista *Business Week* publicou em 2004 que a marca Míni viu suas vendas aumentarem em 22% em relação ao ano anterior.

Não estamos afirmando que apenas a parceria da BMW com o filme foi a responsável pelo aumento das vendas. Obviamente, esse resultado, muito provavelmente, decorre de um esforço integrado de ações de comunicação e marketing. Porém, é inegável que uma ação dessa magnitude certamente teve sua importância nesses resultados expressivos.

Muitas vezes a parceria é indispensável para que o filme possa ser realizado com a veracidade necessária. Foi o caso do filme *Armageddon* (1998). É o primeiro filme em que o elenco foi autorizado a usar as roupas espaciais genuínas da NASA, que custam acima de 3 milhões de dólares cada uma. O mais curioso é que no filme quem usa as roupas não são astronautas, mas um time de cidadãos normais que precisam salvar a Terra.

E neste momento você pode estar pensando que a NASA não é uma empresa e muito menos suas roupas espaciais são produtos que você encontra no shopping mais próximo. Realmente. Porém a NASA é um excelente exemplo de instituição que utilizou o cinema para construir um forte patrimônio imagético em torno de sua marca. Muito da imagem que temos da NASA foi construída pela presença em diversos filmes. Inclusive com a recorrência da clássica situação em que um menino brinca com um foguete e sonha em ser astronauta.

Manter um relacionamento próximo com a indústria cinematográfica também deve estar na agenda dos gestores de marketing. Esta continua sendo uma excelente forma para identificar e aproveitar excelentes oportunidades de Placement. Em 1995, a agência Showcase Placements Inc., que representava a Ford, tentou negociar com os produtores do filme *Twister* (1996) para que a nova F-150 fosse utilizada como a "caminhonete-atriz" do filme.

Era exatamente desta forma que os produtores do filme se referiam a essa oportunidade. A presença da caminhonete na trama era tão intensa que eles a consideravam como se fosse uma verdadeira atriz do elenco. Quem assistiu ao filme entende perfeitamente o que estamos dizendo.

A caminhonete possui um grande destaque, sendo colocada a todo tipo de prova. São cenas de extrema adrenalina em que o casal de protagonistas interpretados por Helen Hunt e Bill Paxton a submetem a situações que conseguem enaltecer toda a robustez, agilidade, desempenho e força da caminhonete. Acontece que, paralelamente ao esforço da Ford, havia um homem chamado Bob Hadler, vice-presidente da Hadler Public Relations, agência de Placements que representava a Dodge.

Hadler era amigo pessoal de alguns dos produtores do filme – entre eles mais uma vez Steven Spielberg em mais uma parceria de Placement – e conseguiu tirar a Ford da jogada, emplacando a Dodge Ram no lugar da F-150. Um caso claro que demonstra como o Placement vem se fortalecendo como um território estratégico cada vez mais importante para as marcas. Além de competir no conturbado e imprevisível mundo real, as marcas têm que competir hoje no território lúdico-imagético dos filmes. Hadler chegou a declarar na época:

> O roteiro de Twister era perfeito para a marca: mostrava a caminhonete passando por todo tipo de desafio, superando estradas de terra destruídas, plantações, temporais e, obviamente, muitos tornados. É exatamente o tipo de filme que você quer para inserir uma caminhonete, produto que geralmente precisa se posicionar como eficiente para enfrentar justamente todo esse espectro de situações adversas.

Mesmo usufruindo de um relacionamento mais próximo, Hadler teve ainda que submeter a caminhonete à apreciação do diretor, que geralmente dá a palavra final. O diretor Jan De Bont simplesmente adorou a Dodge Ram por causa do design agressivo e musculoso – palavras do diretor – que ela apresentava.

## MESTRE JEDI DO PRODUCT PLACEMENT

Existe um nome da indústria cinematográfica que pode ser tranquilamente considerado uma referência na ferramenta. Além de ser um diretor competente de enorme sucesso, sabe como poucos como efetuar uma ação de presença de marca com pertinência, bom-senso, eficiência para a marca e, principalmente, respeito pelo roteiro e pelo público. Ele foi nomeado seis vezes ao Oscar de Melhor Diretor, tendo levado a estatueta para casa duas vezes com *A lista de Schindler* (1993) e *O resgate do soldado Ryan* (1998). Teve ainda cinco de seus filmes indicados ao Oscar de Melhor Filme tendo ganhado com *A lista de Schindler*. Estamos falando de Steven Spielberg. O nome dele aparece de forma recorrente em diversos cases bem-sucedidos de uso da ferramenta.

Estamos falando de cases que comprovam que é possível ter a presença de produtos e marcas sem que para isso a cena nem o filme tenham que ficar comprometidos. Pelo contrário: as marcas ajudam a criar situações incríveis e colaboram com o roteiro, quando é preciso um elo com a realidade, por exemplo. Seja como diretor, seja como produtor executivo, a lista de filmes em que Spielberg usa a ferramenta de forma eficiente é incrível.

| | |
|---|---|
| *E.T.* (1982) | *JURASSIC PARK* (1997) |
| *OS GONNIES* (1985) | *MINORITY REPORT* (2002) |
| *DE VOLTA PARA O FUTURO* (1985) | *O TERMINAL* (2004) |
| *TWISTER* (1996) | *TRANSFORMERS* (2007) |
| *HOMENS DE PRETO* (1997) | *HOMENS DE AÇO* (2011) |

No filme *Os Goonies* (1985), mais um forte exemplo do que estamos afirmando. Logo na cena de abertura, em meio a uma intensa perseguição policial, toda a potência de um Jeep Cherokee é enaltecida. No ápice da cena, o carro dirigido pelo trio de vilões italianos avança sobre as areias e chega em uma corrida de carros off-road que está prestes a começar na beira da praia. O Jeep então larga junto e na sequência ultrapassa um a um os carros. O toque de gênio é que as outras pick-ups são de marcas concorrentes. Entre elas dá para reconhecer claramente uma Ford F-Series e uma Chevrolet Blazer.

De fato, uma excelente ação de Placement. Para a marca, não é uma simples aparição pela aparição. A cena comunica de forma contextualizada os atributos do produto, como robustez, agilidade, resistência e superioridade em relação às demais marcas concorrentes. E para o filme, uma cena emocionante que não poderia ser feita sem um carro, não é mesmo?

No mesmo filme, que marcou toda uma geração de crianças e adolescentes, há parcerias de Placement com marcas como Pepsi, Domino's Pizza e Nike. Sobre esta última também vale um destaque, pois é mais um exemplo da capacidade do diretor em criar uma cena com presença de marca que seja contextualizada, marcante e que ainda ajude a dar veracidade ao filme.

A Nike aparece no engenhoso par de tênis do garoto japonês Data, um aficionado por tecnologia que tem diversas traquitanas em sua roupa. Em um momento-chave da aventura, Data aciona um mecanismo que faz com que a parte de trás do tênis abra e solte óleo por um canudo acoplado para que os bandidos que o perseguiam escorreguem.

O filme *Quero ser grande* (1988) foi produzido pela irmã de Steven mas certamente ele influenciou de alguma forma a produção. Além de ser uma comédia com toda a pegada do diretor, as parcerias de Placement foram tão bem executadas quanto nos filmes de Steven. Mais uma vez a Nike aparece como parceira sendo o tênis utilizado pelo ator principal Tom Hanks na antológica cena passada na loja de brinquedos Fao Schwarz em Nova York. Na passagem, Tom Hanks toca uma música nas teclas de um tapete-piano junto com seu chefe. E o par de tênis da marca estava lá, em mais esta cena memorável do cinema.

Além disso, também merece destaque a parceria com a Pepsi, que colocou uma máquina de refrigerantes dentro do apartamento dos sonhos de qualquer menino, que o adulto-adolescente do filme monta. Fora isso, vale lembrar da ação de Destination Placement, já que o filme é todo filmado em Nova York. A própria loja de brinquedos aqui mencionada é até hoje lembrada como local turístico como "a loja de brinquedos do filme do Tom Hanks".

Já na trilogia *Jurassic Park*, igualmente à disputa de bastidores que aconteceu em *Twister*, Spielberg mais uma vez foi o mediador do embate entre grandes marcas pela ocupação do território lúdico-estratégico do Placement. No primeiro filme da série, *Jurassic Park* (1993), a Ford fechou um grande acordo com o diretor para transformar o Ford Explorer no off-road oficial do *Parque dos dinossauros*. Essa era uma oportunidade incrível do roteiro: era preciso fechar um acordo com uma grande marca, pois os carros usados na visitação ao parque atuavam como importantes elementos que ajudavam a compor o enredo do parque temático do filme.

A parceria com a Ford foi um sucesso. Os carros se tornaram elementos-chave do filme. A ação contribuiu para reforçar os atributos de robustez e perfomance do modelo off-road da Ford. Eles viraram até brinquedo e fizeram parte dos produtos licenciados do filme.

Porém, em *O mundo perdido* (1997), o segundo filme da trilogia, a Mercedes-Benz conseguiu assumir o posto de off-road oficial dos Parques dos Dinossauros. O Dr. Dieter Zetsche era o diretor de marketing mundial da Daimlet-Benz e declarou no release enviado à imprensa na época: "O que seria mais empolgante do que ilustrar a incrível perfomance do nosso novo lançamento, o M-Class, um veículo para todo tipo de atividade, do que a atmosfera repleta de aventura e desafios do Parque dos Dinossauros?". Toda a incrível atmosfera de atributos que um filme como *Jurassic Park* poderia agregar à atmosfera de atributos de um modelo off-road oferecia para a Mercedes uma oportunidade incrível para o lançamento do seu novo modelo.

O filme foi lançado em maio de 1997 e o M-Class Mercedes tinha previsão de lançamento para 1998. A parceria com a Universal não se restringia ao acordo de presença de marca. Englobava ainda uma série de ações de cross promotion com o universo do filme que incluía a utilização do M-Class como elemento-personagem no parque da Universal, presença no game do filme criado pela Dreamworks Interactive, promoções integradas com a Timberland – outra marca parceira do filme – entre outras ações.

A Mercedes ainda usaria as propriedades do filme – logos, imagens, personagens – em sua campanha mundial de lançamento do M-Class. Zetsche declarou ainda: "Nosso envolvimento com *The Lost World* é um dos muitos caminhos que a Mercedes-Benz está usando hoje para transmitir o lado engajador de sua imagem de marca para audiências jovens e jovens-no-coração por todo o mundo." Pelo lado dos estúdios, Brad Globe, diretor de *Consumer Products* da Dreamworks, declarava na época: "Estamos muito orgulhosos em sermos associados com uma marca como a Mercedes que representa excelência. Estamos certos que esse esforço conjunto de marketing irá não apenas fortalecer a nossa campanha de divulgação do filme bem como gerará grandes resultados para o lançamento do M-Class".

Este case é um excelente exemplo de projeto de Placement bem realizado em todos os sentidos. Uma ação em que há adequação entre o público do filme e o público que a marca deseja impactar; aderência entre a atmosfera de atributos que o filme oferece e a atmosfera de atributos que o produto quer associar à sua imagem; relevância da mensagem que o produto deseja transmitir para o público (robustez e performance do novo M-Class da Mercedes); pertinência total, já que o produto está a serviço de uma necessidade indispensável do roteiro, e não o contrário; além da presença ser sutil, pois flui com naturalidade no ritmo do filme, mas sem deixar de ser reamarkable.

No caso do filme *Um tira em Beverly Hills* (1984) a escolha foi baseada na relevância da marca para o contexto do filme. Ainda na fase de pré-produção do primeiro filme da série, o diretor avisou ao estúdio e aos produtores que Eddie Murphy precisaria dirigir um carro que teria destaque na trama. Coube ao produtor Brett Ratner a missão de conseguir a parceria com uma montadora para estar no filme. Porém, em vez de Ratner conversar com diversas montadoras para fechar um acordo e então inserir um produto dela no filme, ele fez o caminho inverso. Ratner pensou de forma estratégica: "Qual é o carro ideal para a história do filme? Que carro precisamos para se tornar quase que um personagem da trama?".

Com isso, o produtor demonstrou inteligência no desenvolvimento de uma parceria de Product Placement. É o ideal tanto para o filme quanto para o produto que haja uma real troca de interesses e benefícios mútuos. Que um contribua para o outro, com a marca tendo relevância e adequação à narrativa. Ratner argumenta que forçar de forma malfeita uma garrafa de refrigerante em uma cena faz com que ela pareça uma propaganda e não traz um efeito muito positivo nem para a marca, porque os consumidores vão desconsiderá-la e considerar grosseiro, e nem para a cena. E alerta: O produto deve ser um personagem imerso na trama."

A marca escolhida para fechar a parceria foi a Mercedes-Benz, que teve seu modelo conversível vermelho R107 usado pela mocinha do filme e pelo agente Axel Folie, interpretado por Eddie Murphy.

Já no caso da franquia Back to the Future, produzida por Spielberg e iniciada em 1985, a escolha foi motivada pelas características do carro em si. A opção pelo marcante DeLorean, com suas portas estilo gaivota que abrem para cima, contribuiria para a estética de máquina do tempo que o carro desempenha. Logo, esta presença não foi fruto de um acordo de Product Placement e sim uma opção da produção e da direção do filme. Prova maior disso é que o DeLorean parou de ser produzido em 1982, três

HISTÓRICO DE CASES DO PLACEMENT EM CINEMA

anos antes de tornar-se mundialmente famoso nas telas de cinema de todo mundo.

Nos comentários da edição especial da trilogia, Robert Zemeckis e Bob Gale contam que havia um agente trabalhando para os estúdios da Universal que deveria fechar as parcerias com as marcas sem nenhuma participação do diretor, no que constitui, a nosso ver, um erro de mentalidade em relação à ferramenta. A Universal Studio havia criado recentemente um departamento de Product Placement. Porém, as ações de presença de marca que serviam ao roteiro, com o intuito de fazer com que a história ficasse mais realista, permaneceram a cargo dos produtores e do diretor do filme. Zemeckis explica:

> Quando o desafio é criar uma atmosfera de passado, uma das formas que você tem para criar esse tempo antigo é através do uso de marcas. Nosso esforço maior era para achar marcas e produtos que tinham logos e embalagens diferentes no passado em que se passa os momentos do roteiro. Em filmes passados nos anos 1960 e 1970, por exemplo, imagine uma cena em que um carro vai abastecer em um posto de gasolina sem nenhuma marca. Isso é ridículo. Alguém é dono daquele posto de gasolina. Soa falso não ter marca.

A produção do filme então saiu em busca de parceiros que tinham marcas bem diferentes nos anos de 1955 e 1985. Marcas que não tinham essa diferença visual clara, como Shell e Coca-Cola, foram de cara descartadas. As escolhidas ao final foram as marcas Texaco e Pepsi, justamente por suas logos serem notavelmente diferentes em 1955, o que contribuiria para o entendimento daquela ação ocorrer no passado. Para a Pepsi foi um presente muito valioso: a famosa guerra das colas estava em seu auge em 1985 e estar no filme significaria uma vantagem competitiva para a Pepsi.

Zemeckis comenta ainda: "Uma garrafa de Coca nos anos 1950 e nos anos 1980 são iguais. Isso não me ajudava a compor o conjunto de signos que transmitiriam a ideia de passado." Para as marcas foi uma oportunidade sensacional de estar presente em uma franquia blockbuster de grande sucesso, voltado essencialmente para o público jovem. Isso sem falar nos atributos da atmosfera da marca que foram enaltecidos com a presença tanto no passado (tradição e elos emocionais), quanto no futuro (perenidade, sucesso, modernidade).

HISTÓRICO DE CASES DO PLACEMENT EM CINEMA

Filmes com histórias que acontecem no passado ou no futuro costumam oferecer boas oportunidades de Placement. Em histórias do passado, as marcas podem agregar para a sua atmosfera imagética os atributos de tradição, inovação, pioneirismo, entre outros. No futuro, as marcas têm a oportunidade de ativar os atributos de modernidade, tecnologia, inovação, vanguarda, visão de futuro, entre outros.

No segundo filme da franquia a missão da produção foi encontrar marcas que ajudassem o roteiro a dar veracidade ao futuro.

Além da Pepsi e da Texaco que se mantiveram, uma das marcas a aproveitar essa incrível oportunidade foi a Nike, em mais uma parceria com Spielberg. Conforme já vimos quando conversamos sobre o case do tênis Nike Mag em Reverse Placement, os produtores do filme pediram para o departamento de design da Nike para apresentar ideias de como seriam as roupas no futuro (no caso do filme, no ano de 2015).

A cena é simples mas tem um potencial enorme. Tanto que transformou o tênis fictício em um objeto de desejo de toda uma geração. A presença do produto não atrapalha o roteiro, muito pelo contrário: contribui para explicar de forma contextualizada que a ação se passa no futuro. E a cena ainda confere à marca uma imagem de moderna, à frente de seu tempo, vanguardista, cult.

Esse é tipo de ação de Placement que defendemos. Uma cena que faz o público sorrir, se entreter. Uma cena que brinca com o universo do filme de forma relevante: afinal, como serão os tênis no futuro? O público entende o lado irônico desse tipo de presença e isso é bom para a marca, pois além de transmitir os conceitos entretém o público de forma cativante. E também é bom para o enredo do filme, pois o conecta com a realidade.

A viagem lúdica da cena era flertar com a questão "como serão os tênis do futuro?". Era preciso uma marca real para que a cena funcionasse. Se fosse uma marca fictícia, a brincadeira não estaria completa, seria tudo muito lúdico e distante.

O mesmo pode ser dito em relação à cena da Texaco em que um posto de gasolina futurista aparecem braços robóticos realizando o serviço em um carro do futuro. Qual o valor de uma cena dessas para uma marca? São cenas que mostram que no futuro essas marcas ainda estarão presentes em nossas vidas, com tecnologia de ponta em seus podutos e serviços.

202 | MUITO ALÉM DO MERCHAN!

Assumir um ar leve e criar uma cena envolvente com um toque de humor geralmente são boas alternativas para tornar o Placement mais cativante e relevante para a audiência. É o caso, por exemplo, de outro Placement que ficou muito conhecido em *De volta para o futuro*. Quando Marty acorda na casa de sua mãe, Lorraine Baines, no passado, ele está apenas de cueca. Ela então começa a chamá-lo de Calvin Klein, acreditando ser este seu nome por estar grafado na roupa de baixo dele. Uma cena que cita a marca mas não soa como Placement não é invasiva. É leve e baseada em uma situação engraçada, uma confusão que envolve a marca que surge imersa na história e não soa falso.

## O APRENDIZ DO MESTRE

O produtor parceiro de Spielberg, Robert Zemeckis, mostra que aprendeu com o mestre não apenas lições valiosas de como fazer um bom filme. Zemeckis também aprendeu a pensar a ferramenta da mesma forma contextualizada que Spielberg usa em seus filmes. Afinal, são de Zemeckis, já como diretor, outros bons exemplos de uso da ferramenta que acontecem nos filmes *Forrest Gump – o contador de histórias* (1994) e *O náufrago* (2000).

Em *Forrest Gump* há uma situação sensacional em que um Placement faz parte de uma das melhores piadas do filme. A cena se passa no início da década de 1960. Forrest faz parte do time de futebol americano que está em uma visita à Casa Branca do Presidente John Kennedy. Do jeito inocente e ingênuo característicos do personagem, que rendeu a Tom Hanks o Oscar de melhor ator, Forrest afirma que a melhor coisa em se visitar o presidente dos Estados Unidos é a comida e a bebida. E complementa: tudo de graça! Forrest então bebe 15 garrafas de Dr. Pepper. Na hora dos cumprimentos, ele está muito apertado para urinar e fala para o presidente dos EUA: "I gotta pee (tenho que fazer xixi)!" A cena mostra claramente que Zemeckis aprendeu direitinho com Spielberg.

Afinal, o filme mostra uma série de situações pitorescas em que o personagem principal percorre a história americana ao longo de algumas décadas. Entre essas situações, Forrest ensina o rebolado para Elvis, inspira John Lennon a escrever "Imagine," ajuda a desvendar o escândalo Watergate, entre muitas outras. As cenas com produtos compõem a história ajudando a complementar a ideia cronológica que essas situações precisam conter.

A cena com as garrafas de Dr. Pepper faz parte de mais uma dessas situações. Não há ruptura. Tudo ocorre de forma natural e fluida. E mais: a marca ajuda o roteiro da mesma forma que Zemeckis fez em *De volta para o futuro*. As garrafas antigas de Dr. Pepper, com rótulos da década de 1960, ajudam a explicar que a ação se passa nesta época. Sem contar que a participação do produto acaba resultando em uma das cenas mais divertidas do filme.

A participação da Nike no mesmo filme pode ser colocada no Hall da Fama do uso da ferramenta. Zemeckis, que já tinha realizado uma grande parceria de Placement com a Nike em *De volta para o futuro II*, realiza outro caso exemplar de presença de marca contextualizada a serviço do roteiro. No filme, a corrida é um elemento-chave da história de Forrest. Inclusive uma das taglines que ficaram marcadas pelo filme foi a mensagem que sua amada Jenny grita: "run, Forrest, run".

É correndo que ele se livra dos traumas de infância e dos aparelhos ortopédicos que usa nas pernas. A mãe, emocionada com a importância da corrida na vida do filho, presenteia Forrest com um par de Nike. Mais tarde, depois de perder a mãe e o melhor amigo, é correndo que Forrest supera a dor e reflete sobre sua vida. Forrest decide correr por toda a America e passa três anos, dois meses, quatorze dias e 16 horas correndo. É um ápice do roteiro. Uma jornada pelo autoconhecimento, repleta de situações irônicas, que caracterizam o filme.

A presença da Nike é emblemática, já que a principal plataforma da marca sempre foi a corrida, desde o seu surgimento em 1963. No final da década de 1970, os criadores da marca, Phil Knight e Bill Bowerman, inovaram ao criar um solado mais leve que virou padrão de toda a indústria. A forma como eles descobriram esse solado é que foi mais inusitada ainda: Bowerman despejou borracha na chapa de waffles da esposa para criar o revolucionário solado ondulado. O primeiro modelo da marca foi o Nike Cortez, que é justamente o modelo que aparece no filme.

Já em *O náufrago* (2000), Zemeckis mostra que aprendeu muito com Spielberg mas que não é um "Spielberg". O diretor erra a mão em algumas presenças no filme e acerta em outras. O filme é muito controverso. Sempre que o tema discutido é o Product Placement, *O náufrago* é lembrado como um exemplo ruim por causa da parceria com a Fedex e com a marca de material esportivo Wilson Sporting Goods. De todo o modo, não consideramos a presença dessas marcas como o maior problema. O que consideramos um tanto quanto equivocado foi o peso que as marcas tiveram no roteiro.

Na primeira vez que Zemeckis levou o projeto para a Fedex eles nem quiseram conversar. A ideia de um filme no qual acontece um acidente de um avião da empresa fez com que os diretores da Fedex negassem qualquer possibilidade da marca ser usada. Depois de um bom tempo tentando aprovar o uso da marca, Zemeckis conseguiu convencê-los de que a história ia muito além do acidente e que, ao final, a mensagem que ficava era emocionalmente positiva para a marca Fedex. Ele conseguiu. Zemeckis declara em entrevistas que, sem a Fedex, com uma marca fictícia ou menos expressiva no lugar, o filme não teria nenhum sentido.

Já a presença da bola Wilson no filme é um marco sem precedentes na história do Placement. Afinal, nos corrija se estivermos errados, mas é um dos poucos casos de Placement em que um produto se torna um personagem da trama, contracenando com o ator principal em praticamente metade de todo o filme. O blogueiro especializado em Product Placement Erik Renzo afirma em seu blog Brands & Films:

> *In my first post on Brands&Films I've written that there are three classic types of Product Placement. A product or brand can be visible, used or someone can mention it. But in the year 2000 we had an excellent example of a fourth type: a brand became the character.*

Em uma das cenas, momentos antes de Chuck Noland – o náufrago vivido por Tom Hanks – remover um dente careado, ele fala para Wilson que há um dentista em Menphis chamado "Dr. James Spalding". James Spalding é a marca concorrente da Wilson. Segundo consta na Wikipedia, na Alemanha, a dublagem na língua local diz "Dr. James Volley", já que a marca Spalding é pouco conhecida no país. Na Hungria, o dentista se chama "Dr. James Speedo".

## MARCAS COM VISÃO DE FUTURO

Muitas das inovações tecnológicas que hoje fazem parte de nosso dia a dia apareceram primeiro nas telas. Videoconferência, carros com piloto automático, telefones móveis, e uma infinidade de ideias descabidas que surgem da cabeça de diretores e roteiristas. Eles aproveitam o contexto lúdico dos filmes passados no futuro para praticarem, de forma desimpedida, o exercício da futurologia e especular. Tudo isso pode ser uma excepcional oportunidade para as marcas comunicarem seus atributos de tecnologia e visão de futuro.

No filme *Minority Report* (2002), Spielberg não queria simplesmente vislumbrar como seria o futuro de forma despropositada. Com o intuito de retratar o que realmente teria chances de se tornar realidade no futuro, Spielberg consultou especialistas do maior centro de estudos tecnológicos dos EUA para ajudar nesse exercício de futurologia: os cientistas do Massachusetts Institute of Technology.

Entre outras coisas, foi do MIT que vieram as projeções de que no futuro o reconhecimento da íris será algo trivial que permitirá o acesso a prédios, meios de transporte e, até, customização de mensagens publicitárias pelas ruas. Mais uma vez a presença de marcas mais do que interessante do ponto de vista financeiro, se fez necessária para fazer com que essa viagem futurista tivesse elos com a vida real das pessoas comuns. Spielberg decidiu que as avançadas tecnologias mostradas no filme teriam mais impacto se houvesse marcas conhecidas endossando a "realidade" daquelas projeções.

Como na famosa cena em que John Anderton, o personagem principal vivido por Tom Cruise, caminha pelo corredor de um shopping em que peças publicitárias de marcas como Nokia, Guiness, American Express e Lexus apresentam mensagens de voz customizadas por meio do reconhecimento da íris. O mesmo acontece quando Anderton entra em uma loja GAP.

Um filme de Steven Spielberg já é considerado um investimento seguro para as marcas. Inevitavelmente ele será um sucesso e geralmente é classificado como PG-13, o que aumenta o potencial de bilheteria dele, podendo atingir uma fatia maior de público. Segundo especialistas, 25% do budget de *Minority Report* veio de parcerias de Placement. A Nokia, por exemplo, investiu US$2 milhões para desenvolver celulares futuristas e a Lexus algo em torno de US$5 milhões para ser o carro de Tom Cruise.

HISTÓRICO DE CASES DO PLACEMENT EM CINEMA

Por serem cenas que cativam e inspiram grande curiosidade nas pessoas – afinal, todos querem imaginar como será um shopping no futuro –, as marcas não soam como invasivas. Estão contextualizadas no exercício lúdico de vislumbrar o futuro que o filme propõe como um todo, e não apenas nas cenas com Placement. Para as marcas, é uma oportunidade de ouro. Além de mostrar que essas marcas ainda estarão na mídia com sucesso no futuro distante, estar em um filme futurista pode agregar o atributo de vanguarda tecnológica como nenhum comercial de 30" provavelmente conseguiria fazê-lo.

Com certeza foi nisso que os gestores da Lexus, a marca de luxo da Toyota, pensaram ao fechar a parceria com Steven Spielberg. O diretor era proprietário de um veículo da marca e declarou na época sobre a parceria: "estava dirigindo meu SUV Lexus quando pensei que a empresa poderia se interessar em vislumbrar conosco como seriam os carros que estariam nas ruas em 2054". E Spielberg estava certo. A Lexus na verdade adorou a oportunidade de poder promover sua visão de futuro no filme.

Os engenheiros da marca criaram em parceria com a produção do filme dois modelos especiais: o Lexus Mag-Lev e o Lexus 2054. Conforme pode ser visto no filme, no futuro os carros serão autolimpantes, terão reconhecimento e ignição pelo DNA do dono, comandos completos por voz, piloto automático com proteção contra acidentes e poderão mudar de cor com apenas um toque.

A Audi também não deixou essa oportunidade de marketing escapar e fechou uma parceria similar com a produção do *Eu, robô* (2004). O filme é inspirado em contos de outro autor de ficção científica, o renomado Isaac Asimov. O carro futurista usado pelo detetive de polícia Spooner, herói interpretado por Will Smith, foi desenvolvido pelos engenheiros e designers da Audi em parceria com o diretor Alex Proyas. Uma total integração entre a marca e a produção do filme que resultou em uma ação de presença de marca bem-sucedida tanto para um quanto para o outro. Isso sem falar no público do filme que não se incomodou nem um pouco com a presença, muito pelo contrário.

Grande parte dos comentários e reações na época foram extremamente favoráveis, pois a ação era relevante e agregava valor ao contexto do filme. O fruto dessa total integração foi o carro conceito Audi RSQ que,

MUITO ALÉM DO MERCHAN! | 207

ao mesmo tempo que era o carro do futuro que a trama do filme precisava para compor o enredo futurista, também trazia em si toda a visão de futuro da marca. Tim Miksche, diretor de marketing da Audi, declarou na época: "esse projeto reforçou os valores fundamentais da marca Audi. A marca elevou consideravelmente os níveis de atributos como atratividade, diferenciação e afinidade com todos que viram o filme".

Estamos falando de mais de 90 milhões de pessoas apenas nas salas de cinema, desconsiderando os públicos de home video, TV fechada e aberta, além dos que foram impactados pelo projeto e pelo carro-conceito sem necessariamente precisar ter visto o filme.

Para os designers da Audi foi uma experiência incrível. O desenvolvimento de carros-conceito é uma prática comum na indústria. Serve de laboratório de desenvolvimento. É uma prática de visão de futuro voltada para o negócio da marca, pois não são devaneios descompromissados. Muito do que vemos nos carros-conceitos será implementado nos carros que veremos nas ruas em breve. Todo esse esforço geralmente é exibido apenas para aficionados em feiras e revistas especializadas. A parceria com o filme possibilitou que esse trabalho de desenvolvimento tecnológico fosse presenciado por milhões de pessoa em todo o mundo. Os designers da Audi chegaram a declarar na época:

> O que pode ser mais empolgante para um designer do que ter a chance de integrar o nosso potencial técnico e criativo no desenvolvimento de um produto futurista para ser pilotado por uma estrela de Hollywood em um filme blockbuster como esse.

A parceria foi muito importante para a marca Audi em todos os sentidos. Estudos comprovaram que o aumento de sentimento positivo em relação à marca aumentou 62% apenas nos EUA, onde a pesquisa foi realizada. Além da presença no filme, a marca ativou a parceria em eventos e pré-estreias onde o Audi RSQ dividia os flashes com Will Smith e Alex Proyas.

Outra boa acão de Placement no filme *Eu, robô* acontece com a presença da marca Fedex. Em determinado momento do filme, em uma cena bem-humorada e contextualizada, em vez de um ser humano, um simpático robô da Fedex entrega uma encomenda para Will Smith, ativando os atributos de visão de futuro e originalidade da marca.

Na sequência ocorre uma cena que, o nosso ver, é um exemplo não muito legal de uso da ferramenta. Quando Spooner abre a encomenda, já dentro de seu apartamento, tira de dentro um par de tênis preto All--Star da Converse cano longo. A presença do produto não flui de forma natural com o decorrer do roteiro. É facilmente perceptível que há uma ruptura para que a cena com o produto ocorra. Ela interrompe, sendo invasiva de uma forma desnecessária, sem contribuir com a trama de nenhuma forma.

Porém, mesmo sendo uma ação de Placement que consideramos um exemplo ruim de uso da ferramenta, a percepção das pessoas pode nos supreender. Principalmente os mais jovens que, como vimos, possuem uma receptividade maior ao Placement e recebem as marcas no contexto do filme com muita naturalidade, mesmo quando mal realizado. Veja esse flagrante em um depoimento resgatado do Yahoo Answers:

> *Acabei de assistir a* Eu, robô *e realmente gostei do Converse All-Stars que Will Smith usa mas não consigo achar. Eu moro na Escócia! Eu acho que ele disse ser um modelo "2004" e me parecia ser de algum material tipo couro. Se alguém puder me conseguir um link para um site eu gostaria muito. Obrigado!*

Em outro filme passado no futuro – *O quinto elemento* (1997) – há uma cena simples mas bem inserida no contexto da trama. Para quem não viu o filme, estamos falando da Nova York de 2263 onde os carros voam como se fossem naves pelos céus em um sistema de trânsito caótico com diversas "pistas" se sobrepondo entre os prédios da cidade. O Placement acontece em uma cena bem-humorada em que uma viatura da polícia está parada no drive-trough do McDonald's e o táxi pilotado pelo mocinho passa a toda velocidade fazendo com que os policiais derrubem o lanche.

No mesmo ano, a Ray-Ban voltou a realizar uma excelente parceria de Placement com Hollywood. Já mencionamos anteriormente a longa parceria bem-sucedida da marca com o ator Tom Cruise. No filme *Homens de preto* (1997), acontece uma perfeita fusão entre a presença de marca e o contexto do filme. Os óculos escuros que viraram marca registrada dos agentes especiais interpretados por Will Smith e Tomy Lee

Jones são do modelo Predator 2 da Ray-Ban. Era um item necessário na caracterização dos personagens. Qual o problema de serem de alguma marca?

Além de ajudarem a compor a caracterização dos protagonistas, estando em boa parte das cenas do filme e ainda no pôster e materiais de divulgação, os óculos da marca possuem um papel-chave na trama. No momento em que os agentes precisam utilizar o raio que faz as pessoas esquecerem o que acabou de acontecer, eles devem colocar os óculos para ficarem imunes à ação do "apagador de mentes". Logo após o lançamento do filme, o marketing da Ray-Ban declarou que as vendas do modelo triplicaram.

A Ray-Ban também foi a marca de óculos do exterminador vivido por Arnold Schwarzenegger em *Exterminador do futuro 3* (2003). Já em *Eu sou a lenda* (2007), o planeta Terra está devastado. Mas esse detalhe está longe de ser um empecilho para que o solitário Will Smith acelere seu Mustang Shelby GT500 pelas ruas de uma Nova York abandonada. A cena de abertura do filme é inesquecível.

## MARCAS E FILMES, UM CASO DE AMOR CORRESPONDIDO

Não são apenas filmes futuristas que oferecem boas oportunidades de parceria entre as marcas e os filmes, não é mesmo? Filmes com uma pegada mais leve como comédias e comédias românticas também podem conter em seus roteiros boas oportunidades para ações de Placement. Grande parte dos títulos desse gênero de filme é passada no tempo presente. Isso favorece a comunicação de atributos atuais dos produtos e das marcas.

Além disso, o clima emocional, envolvente e descontraído em sua grande parte favorece a presença de marca da mesma forma, alinhada com o clima do filme. Com criatividade pode-se, por exemplo, colocar o produto no centro de uma cena engraçada sem que para isso o filme seja prejudicado ou a ação seja considerada invasiva.

No início da década de 1990, a America On Line lançou o primeiro provedor de serviços online que oferecia aos seus clientes a possibilidade de acessar a internet em suas casas. Até então este era um privilégio exclusivo das universidades e das áreas militares. Em 1998, já consolidada como a maior marca de internet na época, o AOL fechou um grande projeto de parceria com a Warner Bros.

A comédia romântica *Mensagem para você* (1998) tinha como casal protagonista Meg Ryan e Tom Hanks. Na trama, Meg interpreta Kathleen, uma romântica proprietária de uma pequena livraria de bairro em Upper West Side Manhattan. Hanks é Joe Fox, um bem-sucedido proprietário de uma grande rede de livrarias, que inaugura uma mega filial bem próxima ao simpático estabelecimento de Kathleen. A concorrência comercial entre os dois – que infelizmente culminaria no fechamento da pequena e simpática livraria de Kathleen – instaura um clima de conflito entre os dois protagonistas, que passam a cultivar uma relação de rivalidade.

Porém, no mundo virtual, o casal inicia uma relação de amizade que mais tarde evoluiria para um romance. Tudo por meio do *instant messenger* do AOL. Na época era comum as pessoas utilizarem *nicknames* que não traziam suas identidades. Kathleen não faz ideia que aquele homem gentil e amável que troca mensagens com ela é o mesmo cara arrogante que vai destruir seu negócio. Joe Fox também nem desconfia que se corresponde com a dona da livraria. Essa descoberta só acontece no final do filme. E é desta forma, em meio a uma cativante e moderninha história de amor, que o *instant messenger* do AOL atua como um verdadeiro elo emocional na trama.

No filme ainda existem outras ações de Placement. A Starbucks, uma das marcas que melhor investem em ações de Placement, também está presente na trama como local cotidiano onde os protagonistas se cruzam eventualmente. Além da Starbucks, o computador que Kathleen usa no filme é um Powerbook da Apple. Na época, Suzanne Forlenza, gerente de Product Placement da Apple, declarou que o acordo consistia simplesmente no empréstimo de equipamentos em troca de exposição nas mãos de Meg Ryan. Será?

O filme foi um grande sucesso de bilheteria. Superou em pelo menos cinco vezes seu orçamento final de US$65 milhões. Faturou aproximadamente US$116 milhões no mercado doméstico americano e outros US$250 milhões no mercado global. Na época, o relações públicas da

AOL, Wendy Goldberg, não confirmou o valor do investimento no projeto, mas analistas acreditam que girou em torno de milhões de dólares.

Difícil calcular qual foi o resultado desta presença para o America Online. O retorno em sentimento positivo é incomensurável. Afinal, o que pode representar para uma marca estar presente como engrenagem principal de uma trama romântica vivida por atores do escalão de Tom Hanks e Meg Ryan? Qual o valor de conseguir agregar para uma marca de tecnologia, teoricamente fria, atributos emocionais com este nível de profundidade? Qual a importância na estratégia do AOL, que na época ainda tinha pela frente o papel pioneiro de popularizar o hábito de usar a internet? Isso tudo é mostrado na tela de forma fluida, natural, divertida e cativante. Isso de fato não tem preço. Tami Glenn, presidente da associação Hollywood International Placements, declarou à revista *Wired* na época:

> *O maior valor agregado está na menção implícita daquelas pessoas famosas e idolatradas. Claramente falando: as pessoas gostam de espelhar o universo glamouroso de Hollywood em seu próprio estilo de vida. O Placement em filmes é uma forma eficiente e barata de conseguir que seu produto esteja na mão desses megastars, sendo endossado por eles.*

Muitos anos depois, Tom Hanks estrelaria outra comédia romântica que faria do Placement um assunto muito comentado. *O terminal* (2004) traz Hanks no papel de Viktor Navorski, um imigrante que se vê preso no Aeroporto de Nova York, sem poder entrar nos EUA ou retornar ao seu país que está em guerra. A história é verídica. Foi inspirada na biografia de Merhan Nasseri, um refugiado iraniano que ficou "ilhado" no aeroporto Charles De Gaulle em Paris. Nasseri recebeu US$250 mil pela cessão dos direitos à Dreamworks, segundo consta no IMDB.

A Star Alliance e a United Airlines foram as maiores parceiras do filme. Inclusive um dos amigos que Viktor faz durante seu período no aeroporto é com um carismático funcionário da United. Além de um acordo de Placement, elas viabilizaram aviões, uniformes e demais facilidades para a produção do filme. Mesmo com o suporte das duas marcas, o diretor Steven Spielberg (olha o nosso mago aí novamente) optou

## HISTÓRICO DE CASES DO PLACEMENT EM CINEMA

por reconstruir um saguão de aeroporto em tamanho real exclusivamente para as filmagens, dentro de um hangar abandonado. Algumas cenas que não se passam no saguão foram gravadas no JFK, o aeroporto real de Nova York.

Como todo saguão de aeroporto, mesmo sendo cenográfico, eram necessárias lojas não é mesmo? Mais uma prova de que o Placement, além de ser uma excelente oportunidade para as marcas, é algo necessário para compor o roteiro. Para garantir o realismo, Spielberg fez questão que as lojas do saguão cenográfico fossem montadas pelas mesmas empresas que montam as lojas reais das marcas presentes no filme, incluindo todo maquinário e material de ponto de venda, iguais aos das lojas do "mundo real".

Entre as muitas situações que o personagem passa, algumas são nas lojas de marcas parceiras. Tudo transcorre de forma lúcida e a presença do protagonista nas lojas tem sempre alguma razão de ser, ou seja, estão a serviço do roteiro, como sempre Spielberg busca fazer em seus filmes. Em uma das melhores sequências, Viktor procura por emprego no aeroporto, pois quer convidar para jantar a aeromoça da United Airlines Amelia Warren, vivida por Catherina-Zeta Jones.

Ele então passa por uma série de situações muito bem-humoradas nas lojas da Swatch e Discovery Channel, pois não tem documentos, telefone, endereço, nada. Na Brookstore, por exemplo, a gerente da loja solta uma gargalhada quando ele afirma que mora no Portão 67. Viktor também lancha no Burger King, afinal, mesmo preso no aeroporto, ele precisa realmente se sentir na America, não é mesmo? Ele compra ainda seu guia turístico de Nova York na Borders, que tem seu letreiro em cena durante quase todo o filme. Para o jantar romântico com Amelia, Viktor compra um terno na Hugo Boss. Além dessas lojas, ainda há uma loja da Starbucks no saguão mas que não foi utilizada como locação para nenhuma cena específica.

Agora imagine você o saguão do aeroporto do filme repleto de lojas com marcas fictícias. O público perderia muito do contato com a realidade. Ficaria empobrecido. Spielberg sabe que o filme perderia muito de sua veracidade. Portanto, sinceramente, não dá para entender os críticos de plantão que atacam a presença de marcas como essas que aparecem em

MUITO ALÉM DO MERCHAN! | 213

*O terminal.* Será que eles não percebem que as marcas estão colaborando com o roteiro e não o contrário?

O mesmo pode-se afirmar em relação às parcerias de Placement existentes nos dois filmes da franquia *Sex and the City.* Podemos até discutir a quantidade, que realmente talvez pudesse ser menor e em menos peso. Mas o fato é: o público fiel e fanático pela franquia *Sex and the City* simplesmente adora as marcas presentes no filme. São marcas e produtos voltados exatamente para o mesmo público, desejados e que inspiram o mesmo público da série e dos filmes. Além disso, para essas fãs, são elos que as aproximam de suas heroínas.

O roteiro que sempre gira em torno dos dilemas, romances, alegrias e desafios de quatro mulheres contemporâneas e bem-sucedidas dá margem à presença das marcas que, por isso tudo, estão profundamente contextualizadas, gostem os críticos ou não. O fato é que, a despeito dos críticos, tanto as ações de Placement são ovacionadas pelas fãs, quanto os filmes da franquia fazem um sucesso estrondoso em todo o mundo.

Sobre essa adequação entre o público-alvo das marcas e o público-alvo do filme, Erik Renzo afirma em seu blog Brands & Films:

> *As marcas fazem parte do lifestyle das garotas. Elas praticametne mudam de roupas a cada cena e amam designers de roupas e sapatos... de fato, as marcas as definem em seu próprio universo nova-iorquino. Cynthia Nixon (Miranda) once said: "the clothes are like another character in the show. They help make it real".*

Um dos casos de Placement mais bem executados e pertinentes da história da ferramenta é sem dúvida nenhuma o Macbook que Carrie usa desde o primeiro episódio da série de televisão produzida pela HBO em 1998. Afinal, Carrie (Sarah Jessica Parker) é uma colunista e precisava de um computador para trabalhar, não é mesmo? O Placement segue a clara estratégia da Apple de ser apenas a marca de computador de personagens ligados à criatividade. E é sensacional, já que a coluna escrita por Carrie no Macbook é geralmente o trilho central onde o roteiro segue, o que faz do produto um elemento-chave da trama.

Realmente a presença do Macbook da Apple ao longo das seis temporadas para televisão e nos filmes é inquestionável. Porém, como comentamos, o que pode e deve ser repensado é a quantidade e peso de outras presenças de marca no filme. A quantidade, de fato, mesmo com os argumentos a favor do Placement que expusemos, tem sido exagerada. Segundo o *Brand Channel*, aconteceram 94 Placements no primeiro filme da franquia. Erik Renzo comenta também sobre isso em seu blog:

> *Mas isso também é uma armadilha – muitas marcas em um mesmo filme pode levar a uma prostituição de* Product Placement *no filme. Em minha opinião, esse é o caso em SATC 1 e isso acontece no segundo filme tanto como. Por causa da quantidade de marcas e produtos envolvidos no filme, as marcas não podem não conseguir saltar da confusão de marcas e, consequentemente, o* Product Placement *pode não ser tão efetivo quanto possível.*

O que acontece é que a vida das quatro heroínas gira em torno de romances, trabalho e consumo, assim como a vida da maioria das mulheres que são fãs da série. Isso faz com que realmente haja muitas oportunidades de Placement no roteiro. No primeiro filme, por exemplo, um dos Placements perfeitamente contextualizados foi o da revista *Vogue*. Afinal, Carrie é uma colunista famosa na cidade de Nova York. Natural que ela seja capa da *Vogue*. O time oficial da revista participou da cena, entre eles o famoso fotógrafo Patrick Demarchelier, o hairstylist Serge Normant e o makeup artist Gucci Westman e o editor André Leon Talley, que mostrava a Carrie como posar de forma autêntica.

Outras grandes parcerias do filme foram a Skyy Vodka, a Mercedes-Benz, a Starbucks e a Louis Vuitton. A parceria é excepcional para todas as partes envolvidas. Para a produção do filme, além do aporte no budget, as marcas ajudam a bombar o filme na mídia com campanhas publicitárias, ações promocionais e eventos exclusivos. Para as marcas, a associação com o mundo glamouroso, sofisticado e aspiracional das quatro heroínas não tem preço, além de ser uma oportunidade incrível de reforçar os elos emocionais com suas fãs.

Steve Cannon, VP de Marketing da Mercedes-Benz nos EUA, declarou a respeito da parceria: "A marca Mercedes-Benz sempre atraiu *trendsetters* e *style-makers* e a parceria com o filme *Sex and the City* da New Line Cinema, que personifica esses atributos, é algo muito natural." E tudo realmente acontece de uma forma muito natural para as marcas, haja vista que o universo tanto das personagens quanto do público-alvo do filme gira em torno dos mesmos atributos e anseios.

Pode-se dizer que o mesmo efeito acontece na comédia romântica *O diabo veste Prada* (2006). O filme tem roteiro adaptado do famoso romance de Lauren Weisberger, lançado em 2003. A inspiração para Miranda Priestly, interpretada por Meryl Streep, veio da editora-chefe da revista *Vogue*, Anna Wintour. No filme, há um desfile de marcas totalmente alinhado com o enredo que gira em torno de uma revista de moda: Calvin Klein, Chanel, D&G, Marc Jacobs e, claro, Prada.

Há ainda a presença de marcas como a água Sanpellegrino, a Mercedes-Benz, os computadores da Apple no escritório da editora da revista e a Starbucks. Essa última faz parte do contexto do filme, já que a Miranda exige que seu café já esteja em cima da mesa quando ela chegar ao trabalho.

A Starbucks é uma marca que mereceria um capítulo neste livro. Junto com a Apple, talvez seja a marca que melhor investe na ferramenta. Além de *Mensagem para você*, *O terminal*, *Sex and the City* e *O diabo veste Prada*, há Placements da Starbucks em um número grande de filmes. Mas percebe-se que há uma estratégia bem arquitetada por trás dessa regularidade de investimentos na ferramenta. Não é algo feito apenas para ter volume e visibilidade nos filmes. Em todas as presenças, a Starbucks é o local hospitaleiro e *warmfull* onde os personagens recorrem para um café sofisticado. Percebe-se um claro alinhamento entre as ações de Placement e o posicionamento estratégico da marca, da mesma forma que acontece com a Apple.

Além de tudo, é importante enaltecer um ponto: o humor é um dos melhores recursos para inserir de forma contextualizada um produto em cena com leveza e fluidez. Por isso, as comédias românticas favorecem muito a presença de cenas de Placement muito boas. Exemplos não faltam.

Na comédia romântica *Amizade colorida* (2011) acontece uma cena excelente de Placement que mostra o que estamos dizendo. É no momento--chave da trama. Dylan (Justin Timberlake) e Jamie (Mila Kunis) precisam selar o pacto que é o ponto central do roteiro: um juramento em que manterão uma amizade colorida, sem ciúmes, sem que nenhum dos dois se envolva emocionalmente. Neste momento, Jamie corre para pegar um iPad e abre um app com a Bíblia para que eles possam jurar com as mãos sobre o iPad. Uma cena em que o produto é usado de forma contextualizada e perfeitamente adequada ao público-alvo do filme. Leve, bem-humorada, brincando com a situação de migração para o digital que estamos vivendo hoje.

Skyy vodka, a revista *GQ* e alguns produtos da Sony (produtora do filme), como PS3, televisões e Sony Vaio, também marcam presença, mas de forma, digamos, menos original, mais convencional, apenas em uso normal em cena.

# LINHA DO TEMPO DE CASES
## CARROS & MOTOS

### 1968

Ford Mustang
**Bullit**
Warner Brothers / Seven Arts

### 1968

Volkswagen
**The Love Bug**
Walt Disney Productions

### 1969

Harley-Davidson
**Easy Rider**
Columbia Pictures Corporation
Pando Company Inc.

### 1984

Mercedes-Benz
**Beverly Hills Cop**
Paramount Pictures

### 1995

BMW
**Goldeneye**
Eon Productions
United Artists

### 1996

Dodge
**Twister**
Universal Pictures

### 1997

Mercedes-Benz
**The Lost World**
Universal Pictures
Amblin Entertainment

### 2001

Jeep
**Lara Croft: Tomb Raider**
Paramount Pictures

### 2004

Audi
**I, Robot**
Twentieth Century Fox

### 2005

Cadillac
**The Island**
DreamWorks [us]
Warner Bros [jr]

### 2006

Aston Martin
**Casino Royale**
Columbia Pictures

### 2006

Land Rover
**Mission: Impossible III**
Paramount Pictures
Cruise/Wagner Productions

### 2008

Audi
**Iron Man**
Marvel Entertainment

### 2008

Mercedes-Benz
**Sex and the City**
New Line Cinema/HBO

### 2008

Lamborghini
**The Dark Knight**
Warner Bros. Pictures

### 2010

Ducati
**Tron Legacy**
Walt Disney Pictures
Sean Bailey Productions

## 1985

Jeep
**The Goonies**
Warner Bros. Pictures

## 1986

Ferrari
**Ferris Bueller's Day Off**
Paramount Pictures

## 1992

Ferrari
**Scent of a Woman**
Universal Pictures

## 1992

Ford
**Jurassic Park**
Universal Pictures
Amblin Entertainment

## 2002

Lexus
**Minority Report**
Twentieth Century Fox

## 2003

Mini
**The Italian Job**
Paramount Pictures

## 2003

Cadillac
**Matrix Reloaded**
Warner Bros. Pictures
Village Roadshow Pictures

## 2003

Ducati
**Matrix Reloaded**
Warner Bros. Pictures
Village Roadshow Pictures

## 2007

General Motors
**Transformers**
Paramount Pictures

## 2007

Ford
**I Am Legend**
Warner Bros. Pictures

## 2008

Petrobras Green Energy
**Speed Racer**
Warner Bros. Pictures

## 2008

Volvo
**Twilight**
Summit Entertainment

## 2010

Ducati
**The Dark Knight**
Twentieth Century Fox Film
Regency Enterprises

## 2011

Dodge
**Fast Five**
Universal Pictures

## 2011

BMW
**M:I – Ghost Protocol**
Paramount Pictures
Skydance Productions

## 2011

Cadillac
**Real Steel**
Touchstone Pictures
DreamWorks SKG

# LINHA DO TEMPO DE CASES

## TECNOLOGIA

**1998**

AOL
**You've Got Mail**
Warner Bros. Pictures

**1999**

Nokia
**Matrix**
Warner Bros. Pictures

**2006**

Sony Ericson
**Casino Royale**
Columbia Pictures
Eon Productions

**2008**

Apple
**Sex and the City**
New Line Cinema/HBO

## MODA

**1983**

Ray-Ban
**Risky Business**
Geffen Company
Warner Bros.

**1985**

Calvin Klein
**Back to the Future**
Universal Pictures
Amblin Entertainment

**1985**

Nike
**The Gonnies**
Warner Bros. Pictures
Amblin Entertainment

**1986**

Ray-Ban
**Top Gun**
Paramount Pictures

**1989**

Nike
**Back to the Future II**
Universal Pictures
Amblin Entertainment

**1994**

Nike
**Forrest Gump**
Paramount Pictures

**1997**

Ray-Ban
**Men in Black**
Amblin Entertainment
Columbia Pictures

**2004**

Hugo Boss
**The Terminal**
Dreamworks Pictures
Amblin Entertainment

**2008**

Louis Vitton
**Sex and the City**
New Line Cinema/HBO, 2008

**2008**

Omega
**Quantum of Solace**
Metro Goldwyn Mayer (MGM)
Columbia Pictures

**2010**

Chanel
**Sex and the City**
New Line Cinema/HBO

**2011**
Ray-Ban
**17 Again**
New Line Cinema
Offspring Entertainment

### 2010

HP
New Line Cinema/HBO

### 2011

Apple
**M:I – Ghost Protocol**
Paramount Pictures
Skydance Productions

### 2011

Beats by Dr. Dre & HP
**Real Steel**
Touchstone Pictures
DreamWorks SKG

### 2011

Apple
**Friends with Benefits**
Screen Gems

## ALIMENTOS & BEBIDAS

### 1989

Nike
**Back to the Future II**
Universal Pictures
Amblin Entertainment

### 1993

Taco Bell
**Demolition Man**
Warner Bros. Pictures
Silver Pictures

### 1993

Red Stripe
**The Firm**
Paramount Pictures

### 1994

Dr. Pepper
**Forrest Gump**
Paramount Pictures

### 1997

McDonald's
**The Fifth Element**
Gaumont / Sony Pictures

### 1998

Starbucks
**You've Got Mail**
Warner Bros. Pictures

### 2002

Dr. Pepper
**Spider-Man**
Columbia Pictures
Marvel Enterprises

### 2003

Absolut
**Sex and the City S6E6**
Darren Star Productions
Home Box Office (HBO)

### 2004

Burger King
**Terminal**
Dreamworks Pictures
Amblin Entertainment

### 2008

Red Bull
**Yes, Man**
Warner Bros. Pictures
Village Roadshow Pictures

### 2009

Twinkies
**Zumbieland**
Columbia Pictures

### 2011

Mars M&M
Columbia Pictures
Sony Pictures Animation

Ao observarmos os casos mais recentes de acordos de Placement entre marcas e estúdios percebemos que o futuro da ferramenta passa fortemente pelo Cross Promotion. O recurso de explorar a parceria em diversas ações que vão além da presença de marca não é novo, como vimos inclusive em exemplos dos primórdios da ferramenta. Porém, mais do que nunca, há um número crescente de parcerias que extrapolam o Product Placement no filme, apenas. Isso significa uma ativação maior do cruzamento de atributos presentes no universo do filme e que precisam ser reforçados na atmosfera da marca. E representa, obviamente, mais promoção para o filme, aumentando sua capacidade de gerar receitas maiores nas bilheterias em todo o mundo.

Se Steven Spielberg é o mago da ferramenta, Michael Bay é o bruxo, o antagonista, aquele que muitas vezes usa o Product Placement de uma forma exagerada. Isso, segundo a visão dos críticos mais fervorosos. De certa forma, provavelmente Bay até se inspire em Spielberg. Eles inclusive são parceiros na franquia Transformers, da qual Spielberg é o produtor executivo.

Quando observamos juntos o case Sex and the City vimos que a presença de marcas neste caso é totalmente relevante ao contexto, adequada ao público e contextualizada na vida de quatro mulheres bem-sucedidas de meia-idade. Porém, vimos também que não é porque está tudo certinho que deve-se abusar na mão.

De certo modo, o mesmo acontece com Michael Bay e a franquia Transformers. O filme tem grande relevância para a presença de marcas e realmente oferece muitas oportunidades para tal. Mas é preciso que não se erre na mão.

Por outro lado, discordamos de quem critica toda e qualquer presença de marca analisando a questão de um ponto de vista limitado e puramente conservador. Nas pesquisas qualitativa e quantitativa que realizamos, por exemplo, encontramos muitas pessoas que reclamavam do fato de os filmes da franquia Transformers ter muito Product Placement da GM. Ora, meu caro leitor, queremos que você nos responda: Você consegue imaginar a possibilidade de se realizar um filme em que o enredo gira em torno de carros que viram robôs sem os carros? É isso que afirmamos ser uma crítica rasa, purista ao extremo, que chega a ser míope, limitada. É preciso analisar a questão de uma forma mais sistêmica e prática.

Michael Bay fala em sua própria defesa: "Vamos encarar a realidade, gente. O mundo gira em torno de produtos. Produtos giram em torno de nós." Os críticos podem acusar Michael Bay de fazer cinema espetáculo, de não ser cinema de verdade, blá-blá-blá. O fato é que é exatamente esse tipo de cinema que sustenta toda a indústria, por ser exatamente este tipo de cinema que as novas gerações anseiam por consumir. Bay é bem consciente de sua missão: "Meu objetivo é oferecer uma excepcional forma de diversão para o verão do cara que vai ao cinema." (A temporada de verão é uma das melhores do cinema americano.)

Portanto, a presença da GM é genuína e pontos para ela que aproveitou essa excepcional oportunidade. Os ganhos para a marca no curto, médio e longo prazo são incomensuráveis. Michael Bay declarou que ao pensar na realização de um filme com os Transformers pensou que ele deveria ser "esfuziante para as crianças, divertido para os adultos". Imagine você quantos adultos gamers da faixa de 24 a 35 anos estão construindo uma série de atributos em torno da marca GM? E o que dizer dos meninos e adolescentes, que estão crescendo e sendo impactados por essa experiência única de contato com a marca, vibrando com as cenas, brincando com os bonecos. Quanto vale isso para uma marca?

Podem chamar de pirotecnia, de cinema-espetáculo, mas o fato é que, a despeito das críticas que recebe de uma pequena fatia mais purista do público, Michael Bay é um *hitmaker* de blockbusters. *Transformers: the Dark Side of the Moon* está entre os quatro filmes que conseguiram ultrapassar a marca de US$1 bilhão de bilheteria mundial na década, segundo dados do site Box Office Mojo. Na história de Hollywood apenas 10 filmes conseguiram essa marca. Isso sem contar com os números dos filmes anteriores da franquia: *Transformers* (2007) com com US$710 milhões e *Transformers: Revenge of the Fallen* (2009)" com US$837 milhões de bilheteria no mundo.

Além de toda essa polêmica em torno do peso e da quantidade de Placements nos filmes de Michael Bay, a franquia Transformers abre esse capítulo não apenas por isso. Mas também por ser um excelente exemplo do que mencionamos no primeiro parágrafo: o futuro aponta para uma integração cada vez mais intensa entre as estratégicas de marketing dos produtos e dos filmes em acordos que extrapolem o Product Placement apenas e avancem para o cross promotion (ativação cruzada). A começar pelos brinquedos e subprodutos que as propriedades de filmes como esses inspiram e viabilizam.

Isso porque, acima de tudo e antes de mais nada, a franquia Transformers é parte de um amplo projeto de cross promotion encabeçado pela Hasbro. Originalmente, Transformers é uma linha de bonecos produzidos pela empresa americana. Além dos bonecos, as propriedades da franquia geravam uma série de *comic books* e desenhos animados para a televisão, até chegar às telonas e alcançar o topo da montanha do entretenimento mundial. Mas, lembre-se, tudo começou com pequenos moldes de carros de plástico que viravam robôs.

Pense na lição para as marcas que todo esse movimento consegue transmitir. E se a Marvel tivesse limitado seu campo de visão e de atuação à produção de gibis, única e exclusivamente? E se a Hasbro tivesse pensado: "nosso negócio é brinquedo e nada mais". Os caras poderiam ter sido conservadores e pensado "vamos continuar fazendo o que fazemos bem e pronto". Mas não! Afinal, vivemos uma era em que as múltiplas plataformas oferecem um amplo universo de possibilidades para as narrativas extrapolarem apenas os limites do suporte original.

E se Walt Disney não tivesse criado um parque temático?

Você saberia nos dizer qual seria o título mais lucrativo da Pixar, por exemplo? Não, não é *Procurando Nemo* (2003) que lidera o ranking de bilheteria da empresa. É a franquia *Carros*, não pela bilheteria – no mercado internacional *Carros* é o filme de maior fracasso da história da Pixar –, mas pela quantidade de possibilidades de produtos licenciados que ele gera com enorme sucesso junto à garotada. Ele é líder em receita a partir de licenciamento. Hoje a área de *consumer products* dos estúdios é tão importante quanto as demais divisões de marketing.

O jornalista Daniel Frankel do site The Wrap – Covering Hollywood é enfático ao afirmar – com uma certa dose de ironia, claro:

> *Se você é a Disney, esqueça os filmes ou os parques temáticos. São os brinquedos, chaveirinhos e camisetas que geram receitas de verdade. A revista* License! *publicou o mais recente ranking do licenciamento de propriedades e, mais uma vez, a Disney aparece no topo com US$28,6 bilhões em 2010 em coisas como bonecos do Buzz Lightyear e carrinhos de corrida do Relâmpago McQueen. (...) É um número bastante surpreendente considerando que a MPAA – Motion Picture Association of America – declarou a receita global de 2010 em US$31,8 bilhões de bilheteria.*

E olha que esse ranking não incorpora nos números da Disney os números da Marvel, que foi comprada pela Disney no final de 2009. Só a Marvel gerou uma receita em produtos licenciados na ordem de, US$5,6 bilhões. Isso quer dizer que, a partir de agora, com a compra da Marvel, só a receita com licenciamentos da Disney é maior do que a receita total com bilheteria de todo o cinema americano?

Conforme vimos no início do capítulo sobre histórico, o cross promotion existe desde o início do cinema e do Product Placement. Só que, claro, de diferentes formas. Vimos que no primeiro caso de Placement o acordo já envolvia uma troca de interesses promocionais. Não houve dinheiro trocando de mãos. Os irmãos Lumière tinham o interesse de conquistar novos territórios e a Lever Brothers queria divulgar seu principal produto, o sabão Sunlight, o que levou as partes a simplesmente selar um acordo de cross promotion.

Assim como aconteceu no primeiro caso genuíno de Product Placement também. O formato do acordo fechado entre os produtores Steven

## HISTÓRICO DE CASES DO PLACEMENT EM CINEMA

Spielberg e a Hershey's também tinha como filosofia o cross promotion. Depois que recebeu um "não" da Mars, Spielberg levou a proposta para Jack Dowd, executivo de marketing da Hershey's. A Hershey's não daria um centavo sequer diretamente para a produção do filme. O acordado foi que a Hershey's investiria US$1 milhão em uma campanha para promover tanto o filme quanto o produto Reese's Pieces, que tinha começado a ser vendido nacionalmente apenas dois anos antes. A parceria promocional foi um sucesso para ambas as partes.

Centenas de teatros começaram a vender Reese's Pieces e foram realizadas ações promocionais nos saguões onde o público tinha que adivinhar quantos confetes havia em um enorme vaso de vidro. A verba comprometida pela Hershey's foi usada em posters, stickers e comerciais contendo trechos do filme. Além de ter triplicado as vendas do confete da Hershey's, o diretor de marketing ainda destacou na época: "foi a maior jogada de marketing da história! Nós conseguimos reconhecimento imediato do produto em um nível de familiaridade que normalmente custaria US$15 milhões ou até US$20 milhões para conquistarmos" (Brenner, 1999, p. 278).

Conforme podemos ver, o cross promotion faz parte da essência da ferramenta e sempre esteve presente na história de parcerias entre marcas e cinema.

Hoje, mais do que nunca, divulgar um filme é uma das partes mais onerosas de uma produção. Afinal, com tantas opções de entretenimento dentro de casa, em meio à correria do dia a dia, lembrar e convencer o cara a ir ao cinema é um dos maiores desafios da indústria hoje em dia. As parcerias de cross promotion repletas de tie-ins (produtos e promoções que trazem os personagens e marca do filme em rótulos e peças) fazem com que o filme esteja no dia a dia do público, lembrando-o o tempo todo que ele precisa ir ver aquele filme.

AUDI ATIVANDO TANTO O FILME QUANTO SUA MARCA, POR MEIO DO SEU MODELO MAIS ASPIRACIONAL

REESE'S IRON MAN LABEL

EDIÇÃO ESPECIAL DE CELULAR DA LG.

EDIÇÃO ESPECIAL DE PERFUME DA DIESEL PARA O IRON MAN

| PARA AS MARCAS OPORTUNIDADE PARA ATIVAR ATRIBUTOS DA ATMOSFERA DA MARCA CRUZANDO COM O UNIVERSO IMAGÉTICO DO FILME | PARA OS ESTÚDIOS BOMBAR FILME NA MÍDIA NA ÉPOCA DO LANÇAMENTO PARA AUMENTAR BOX OFFICE, CRIANDO UMA FRANQUIA A SER MAIS EXPLORADA |
| --- | --- |

Um *blockbuster* como *Homem de ferro 2* (*Iron Man 2*, 2010) custa em torno de US$170 milhões para produzir e pelo menos mais US$150 milhões para ativar e divulgar. As marcas podem ajudar muito nesta missão de bombar o filme no momento em que ele entra em cartaz. Por isso, o filme estava espalhado por todo lado: em embalagens de Dr. Pepper e chocolates da Hershey's, nas gôndolas de lojas de brinquedos, em edições especiais de smartphone da LG e perfume da Diesel, brindes do Burger King e até em rótulo de óleo lubrificante nos postos de gasolina. Isso sem falar nos comerciais da Audi reforçando a parceria com o herói, além de todas as outras marcas bombando o assunto na televisão e em outras mídias, como em billboards espalhados pelas ruas.

A Audi é a principal parceira do filme. O milionário egocêntrico Tony Stark pilota um Audi R8 nos dois filmes da franquia lançados até o momento, além de outros personagens também pilotarem outros modelos. A Audi não revela o valor de investimento no projeto. A marca vem incrementando seus investimentos na ferramenta de uns tempos para cá. Mas de formas sutilmente diferentes.

Conforme vimos no histórico de cases, em *Eu, robô* (2004), a Audi fechou uma parceria com a Twentieth Century Fox Film Corporation para desenvolver junto com o diretor do filme, Alex Proyas, um carro-conceito futurista, o RSQ. Neste projeto, podia ser percebido um esforço mais institucional, de branding, de construção de marca. Mesmo se levarmos em conta que o RSQ, apesar de ser um carro-conceito, trazia elementos dos novos carros da marca – principalmente os faróis e a dianteira.

Já na franquia Iron Man, a marca tem optado por movimentos diretamente mais híbridos entre o institucional e o mercadológico, inserindo carros que estão à venda nas lojas. Mesmo que seja o carro "top de linha" da marca, o modelo mais aspiracional da marca hoje, o R8. Com isso, a marca tem realizado uma série de ações promocionais utilizando as propriedades do filme para ativar a sua linha de produtos.

Tudo isso nos mostra que, além dos fabricantes de brinquedos, os fabricantes de carros se renderam à força do cinema como plataforma de marketing. Não apenas para ações de Placement mas para amplas estratégicas de parcerias promocionais. Estamos falando de um movimento tão latente que as marcas estão disputando qualquer novo espaço disponível. Temos a GM absoluta na franquia Transformers, a Audi na franquia Iron Man, a Volvo na franquia Crepúsculo, a Mercedes-Benz na franquia Sex and the City e a Cadillac e a Ford em esforços isolados em filmes como *Gigantes de aço* (2011) e *Eu sou a lenda* (2007), respectivamente. Enfim, apenas alguns exemplos para ilustrar, pois a lista é muito mais extensa.

De olho neste movimento de disputa cada vez mais acirrada pelos territórios lúdicos estratégicos do cinema, o novo filme da franquia Missão Impossível traz de volta para a briga uma marca que se ausentou por 10 anos de Hollywood: a BMW. Depois da parceria muito bem-sucedida em três filmes da franquia *007* (conforme já vimos) e também do pioneirismo do projeto "BMW Films" (que vimos em branded content), a BMW se ausentou dos holofotes do entretenimento. A empresa simplesmente escolheu por investir seu budget de comunicação em outras plataformas, como o esporte motor, por exemplo, por meio da presença na Fórmula 1 e na America's Cup Car.

Foi então que a marca decidiu pôr fim na lacuna de 10 anos. Ralf Hussman, gerente-geral de marketing da BMW, declarou no anúncio da parceria: "A sociedade está mudando, os tempos estão mudando. Com 'Ghost Protocol' e outros acordos similares que estão por vir, a BMW mudou mais uma vez seu foco de investimentos publicitários de volta para Hollywood, visando utilizar o entretenimento como uma plataforma emocional para engajar os jovens consumidores."

A marca então fechou um acordo com a agência de mediação de Product Placement Propaganda GEM. A missão da agência foi muito bem definida: a BMW tem mais uma vez pela frente o desafio de rejuvenescer

BMW i8 CONCEPT CAR É A PÉROLA QUE RESULTOU DO PROGRAMA DE VISÃO DE FUTURO "BMW VISION EFFICIENT DYNAMICS".

O AGENTE ESPECIAL ETHAN HUNT (TOM CRUISE) E PAULA PATTON (JANE CARTER) A BORDO DO BMW i8 CONCEPT.

a sua marca reforçando seu atributo de visão de futuro – principalmente por meio da tecnologia *Connected Drive System*. Além disso, uma das preocupações da marca é não se distanciar do mercado americano, visando inclusive aumentar seu *market share*. A agência então arregaçou as mangas e foi ao mercado buscar oportunidades de Product Placement para a marca alemã atingir estes objetivos estratégicos.

A primeira medida foi fechar parcerias com artistas para os carros da BMW estrelarem seus clipes. A lista é extensa. Para citar apenas alguns exemplos, os clipes "Higher" do rapper Taio Cruz, "Imma Be Rocking That Body" do Black Eyed Peas, "On the Floor" de Jennifer Lopez e "Rain Over Me" do Pitbull com Marc Anthony. Esse último já bateu a marca de mais de 200 milhões de views no YouTube. Um movimento estratégico para os objetivos da marca, já que hoje a música é o conteúdo de entretenimento mais consumido no YouTube.

Foi também a Propaganda GEM que levou a proposta da Paramount para a BMW ser a parceira promocional do quarto filme da franquia Missão Impossível: Protocolo Fantasma (2011). As cifras do acordo não foram reveladas. Segundo especula o jornalista Marc Graser, em excelente matéria na *Variety*, "não estamos falando de algo abaixo de US$10 milhões". A BMW está programando uma campanha mundial para ativar a parceria nos quatro cantos do planeta. Intitulada "Mission to Drive", a campanha envolverá televisão, print, rádio, internet, entre diversas outras ações de ativação e promoção.

No filme, o carro-conceito BMW i8 Hybrid Coupe rouba a cena. Além dele, o novo BMW Série 6 conversível também marca presença no filme. A presença dos carros e da tecnologia BMW é a contrapartida pelo alto valor que a marca alemã investirá na campanha publicitária mundial. Trudy Hardy, executiva de Marketing, Communications and Consumer Events da BMW para a América do Norte, endossa: "O filme nos proporciona uma oportunidade maravilhosa para expor não apenas a visão de futuro da BMW como também ativar alguns dos mais novos lançamentos da linha de produtos da marca para um público que não conseguimos impactar de outras formas convencionais."

LeeAnne Stables, VP mundial de parcerias de marketing da Paramount Pictures comenta a importância da parceria:

HISTÓRICO DE CASES DO PLACEMENT EM CINEMA

*A BMW proveu um nível sem precedentes de suporte tecnológico para a nossa produção enquanto filmávamos ao redor do mundo. E a nossa colaboração continua através do desenvolvimento da inovadora campanha global de marketing utilizando as propriedades do filme, o que oferecerá um incrível suporte de divulgação para a Paramount.*

Stables enfatiza a pertinência da presença de toda essa tecnologia BMW no filme: "Toda essa tecnologia flui perfeitamente em um filme como esse porque é exatamente disso que o 'IMF Team', liderado pelo agente Ethan Hunt, mais gosta: esses caras têm os melhores 'brinquedinhos' do momento."

Conforme pudemos visualizar na timeline de cases memoráveis, o cinema sempre ofereceu excelentes oportunidades para as montadoras ativarem os atributos de seus produtos. Mais do que isso: hoje, o território lúdico do cinema se transformou em um verdadeiro campo de guerra onde as marcas disputam palmo a palmo o lado direito do cérebro do público. Onde ele sente a marca, onde percebe os atributos mais sutis e envolventes que a marca emana, onde ele respira a essência da marca. Nada melhor do que uma explosão de emoções, frenesí e tecnologia que um filme desses consegue proporcionar nas pessoas para que as marcas consigam exatamente esse *happy end.*

A Petrobras é a oitava maior empresa de energia do mundo. Uma empresa global com atuação em 18 países que tem ações negociadas nas principais bolsas de ações. Em 11 anos, desde o lançamento de ações na Bolsa de Valores de Nova York, a Petrobras atingiu valorização superior a 400% no período. É a mais negociada das 28 empresas brasileiras com ações listadas na NYSE e está entre as que têm maior liquidez entre todas as negociadas no pregão americano. Por tudo isso, precisa gerar *awareness* mundialmente e comunicar os atributos que giram ao redor de sua marca não apenas nacionalmente, mas internacionalmente também.

Este era um dos objetivos do projeto de cross promotion que a Petrobras realizou com a Warner Bros, em 2008. O projeto foi uma parceria inédita. Pela primeira vez, uma marca brasileira realizava um projeto deste porte com Hollywood. O filme? Uma adaptação para o cinema do famoso herói das pistas *Speed Racer* (2008). O personagem foi criado por Tatsuo Yoshida por volta de 1958, em um mangá japonês que tinha o nome de *Mach Go Go Go*. No final da década de 1960, o mangá virou uma série de televisão americana com grande sucesso. O filme foi escrito e dirigido pelos irmãos Wachowski (trilogia *Matrix*, *V de vingança*) e produzido por Joel Silver (*Máquina mortífera*, *Duro de matar*, *Sherlock Holmes*).

Além do objetivo de gerar *awareness* e ativar os atributos da marca internacionalmente, o projeto tinha como objetivos locais (Brasil e América Latina) reforçar os atributos de visão de futuro e tecnologia da marca Petrobras, principalmente junto aos públicos mais novos, contribuindo para a renovação do sentimento positivo e o rejuvenescimento da marca.

As conversas começaram dois anos antes, quando a Warner procurou a empresa para oferecer a possibilidade de concepção do projeto a quatro mãos. O filme ainda estava em fase de roteiro e a oportunidade era incrível. Isso porque a Petrobras sempre teve uma presença estratégica junto ao esporte motor em diversas categorias (Fórmula 1, Stock Car, Fórmula Truck). Mais do que associar a imagem à alta perfomance, as pistas de corrida sempre foram utilizadas como laboratório de pesquisas pela Petrobras. Ela utiliza as condições extremas das corridas para desenvolver tecnologia de ponta. O filme conseguia unir esse viés das pistas com uma pegada futurista.

E já neste momento, podemos tirar os três primeiros aprendizados práticos do projeto.

## ALINHAMENTO E PERTINÊNCIA

Sua decisão por um projeto de Product Placement e cross promotion deve levar em conta o alinhamento do universo do filme – e os atributos que ele consegue colar na sua marca – com os seus objetivos estratégicos. Além disso, a forma de estar presente deve ter total pertinência com a sua realidade fora das telas. Por mais que estejamos falando de um território lúdico, que de certa forma permite uma dose de fantasia, lembre-se que o público é um só. E ele não é um idiota, não subestime sua inteligência.

## AJUSTE O TIMING

Um projeto de Product Placement, com ou sem cross promotion incluído, é um projeto que demanda um tempo de maturação e planejamento totalmente diferente da maioria dos demais projetos convencionais de marketing. Prepare-se e organize-se.

## TRABALHE EM PARCERIA

Como é um projeto customizado caso a caso, não há "tabela sobre a mesa", padrões de comercialização ou qualquer coisa desse tipo. Por isso, é importante que haja uma total parceria entre as partes envolvidas para que juntos possam elaborar o projeto de forma a atender os interesses de ambas as partes, sempre respeitando o público final.

Um projeto desse porte demanda uma dedicação enorme que pode levar entre dois e três anos até a última ação do projeto ser executada. Neste longo período, é preciso formular as bases de entrega e pagamento, planejar a execução das múltiplas ações, produzir todos os materiais, aprovar a presença no filme e as demais entregas, executar todas as ações e mensurar os resultados enquanto o projeto acontece para ajustes finos e, ao fim, para o balanço final do case. Ao final desses dois anos de parceria, o que resultou desse esforço em conjunto foi um projeto de cross promotion bem sucedido,

# ENTREGAS

CESSÃO DOS DIREITOS SOBRE AS PROPRIEDADES DO FILME PARA USO PROMOCIONAL E PUBLICITÁRIO PELA PETROBRAS.

PROJETO DE UM CARRO DESENHADO EXCLUSIVAMENTE PARA A PETROBRAS PELA EQUIPE OFICIAL DO FILME (QUE DESENVOLVEU TODOS OS DEMAIS CARROS, INCLUSIVE O MACH 5).

CESSÃO DOS DIREITOS SOBRE O CARRO PARA QUE A PETROBRAS CONSTRUÍSSE UM PROTÓTIPO VERDADEIRO, EM TAMANHO REAL, COM MOTOR E TUDO, QUE RODOU AS PISTAS E AUTÓDROMOS DO PAÍS, ATIVANDO TANTO A PARCERIA QUANTO OS ATRIBUTOS DA MARCA.

PRODUCT PLACEMENT DO CARRO DA PETROBRAS NO VIDEOGAME OFICIAL DO FILME PARA NINTENDO WII E PLAYSTATION 2, ONDE OS GAMERS PODERIAM PILOTAR O CARRO DA EMPRESA.

PRODUCT PLACEMENT DO CARRO OU MARCA DA PETROBRAS EM MATERIAIS E PEÇAS DE DIVULGAÇÃO DO FILME EM DIVERSOS PAÍSES (ARGENTINA, CHILE, ALEMANHA, FRANÇA, ENTRE OUTROS).

EASTER EGG PLACEMENT DO CARRO NO FILME.

repleto de ações integradas em diversas plataformas. A parceria contemplou várias entregas.

Toda a entrega do projeto foi incrível e repleta de oportunidades para a marca explorar promocionalmente todas as propriedades que o filme oferecia. Com isso, foi possível reforçar os atributos de jovem, moderna, tecnológica, com visão de futuro, para os públicos mais novos. São exatamente desses desafios que surgem mais sete aprendizados:

## PENSE 360º

Muitas vezes, a parte mais importante do projeto pode não ser o Product Placement no filme em si mas sim todas as outras possibilidades de ativação e exploração da narrativa para além da telona. Fique alerta quanto a isso. Pense de forma mais ampla e sistêmica. A presença no filme pode ser apenas começo – ou o fim – de uma ampla estratégia de projeto de conteúdos que giram em torno da narrativa do filme. Pense 360º.

## ALINHE EXPECTATIVAS

Na maior parte das vezes, a "entrega" no que diz respeito especificamente à presença no filme é muito imprevisível. Isso acontece porque, no fim das contas, a decisão final sempre é do diretor do filme. Logo, tente amarrar ao máximo os detalhes da entrega dentro do filme e também para as entregas da estratégia mais ampla de cross promotion e tie-ins.

## AGUARDE PARA ATIVAR

Adiante tudo que puder adiantar no que diz respeito às demais ações e entregas de cross promotion. Mas no que diz respeito à entrega dentro do filme, espere que ela se consolide para só então planejar a ativação desta parte do projeto depois da aprovação da(s) cena(s).

## PREPARE A ORÇAMENTO

Um filme como *Speed Racer* custa em torno de US$120 milhões para o estúdio. Logo, não se iluda: Hollywood fala de cifras altas. Se você quiser uma presença maior, uma entrega maior, você tem que investir mais. A Petrobras conseguiu uma entrega infinitamente maior em relação ao valor que foi investido no projeto. Estamos falando de brincadeira de gente grande.

## ESTUDE A EQUIPE

Essa dica é valiosa: estude a equipe envolvida no projeto, principalmente o diretor do filme. Isso porque existem diretores mais abertos ao uso do Product Placement e outros mais fechados ao uso da ferramenta.

## MENSURE E AVALIE

A promoção nos postos Petrobras, utilizando as propriedades do filme como gancho conceitual, gerou um aumento de 8,9% nas vendas, em relação ao mesmo período do ano anterior. Esse percentual foi o recorde na época de todas as promoções já realizadas nos postos Petrobras.

## MANTENHA A REGULARIDADE

Veremos essa recomendação com bastante destaque no manual, pois pode ser considerada uma das mais importantes: assim como a maioria das ferramentas de marketing, é preciso que a marca planeje e invista em uma sequência de projetos para que tanto o Product Placement quanto o cross promotion gerem o máximo de retorno possível. A soma de resultados de uma presença regular em parcerias com diversos filmes potencializará cada uma das presenças de uma forma incrível.

Speed Racer Petrobras foi um projeto muito bem-sucedido. Uma experiência incrível que gerou tanto em retorno de imagem para a Petrobras, com valores agregados à marca, como em retorno mercadológico. E mais: além dos atributos que um filme futurista e arrojado como *Speed Racer* reforça na atmosfera da marca Petrobras, investir em projetos inovadores e pioneiros faz com que a marca ganhe ainda mais em conceitos agregados. E isso, caro leitor, é um patrimônio imagético com força para ajudar a consolidar grandes marcas.

PAINEL DE MÍDIA EXTERIOR PARA A AMÉRICA LATINA.

PROTÓTIPO EM TAMANHO REAL DO CARRO COM MOTOR PARA ATIVAR FILME E MARCA PETROBRAS NAS RUAS E AUTÓDROMOS.

PETROBRAS EM LUMINOSO EM UM DOS CARTAZES MUNDIAIS DO FILME.

Todos os direitos reservados à Warner Bros. Pictures, Village Roadshow Pictures, Silver Pictures e Petrobras.

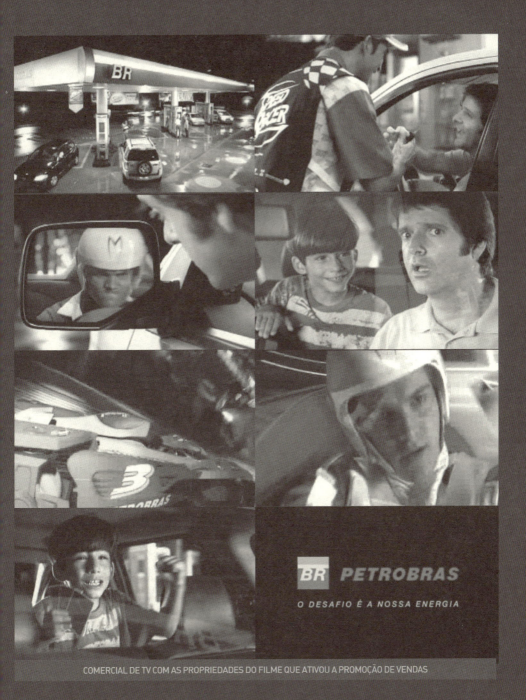

COMERCIAL DE TV COM AS PROPRIEDADES DO FILME QUE ATIVOU A PROMOÇÃO DE VENDAS

MÍDIA EXTERIOR BRASIL PARA DIVULGAR A PROMOÇÃO NOS POSTOS

EASTER EGG PLACEMENT DA PETROBRAS

POTE DE PIPOCA ESPECIAL PARA O MUNDO

PRODUCT PLACEMENT DO CARRO DA PETROBRAS NO VIDEOGAME OFICIAL DO FILME

Todos os direitos reservados à Warner Bros. Pictures, Village Roadshow Pictures e Silver Pictures.

MÍDIA INDOOR NO MARROCOS COM MARCA PETROBRAS

UM EXEMPLO DE CARTAZ PARA A AMÉRICA LATINA COM O CARRO DA PETROBRAS

MÍDIA EXTERIOR EM LOS ANGELES COM O CARRO

PAINEL MÍDIA EXTERIOR NA ALEMANHA COM A MARCA PETROBRAS

# PLACEMENT NO CINEMA BRASILEIRO

ANTONIO JORGE ALABY PINHEIRO

Diler Trindade é um dos produtores mais atuantes no Brasil. Já produziu mais de 30 longas. As parcerias com a Xuxa e com o Renato Aragão geraram uma série de filmes de sucesso de público, atingindo mais de 20 milhões de ingressos vendidos. Além do sucesso nas bilheterias, Diler inovou ao fechar parcerias de Placement pioneiras. Isso fez com ele se tornasse uma referência na aproximação de marcas ao cinema no Brasil.

Publicitário antes de se tornar produtor e fundar a Diler & Associados, Diler é um dos pioneiros do Polo de Cinema e Vídeo do Rio de Janeiro, onde tem sede e estúdio. Ao longo do tempo, desenvolveu parcerias com a Buena Vista Internacional, Warner, Columbia TriStar, 20th Century Fox e Globo Filmes. Muitas vezes foi criticado pelo excesso de marcas em seus filmes. Com simplicidade e simpatia, declara que "filme americano também tem muito merchandising. Acho muito bom que as empresas brasileiras estejam se mostrando dispostas a investir em cinema por aqui".

## A RETOMADA DO CINEMA BRASILEIRO

Com o fechamento da Embrafilme em março de 1990, o mercado brasileiro passou alguns anos sem produzir. Foi um período de ressaca para o nosso cinema. Os principais diretores e profissionais da área migraram para a publicidade e passaram a se dedicar à produção de comerciais. Ao analisar o período, podemos concluir que este foi um dos momentos em que a propaganda ganhou mais qualidade na execução de suas peças criativas. Coincidência ou não, é quando o Brasil desponta nos grandes festivais internacionais de publicidade.

Aos poucos se começou a produzir novamente para o cinema, o mercado voltou a se reorganizar, surgiram novas leis de incentivo. Os profissionais da área, com a experiência adquirida na publicidade, passam a ter uma cabeça mais atenta às oportunidades comerciais para suas obras.

O filme *Carlota Joaquina Princesa do Brazil*, de conteúdo histórico e satírico, lançado em 1995, estrelado por Marieta Severo e Marco Nanini, torna-se a referência desta retomada. Primeiro filme dirigido por Carla Camurati, alcançou uma bilheteria de 1,3 milhão de ingressos vendidos.

A partir daí, era perceptível um início de clima de otimismo se instaurando em todas as áreas ligadas ao negócio de cinema no Brasil.

Em 1988, *Central do Brasil,* dirigido por Walter Salles, atinge 1,2 milhão de ingressos, e foi o filme mais premiado no Festival de Berlim daquele ano e ganhou inúmeros prêmios em diversos festivais. No ano seguinte a protagonista Fernanda Montenegro é indicada ao Oscar de Melhor Atriz.

Neste clima é criado, em setembro de 1999, o Festival do Rio, da fusão de duas mostras de cinema importantes do país: o Rio Cine Festival, que existia desde 1984, e a Mostra Banco Nacional de Cinema, criado em 1988.

"Foi uma união muito importante, porque as duas mostras estavam em seu melhor momento", conta Walkíria Barbosa, criadora do Festival e diretora do CIMA – Centro de Cultura, Informação e Meio Ambiente. Walkíria dirigia o Rio Cine na época e, com Ilda Santiago, diretora do Grupo Estação, entendeu que uma fusão entre os encontros de cinema multiplicaria a extensão dos dois festivais.

"Percebemos que era um momento de virada no Brasil, que deveria se tornar a grande porta de entrada do cinema no continente. Assim, decidimos reunir os dois grandes eventos internacionais", lembra a produtora.

Os principais vencedores dos festivais de Cannes, de Sundance, de Veneza e do Oscar são apresentados ao público brasileiro durante o Festival do Rio, que hoje exibe mais de 300 filmes inéditos no Brasil e na maior parte do mundo, confirmando sua importância como centro de debate cultural,

NO FILME *A MULHER INVISÍVEL* HÁ UMA BOA AÇÃO DA NOKIA.

A AÇÃO DO O.B. TALVEZ SEJA A MELHOR DO CINEMA NACIONAL.

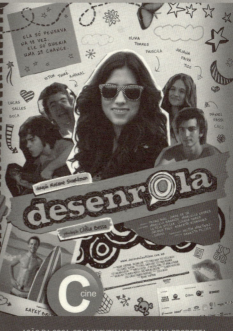

A WOLKSWAGEN FECHOU UMA BOA PARCERIA COM O FILME.

AÇÃO DA COCA-COLA INOVOU NA FORMA E NA PROPOSTA.

com palestras e discussões sobre o que há de mais atual na criação cinematográfica.

O Festival do Rio consolidou-se também como plataforma para negócios internacionais. Durante dez dias são realizados seminários, painéis e show cases nas áreas de distribuição, coprodução, tecnologia e negócios. Os principais nomes da indústria do cinema não apenas participam do Festival, como se tornaram parceiros. "Somos hoje a grande porta do negócio no continente", orgulha-se a diretora.

Para que a primeira edição do Festival, que já nasceu grande, ganhasse a dimensão internacional que tem hoje, suas diretoras buscaram parceiros estratégicos no mercado de comunicação.

Sua logomarca inconfundível foi criada pelo diretor de arte e design Jair Souza. O Grupo de Mídia do Rio de Janeiro ajudou a viabilizar a grande divulgação de que o evento precisava. Seu presidente na época, até então apenas um apaixonado por cinema, percebendo que ali surgia uma grande oportunidade de viabilizar uma aproximação nunca antes conseguida entre dois mercados extremamente sinérgicos e ao mesmo tempo tão distantes, o de produção de filmes e o publicitário, propôs a criação, passando a coordenar um seminário dentro do Festival com esse objetivo. Surge então o "Cinema: que mídia é essa?"

Durante 12 edições este seminário foi palco das mais calorosas discussões entre esses dois mercados. Viabilizou estarem na mesma mesa profissionais que jamais haviam se encontrado, muito menos fechado um negócio. Aos poucos os profissionais dessas áreas no Brasil passaram a adotar no seu dia a dia terminologias utilizadas pela área do outro, e aos poucos começaram a substituir merchandising por Product Placement.

HISTÓRICO DE CASES DO PLACEMENT EM CINEMA

# UM PRÊMIO PARA
# VALORIZAR A FERRAMENTA

Com o objetivo de fomentar a cultura de se investir em ações de marcas em cinema de forma consistente e constante, trazendo a conversa da área financeira ou contábil das empresas onde as leis de incentivo eram analisadas para a área de marketing, em 2004 criamos dentro do Festival do Rio e entregamos pela primeira vez o Prêmio Melhor Ação de Product Placement do Cinema Brasileiro. Na noite de entrega, não podemos negar que essa categoria criou certa estranheza junto à plateia, formada prioritariamente por produtores tradicionais do mercado brasileiro.

No primeiro ano o prêmio foi para a Volkswagen no filme *A taça do mundo é nossa* da Conspiração Filmes e Globo Filmes. Por ser um filme de época, se passa durante a Copa do Mundo de 1970, causa surpresa ao passar lentamente em uma das cenas um modelo atual de carro da montadora, bem no clima do Casseta & Planeta. O objetivo em premiar essa ação foi exatamente de fazer, deforma bem-humorada, uma crítica às ações malfeitas e que muitas vezes "forçam a barra" no roteiro para impor uma marca.

Em 2005 o premiado foi o portal Terra no filme *Meu tio matou um cara,* da Natasha Filmes e Casa de Cinema de Porto Alegre. Desta vez, de forma muito integrada e pertinente, dois adolescentes navegam no portal e acabam desvendando o verdadeiro culpado do crime, fazendo com que a marca se torne parte integrante e fundamental para a trama.

A cena de OB da Johnson & Johnson em *Se eu fosse você,* da Total Entertainment, Lereby e Globo Filmes, se tornou unanimidade e a marca foi a grande vencedora de 2006. Podemos afirmar que até hoje é uma das melhores ações de Placement desenvolvidas no Brasil em todos os tempos. O personagem de Tony Ramos ensinando a personagem da Glória Pires a usar o absorvente íntimo é uma das sequências mais divertidas do filme. O interessante nesse caso é que a empresa também investiu em ações no ponto de vendas durante o lançamento do filme, reforçando seu envolvimento com a trama.

Em 2007 o prêmio ficou com a Skol no filme *Ó pai, ó,* da Globo Filmes, Dueto Filmes, Dezenove Som & Imagem e Natasha Filmes.

O inusitado nesse caso foi ver na cena final do filme um catador de latas amassar e colocar num saco de lixo a latinha do produto. No Brasil isso ainda causa estranheza, pois as marcas sempre estão em cenas de consumo e situações sempre "positivas".

De um modo geral, as cenas de bancos ou instituições financeiras são das mais criticadas, pois geralmente prezam pela falta de naturalidade. Exatamente por sua simplicidade, o Bradesco foi o vencedor em 2008 no filme *Chega de saudade,* da Gullane Filmes. Uma das personagens na hora de pagar uma conta simplesmente tira o talão de cheques da bolsa e preenche, sem grandes estardalhaços para tal.

O vencedor em 2009 foi a Nokia em *Mulher invisível,* da Conspiração Filmes e Globo Filmes. Ao utilizar o aparelho para mostrar ao colega de trabalho com muita naturalidade em um vídeo a "gostosa" que o personagem estava "pegando", se transforma em uma das cenas mais engraçadas do filme e a marca inevitavelmente aparece.

Em 2010 a cerveja Brahma venceu por sua presença em *5X Favela – agora por nós mesmos* da produtora Luz Mágica e Globo Filmes. O mais interessante nesse caso foi ver de forma muito natural as restrições impostas à categoria, por lei de proibição de consumo por menores, serem mencionadas, totalmente dentro do contexto.

## UM NOVO SEGMENTO DE NEGÓCIO NO BRASIL

Esse trabalho de buscar marcas para investir na produção de filmes sempre foi feito pelas próprias produtoras ou por inúmeros captadores independentes de recursos. Percebendo que existia uma grande oportunidade para o surgimento de uma empresa estruturada e especializada em aproximar esses dois mercados, através de uma metodologia própria, e se valendo do conhecimento acumulado na área de marketing e comunicação e do aprendizado adquirido até então na área de cinema, surge em 2010 a divisão Presença de Marcas dentro da Mídia1 Comunicação.

O primeiro trabalho foi desenvolvido para o filme voltado para adolescentes, *Desenrola,* da Raccord Produções, dirigido por Rosane Svartman e produzido por Clélia Bessa. Depois de analisar o filme, já em fase de finalização, ficou evidente para a equipe que poderia ser uma excelente oportunidade para a Coca Cola. O resultado pode ser visto no filmete *Concurso de Arrotos*, que passou a integrar o filme após os créditos, e as diversas ações decorrentes dessa parceria. O importante nesse tipo de projeto é a preocupação com o pós-venda ou documento de entregas, como a equipe da Mídia1 prefere chamar.

Diante das diversas possibilidades que surgem a cada dia com o crescente número de produções em andamento e projetos previstos para os próximos anos, podemos garantir que cada vez mais será preciso um trabalho profissional nesta área. As oportunidades estão aí, cabe aos profissionais de marketing e comunicação de um modo geral ficar atentos.

# MANUAL DE BOLSO DO PLACEMENT EM CINEMA

Acabamos de ver no histórico de cases da ferramenta uma série de exemplos de marcas que acreditaram e investiram no cross promotion e no Placement em cinema como ferramentas de marketing. Marcas que planejaram investir uma parte do seu budget de comunicação na imersão de seus produtos no universo lúdico dos filmes. Vimos exemplos de sucesso que conseguiram alçar marcas e produtos para bem perto do coração das pessoas. Gestores que toparam o desafio de não recorrer apenas aos meios convencionais e conseguiram transformar consumidores em verdadeiros fãs de suas marcas.

Acreditamos que por estar lendo este livro até este momento, você provavelmente já se convenceu de que o Placement em cinema é uma ferramenta no mínimo interessante. Talvez até mais do que isso. Talvez você agora considere que ele possa ser mais uma boa alternativa para compor o seu plano estratégico de marketing. Pode até ser que não seja, no momento, uma ferramenta relevante para os objetivos estratégicos da sua marca. Mesmo assim, agora você pelo menos tem consciência de que descobriu mais uma opção para colocar na caixinha de ferramentas de marketing da sua marca.

Um projeto de Placement traz benefícios para a marca que podem ser diferentes dos conquistados através de outros esforços de marketing. Isso sem contar que você ainda consegue impactar segmentos de público que você não encontra mais tão facilmente nos meios convencionais. E o contingente de segmentos que estarão cada vez mais dispersos e fragmentados só tende a agravar.

Certamente você é um profissional extremamente competente que saberá identificar o momento mais adequado para recorrer a ela. Pode ser que seja quando aparecer algum problema de marketing em que sua marca precisará impactar determinado segmento de público ou reforçar atributos bem específicos. Ou, quem sabe, pode ser na ocasião de uma grande campanha de reposicionamento na qual, entre outras ações e ferramentas, você pode prever ações de Placement em cinema para compor seu plano tático.

Pode ser ainda que você já tenha, desde já, identificado ao longo da leitura do livro uma ou mais possibilidades reais de uso do Placement em cinema desde já. É então que, neste exato momento, você deve estar pensando: "Ok, mas e agora? Como fazer?"

Foi exatamente pensando nisso que decidimos não terminar o livro por aqui. Para não o deixar na mão, decidimos montar um manual prático de uso da ferramenta. Sem nenhuma pretensão de ser um guia definitivo, a "Bíblia do Placement", nem nada parecido. Simplesmente montamos um breve manual de bolso com o caminho das pedras inicial. Nele você vai encontrar dicas essenciais para começar desde já a pensar de forma prática a ferramenta. Quase um tira-dúvidas, um FAQ (*Frequentely Asked Questions*). Algo que certamente o ajudará muito nesse primeiro momento de contato direto com a prática efetiva da ferramenta.

Acreditamos que o Placement será uma ferramenta cada vez mais demandada no cenário brasileiro. Na televisão, o desafio será valorizar a ferramenta e o território nobre em que produtos e marcas serão inseridos. É preciso que o mercado passe a encarar a ferramenta com mais respeito e se empenhe mais em criar cenas e ações mais bem elaboradas e executadas. Parcerias recentes, como o projeto de cross promotion e Placement fechado entre a Lupo e a novela *Avenida Brasil* (2012) nos dão a esperança de que a ferramenta continuará evoluindo e sendo aprimorada na televisão brasileira.

No cinema, as expectativas são ainda maiores. O mercado brasileiro está em expansão e o número de produções vem aumentando a cada ano. Novos gêneros de filmes estão sendo explorados, o que contribui para a diversificação do portfólio, o que por consequência contribui para o aumento de oportunidades de parcerias entre marcas e produções. É preciso avançar no modelo que se baseia apenas nas leis de incentivo e de fato criar estratégias de parceria que gerem bons resultados para todas as partes, sempre, claro, colocando acima de tudo o respeito ao público.

Por isso mesmo, a nossa maior preocupação, que inclusive já manifestamos neste livro, é exatamente essa: o uso sensato da ferramenta. Com o aumento da oferta de possibilidades de parcerias, aumentam na mesma proporção as possibilidades de uso equivocado da ferramenta. Com isso, só aumenta o risco de se prejudicar ainda mais a imagem do Product Placement e do merchandising no Brasil.

Imagine um grande e belo jardim. Todo dia este jardim é regado e um dia o jardineiro conclui: ora, se pouca água é bom para o jardim, muita água será muito bom para o jardim, não? Ele então aumenta a quantidade de água e o que acontece? Ele mata todo o jardim. Com o Placement há o mesmo risco. Com o aumento de evidência da ferramenta, o mercado pode pensar: ora, esse tal de Placement é bom mesmo. Vamos usá-lo mais, mais e mais. Só que isso servirá para matar a ferramenta. Isso porque uma das principais premissas para o uso correto da ferramenta é o bom-senso em relação ao peso e à quantidade da presença de marca nos filmes, conforme veremos no manual.

Mas sejamos otimistas. Acreditamos que ninguém quer matar a galinha dos ovos de ouro. Por isso, é preciso que o mercado publicitário (anunciantes, agências, produtoras) acompanhe essa mudança no cenário começando a considerar o Product Placement como uma real possibilidade que deve ser dominada pelas equipes de marketing, criação, mídia e planejamento com bom-senso e investimento em conhecer melhor seu potencial e seus riscos.

Por isso tudo, não basta que os profissionais compreendam o potencial da ferramenta e passem a considerá-la uma boa alternativa. Se o livro conseguiu essa vitória até aqui, excelente. Porém, é preciso ir além. É preciso começar a dominar a utilização da ferramenta. Saber como planejar, idealizar, aprovar e implementar o seu uso. Não apenas as equipes de marketing e publicidade devem fazê-lo, mas também as equipes de produção e cinema.

Estes são os objetivos práticos desse manual: ser de forma efetiva um instrumento para publicitários, gestores e produtores de cinema brasileiros começarem a dominar com mais propriedade o Product Placement e fomentar o conhecimento em torno da ferramenta, propondo a abertura do debate sobre suas possibilidades, cases, riscos e desafios.

Este manual não é o fim. Ele é o começo.

O manual foi construído a partir dos seguintes insumos:

ANÁLISE CRÍTICA DOS PRÓS E CONTRAS DA AMPLA PESQUISA COM OS PRINCIPAIS CASES DE USO DA FERRAMENTA NA HISTÓRIA DO CINEMA.

ANÁLISE DAS PERCEPÇÕES NEGATIVAS E POSITIVAS COLHIDAS NAS PESQUISAS QUALI E QUANTI REALIZADAS AO LONGO DE DOIS ANOS COM MOVIGOERS.

APRENDIZADO PRÁTICO DE CASES COMO SPEED RACER, PETROBRAS SPEED RACER E COCA-COLA-DESENROLA, ENTRE OUTROS.

# OS TRÊS PASSOS DO MANUAL:

## 1º PASSO

### COMO ENCONTRAR PROJETOS E OPORTUNIDADES

## 2º PASSO

### COMO ALINHAR O PROJETO AO SEU PLANO ESTRATÉGICO

## 3º PASSO

### COMO PENSAR E NEGOCIAR A PRESENÇA

# 1º PASSO

## COMO ENCONTRAR PROJETOS E OPORTUNIDADES

## VOCÊ TEM ESSENCIALMENTE DOIS CAMINHOS:

### DIRETO

Você mesmo pode começar a circular e abrir as portas para produtoras trazerem projetos. No Brasil, esse é o modelo em prática hoje em dia. A maioria dos projetos são oferecidos e fechados diretamente entre anunciantes e produtores, no máximo com acompanhamento da agência de publicidade.

### MEDIADO

Você pode procurar ou receber uma agência de mediação. Esse é o modelo praticado nos EUA e que começa – ainda de forma bem incipiente – a dar sinal de vida por aqui. O papel dessa agência é fazer todo o meio de campo entre o pessoal do marketing e o pessoal do cinema. Acredite: essa missão está longe de ser considerada fácil.

Nada impede também que você mantenha as duas frentes abertas.

A questão agora é: como saber quais são os filmes que estão sendo produzidos? E o pior: como descobrir projetos de filmes que ainda estão na fase de roteiro e pré-produção?

Uma boa opção é você contar com o suporte de uma agência de mediação de Product Placement. Este já é um formato estabelecido no mercado americano. No Brasil, mesmo que timidamente, já começam a surgir as primeiras agências seguindo este modelo. Para tentar entender o que faz a agência de mediação, imagine que ela opera quase como o departamento comercial de um veículo – só que geralmente ela não está ligada a nenhum estúdio específico, ok? Imagine se esse departamento comercial não existisse no veículo e você tivesse que ter contato direto com o setor editorial desse veículo. A situação seria mais complicada, não?

É essencialmente esse o papel da agência de mediação: ser esse elo entre o marketing do anunciante e a produção do filme. Fazer com que gestores de marketing e produtores culturais entrem em um consenso. A missão está longe de ser fácil, pois estamos falando de profissionais com anseios e expectativas diferentes, para não dizer conflitantes em alguns casos. A agência de mediação deve ter a competência e o discernimento de encontrar o meio-termo. Nem tanto ao mar, nem tanto à terra. Acima de tudo, sempre o respeito ao público.

De um lado, a agência tem o anunciante desejando ter o máximo de entrega, o que em muitos casos significa ter a maior visibilidade possível. Do outro, a produção do filme lutando para que a cena respeite o roteiro do filme, o que em muitos casos significa a menor visibilidade possível.

A agência de mediação opera então como a guardiã maior das premissas na hora de pensar e executar uma cena de Placement. Isso quer dizer que é ela que deve prezar pela qualidade da presença de marca, tanto no que diz respeito à eficiência na obtenção dos objetivos estratégicos para a marca quanto no que se refere à perfeita e respeitosa inserção do produto na trama, sem que o conteúdo cultural sofra nenhuma forma de prejuízo.

## OK, MAS COMO ISSO ACONTECE NA PRÁTICA?

A primeira função da agência de mediação é conectar oportunidades com necessidades. Isso quer dizer que ela vai ter acesso a uma série de projetos de filmes e roteiros para encontrar ali oportunidades para presenças de marcas. A partir daí, ela precisa ir ao mercado encontrar as marcas mais adequadas para aproveitarem aquelas oportunidades. Geralmente, ela consultará, em um primeiro momento, as empresas que já fazem parte do seu círculo de relacionamento, ou seja, aquelas que já compõem o seu portfólio de parcerias.

Nos EUA, as agências de mediação possuem uma carta de intenções por meio da qual ela passa a representar o anunciante perante os estúdios. Essa carta costuma também regular um valor de budget anual já fechado com o anunciante. Conforme vão aparecendo oportunidades, e a agência for emplacando, os valores vão sendo abatidos dessa "conta corrente".

Esta seria mais uma vantagem da agência de mediação. Como ela mantém um relacionamento mais próximo e perene com o anunciante, ela domina melhor os objetivos estratégicos, atributos e eixos conceituais que aquela marca deseja ativar nos filmes. Desta forma, ela vai identificar oportunidades, filmes, cenas, situações e personagens que sejam mais adequados para a obtenção desses objetivos.

Além disso, conforme veremos adiante, uma das quatro premissas estratégicas mais importantes para adoção da prática do Placement é a assiduidade. O anunciante deve manter uma regularidade mínima de projetos que se somam ao longo do tempo para conseguir um retorno consolidado mais representativo. Não adianta investir em um projeto apenas isoladamente e esperar que ela vá resolver todos os seus problemas estratégicos. É preciso coerência entre as ações para que a marca construa, projeto a projeto, filme a filme, uma percepção única que ela quer que seus stakeholders tenham dela. A agência de mediação pode ajudar muito nessa regularidade e coesão entre projetos.

A agência de mediação deve transitar com habilidade e desenvoltura no meio cultural, mantendo relações estreitas com roteiristas, produtores e diretores de cinema. Com isso, ela terá acesso aos projetos de filmes e poderá identificar oportunidades de Placement nos roteiros. O quanto antes isso acontecer, melhor. O ideal é que o filme esteja em sua fase de pré-produção ainda, com o roteiro ainda sendo elaborado. Desta forma, aumentam consideravelmente as chances de se conseguir uma presença de marca mais eficiente e melhor, com a fluidez e sutileza que estão entre as premissas táticas que veremos adiante.

E então, neste momento você pode pensar: "Ora, mas eu já tenho uma agência de publicidade que deve mediar meus projetos de comunicação." Não discordamos de você. A sua agência de publicidade deve acompanhar o projeto pois, teoricamente, ninguém entende melhor da sua marca do que ela – além de você, é claro. Mas não tente tirar da agência de propaganda aquilo que não é genuinamente o expertise dela. Ela pode até ser oficializada por você para receber as produtoras com projetos e oportunidades de Placement. Mas, acredite, não vai render como poderia. O *timing* da agência de publicidade é outro, além de sua estrutura estar toda engrenada para operar em outros tipos de projetos e ações.

É muito importante que sejamos bem sinceros neste ponto: criar uma estratégia que utiliza o cinema como plataforma de marketing não é nada fácil. Por ser uma ferramenta que não é concebida, criada, produzida, negociada e implementada com base em padrões já preestabelecidos – como o mercado costuma chamar de "tabela em cima da mesa" – uma ação de Placement em cinema pode demandar muitos meses de desenvolvimento.

Estamos falando de um longo período de planejamento, negociação, implementação e aprovação. O *timing* de produção de um grande filme é consideravelmente diferente do *timing* de uma campanha publicitária. Um filme leva muitas vezes dois ou três anos para ser finalizado. Se contarmos com a fase de roteiro então, esse tempo pode chegar a quatro, cinco anos. Por isso, mais uma vez, vale enfatizar a importância da marca ter um plano estratégico e ser fiel a ele no longo prazo.

Agora, você também pode optar por não envolver uma agência de mediação. Isso dificulta um pouco as coisas mas não as impossibilita. A primeira medida, neste caso, é manter o radar ligado e cultivar contato com as pessoas certas. Você terá que abrir as portas para receber projetos e oportunidades diretamente das produtoras. Isso considerando as oportunidades e filmes do mercado nacional. Para parcerias com filmes internacionais, existem alguns estúdios que mantêm representantes no Brasil. Entretanto, eles possuem mais liberdade para fechar projetos de cross promotion como promoções de vendas com propriedades do filme. Geralmente, eles não possuem muita "entrada" para ações mais integradas, envolvendo inclusive Product Placement. Eu disse geralmente. Há exceções, claro.

Uma boa dica pode ser você criar um perfil PRO no site IMDB (*Internet Movie Database*). Nele você terá acesso direto às produções que ainda estão em fase bem inicial, como na primeira versão do roteiro, por exemplo. Além disso, você terá acesso aos contatos dos decisores, como diretores e agenciadores de Product Placement e Consumer Products (o pessoal que cuida da parte de licenciamento das propriedades do filme).

Porém, gostaríamos de fechar este capítulo defendendo a ideia de que você conte com o apoio de uma agência de mediação. Afinal, vimos em muitos dos cases ao longo da história da ferramenta no capítulo anterior como as agências de mediação foram muito importantes para a difícil missão de fazer com que boas oportunidades encontrem os objetivos estratégicos ideais.

Basta recordarmos apenas um exemplo emblemático: a parceria da Mercedes com *Jurassic Park: The Lost World*. De um lado estavam os produtores do filme com uma excelente oportunidade de parceria: era preciso uma marca para ser o carro oficial do *Parque dos dinossauros*. Do outro, a Mercedes-Benz planejando o lançamento de um novo modelo off-road. A agência de mediação teve o papel decisivo de unir a demanda dos produtores com o momento estratégico do anunciante.

E o que dizer do papel da agência de mediação contratada pela Ray-ban em um esforço estratégico que reverteu a tendência de queda e tirou a marca da falência? E no case mais recente da BMW com o novo filme da franquia Missão Impossível? Enfim, torcemos que esse modelo de agências de mediação vingue no Brasil e tenha sucesso, contribuindo ainda mais com o uso eficiente e respeitoso da ferramenta.

## 2º PASSO
### COMO ALINHAR O PROJETO AO SEU PLANO ESTRATÉGICO

# OS 4 As DO PRODUCT PLACEMENT
## PREMISSAS ESTRATÉGICAS

Vamos considerar que correu tudo bem no primeiro passo e você tem, neste momento, três opções de projetos de parcerias de Placement em cima da sua mesa. E agora? Bom, agora chegou a hora de verificar qual(is) dos três projetos estaria(m) mais alinhado(s) com o seu plano estratégico.

Vamos partir do princípio de que sua marca tem um plano estratégico estabelecido, aprovado e em execução. O Placement virá para se somar ao mix de marketing como mais um esforço tático para a obtenção desses objetivos estratégicos já definidos no seu plano. Você pode, por exemplo, definir o Product Placement para ser a ferramenta escalada para atingir um objetivo estratégico específico, enquanto outras ferramentas continuam com suas missões convencionais.

É o caso da Starbucks, por exemplo, que investe em espaços de publicidade convencional em diversas praças, principalmente nos EUA. Porém, no que diz respeito ao objetivo estratégico específico de comunicação global, eles definiram o Product Placement em cinema como a principal ferramenta. É por meio dos filmes que a Starbucks, de forma muito bem-sucedida, investe na construção internacional de sua marca. reforçando sua atmosfera de atributos em todos os países do mundo. Mesmo antes da entrada da rede no Brasil, a maioria dos brasileiros, mesmo que nunca tivessem viajado ao exterior, se sentiam familiarizados com a marca e com o ambiente das lojas. De tanto ver nos filmes as lojas aconchegantes e hospitaleiras da Starbucks, o atributo de *warm atmosphere* da marca já estava fixado em suas mentes e corações.

# _ALINHAMENTO
*Alinhamento entre o seu plano estratégico e a oportunidade de Placement.*

Como dizia um bom comercial do canal Futura (F/Nazca Saatchi & Saatchi) que assisti esses dias, "não são as respostas que movem o mundo e sim as perguntas". Essencialmente, um bom planejamento estratégico consiste em saber formular as perguntas certas. E, claro, então respondê-las com clareza e propriedade. Uma pergunta certa corresponde a 50% da resposta. As perguntas primordiais que você deve se fazer para verificar se o projeto está alinhado são:

> **1) |QUAIS SÃO OS OBJETIVOS ESTRATÉGICOS QUE PRECISAM SER ALCANÇADOS COM ESTE PROJETO?**
>
> **2) QUAIS OS SEGMENTOS DE PÚBLICO QUE PRECISAM SER IMPACTADOS?**
>
> **3) QUAIS OS EIXOS CONCEITUAIS E ATRIBUTOS DA MARCA/PRODUTO QUE PRECISAM SER REFORÇADOS PELO PROJETO?**
>
> **4) QUAIS MECANISMOS DE MENSURAÇÃO SERÃO NECESSÁRIOS PARA VERIFICAR SE A AÇÃO ATINGIU SEUS OBJETIVOS?**

Caso a caso, uma empresa pode ter outras questões e desafios mais específicos. Porém, primordialmente, essas são as questões essenciais que o projeto precisa atender. Quando a agência de mediação trouxer até você algumas opções de oportunidades de Placement você deve conferir qual delas atende a todas as respostas das perguntas acima. Se isso acontecer, você tem um projeto alinhado com seu plano estratégico em mãos e pode passar para a próxima premissa estratégica.

Vamos supor que na resposta da primeira pergunta está entre seus objetivos estratégicos o rejuvenescimento de marca. O Placement pode ser uma excelente alternativa para reforçar e rejuvenescer os atributos da sua atmosfera de marca frente à renovação constante de público. Vimos excelentes exemplos bem sucedidos ao longo da história da ferramenta neste sentido. Logo, se você tiver em mãos uma oportunidade em um filme que também gire em torno deste universo, bingo! Senão, continue procurando.

Um equívoco recorrente que algumas marcas cometem ao pensar em um projeto de Placement é se distanciar demais do mundo real. Deixam-se levar demais pelo viés lúdico que o cinema proporciona e se afastam do chão. É preciso que você mantenha sempre o foco nos objetivos estratégicos. Seja coerente com o restante de sua comunicação e posicionamento de marca. Não é porque uma ação de Placement coloca sua marca no território lúdico dos filmes que ela deve se descolar da realidade por completo.

A ação de Placement não deve ser um esforço isolado dos demais. Ela deve se somar aos demais esforços de comunicação da sua marca. Conforme vimos na parte que conversamos sobre cross promotion, deve ser considerada a hipótese de ações complementares e cruzadas para complementar todo o projeto e potencializar os resultados.

Seu projeto pode ir até mais além: a ação de Placement pode ser concebida como parte de um projeto de transmedia storytelling. Isso quer dizer que você pode usar sua presença no filme para ser apenas o estopim de algo muito maior. Imagina uma narrativa que começa nas telas mas extrapola por outros meios e plataformas, amplificando o enredo dela, gerando outras narrativas, ampliando o projeto como um todo, tudo pelas mãos da marca. Claro que tudo isso alinhado aos mesmos objetivos estratégicos, não é mesmo?

# _ADEQUAÇÃO
*Adequação entre o público-alvo da sua marca e o público do filme.*

Depois de resguardar que o projeto escolhido está totalmente alinhado aos objetivos estratégicos da marca, chegou a hora de conferir se há adequação entre o público-alvo da marca e o público do filme.

Qual o público-alvo que você precisa impactar com essa ação? Se o filme é voltado para um público mais maduro, não pense em inserir um produto cujo público-alvo são os jovens. E vice-versa. Se o público do filme for essencialmente feminino, não será inteligente realizar uma ação de presença de uma marca voltada para o público masculino. Se sua marca não tiver objetivos globais, de impactar públicos em todo o mundo com aquele mesmo conceito, não adianta pensar em presença de marca em filmes globais. A não ser que exista a possibilidade de segmentação por país ou continente, nem que seja apenas em parcerias de cross promotion.

Quando possível, deve-se buscar até mais do que a simples adequação de público-alvo da marca com público-alvo do filme. Você pode identificar entre os personagens do filme qual deles teria o perfil que melhor se adapta aos seus objetivos estratégicos. É o que faz a Apple, por exemplo. Basta observar a sequência de ações de Placement da marca para perceber que há uma coerência em todos os personagens que usam produtos da Apple. São sempre pessoas criativas, autênticas, inovadoras e com viés artístico.

# _ADERÊNCIA

*Aderência entre a atmosfera de atributos da marca e o universo contextual do filme.*

Para a BMW são os atributos de tecnologia e visão de futuro. Para a Apple, design e usabilidade. Para a Starbucks, o ambiente *warm and friendly*. Afinal, quais são os atributos de sua atmosfera que a marca precisa reforçar, enaltecer ou explorar? Será muito mais fácil identificar bons projetos de Placement quando você conseguir definir quais os atributos e eixos conceituais que estão na órbita de sua marca. É por meio deles que as pessoas percebem e construem em suas mentes e corações o envolvimento que vão nutrir pela sua marca, seja ele emocional ou racional. A partir daí, o universo contextual do filme deve ser o território fértil no qual esses atributos vão germinar e se proliferar, aumentando ainda mais essa percepção das pessoas em relação a estes atributos.

É preciso que haja uma perfeita aderência entre os atributos da marca com o *environment* do filme. Por isso filmes futuristas são tão perfeitos para marcas que desejam reforçar o atributo de visão de futuro. E comédias românticas para marcas que precisam reforçar os atributos de warmfull. Ou ainda filmes com o environment repleto de glamour, como *Sex And The City* e *O diabo veste Prada* serem o terreno fértil ideal para marcas que precisam reforçar os atributos de sofisticação e requinte.

Só para citar um caso extremo, talvez nenhuma marca tenha algum atributo que possa ser enaltecido em um filme de nazismo. Chris Lee, produtor executivo do filme *Valquíria* (2008), estrelado por Tom Cruise, declarou na época ao *The Hollywood Reporter* que "nós tínhamos um monte de Mercedes e excelentes uniformes da Hugo Boss no filme. Mas como era de se esperar, nenhuma marca queria ser associada com o nazismo alemão, não é mesmo?"

Isso quer dizer que estar presente apenas por estar não vale a pena. É preciso que o contexto do filme sirva ao produto como um potencializador dos atributos que ele precisa construir, fixar, reforçar. Simplesmente escolher um filme por qualquer outro motivo e fechar um acordo para exposição da sua marca aleatoriamente não é a forma de uso da ferramenta que enxergamos como sendo a ideal.

Por isso, é muito importante você conceber seu projeto de Product Placement de uma forma essencialmente estratégica. Só depois de ter os atributos de sua marca muito bem definidos em seu plano estratégico saia em busca de projetos para escolher, entre as diversas opções, aquele que melhor se adapta aos seus objetivos de marketing.

Um último alerta se faz necessário: não será a marca que ditará a atmosfera de atributos que aquela cena ou aquele filme deve ter, e sim o contrário. Se o filme que você estiver analisando não oferece o universo contextual aderente à sua atmosfera de atributos, escolha outro filme. Não tente mudar esse filme para atendê-lo. Procure outro projeto.

# _ASSIDUIDADE

*Assiduidade de presenças em diversos projetos*
*subsequentes em um intervalo de tempo planejado*

À primeira vista, assiduidade pode não parecer uma premissa tão estratégica assim. Mas acredite: assiduidade é uma recomendação tão importante para que uma marca consiga extrair o máximo da ferramenta que optamos por colocá-la como premissa estratégica, sim.

Não deixe para pensar no próximo projeto só depois que terminar o primeiro. Pense de forma estratégica em uma sequência lógica de projetos. Estar presente de forma inteligente, estratégica e planejada em diversos filmes muitas vezes tem um potencial muito maior do que dar uma porrada gigante em um projeto só. Vejam os casos da Apple, Nike, Coca-Cola, Starbucks e tantas outras. É a soma de presenças que faz com que as pessoas construam em torno da marca a atmosfera de atributos que a marca precisa.

Uma ação isolada pode conseguir excelentes resultados. Sabemos que pode ser que você só consiga aprovar a verba para esse projeto específico. Conhecemos todas as dificuldades para se planejar e aprovar uma verba a médio-longo prazo. Mas, por outro lado, nossa missão aqui é deixar registrada a recomendação do que seria o ideal. E o ideal é: pense em uma linha do tempo de projetos. É por meio de uma sequência de projetos que você conseguirá obter o máximo da ferramenta. Mesmo que você não aprove todos de uma vez, planeje e depois tente aprová-los.

# 3º PASSO

## COMO PENSAR E NEGOCIAR A PRESENÇA

### PREMISSAS TÁTICAS

Bom, você já encontrou um projeto, definiu as premissas estratégicas e conferiu se ele está perfeitamente alinhado com as bases estratégicas da sua marca. E agora? Chegou o momento de descer ao plano tático e pensar de fato a presença e as ações de cross promotion paralelas. Apenas para ficar ainda mais claro: a definição do projeto é a parte estratégica. Já a definição de como será a presença e como serão todas as ações de ativação e promoção é a parte tática. E é sobre isso que vamos conversar agora.

## MAS COMO DEVE SER A PRESENÇA NO FILME?

### _PERTINENTE

O produto deve ser totalmente pertinente à oportunidade que a cena oferece. É preciso que naquele(s) momento(s) do roteiro seja totalmente pertinente a presença do produto ali. As melhores ações de Placement ocorrem em cenas em que o produto parece ser naturalmente necessário naquele momento. Um carro em uma perseguição é um exemplo simples e corriqueiro, mas extremamente pertinente. Mas até o tipo de carro deve ser pertinente com a cena em questão, entende?

Por exemplo: se o roteiro pede um carro modelo off-road, como em filmes de aventura como *Tornado* ou *Parque dos dinossauros*, conforme vimos no histórico, é plausível que seja feita uma parceria com uma marca que tenha um modelo pertinente a essa oportunidade. E mais: que essa marca esteja em um momento em que precise ativar exatamente esse modelo ou os atributos que esse modelo pode reforçar para a marca.

Se a personagem principal é uma colunista famosa de uma revista feminina e precisa de um notebook para trabalhar como em *Sex and the City*, por que não fechar uma parceria com alguma marca de notebooks sofisticada e cult? É totalmente pertinente ao roteiro e à personagem que ela precise, e muito, de um computador portátil, não? E se esta colunista for uma mulher sofisticada é totalmente pertinente que esse notebook seja um modelo requintado como um Macbook, não?

São todos exemplos de pertinência entre a marca + produto e a oportunidade de Placement. No histórico de cases há muitos outros exemplos bem-sucedidos neste sentido.

É preciso pensar em presenças totalmente pertinentes em todos os sentidos: produto com roteiro, marca e modelo com personagem, utilidade do produto com necessidade da cena. Tudo deve estar pertinente. Senão causa repulsa no público na mesma hora. É justamente o que acontece quando um personagem do nada fala "hum, me lembrei que preciso ir ao banco fazer um empréstimo". O serviço não tem nenhuma pertinência com aquele momento do roteiro.

Portanto, fica a lição: são as oportunidades no roteiro que devem demandar a pertinência com uma marca e um modelo. Nunca o contrário. O ideal é que a produção identifique oportunidades pertinentes no roteiro e não que seja encomendada uma presença arranjada porque é preciso conseguir fechar uma parceria com esta ou aquela marca cuja linha de produtos não teria nenhuma pertinência com as cenas do filme.

# _SUTIL

Uma mensagem que Muhammad Ali nos deixou é perfeita para o que queremos dizer:

**FLUTUE COMO UM BEIJA-FLOR, PIQUE COMO UMA ABELHA.**

O mesmo vale para a presença de marca em filmes: seja sutil sem deixar de ser matador. A presença deve ter uma naturalidade latente que a faça fluir no mesmo compasso do filme. Não pode haver solavancos nem rupturas. Tudo deve parecer uma mesma música, no mesmo ritmo e fluência do resto que se passa ao longo do desenrolar do roteiro. Sua marca deve ser apenas mais um instrumento na grande orquestra que é um filme. Pode até haver um solo, mas ele deve ser claramente percebido como parte do todo, como um momento orquestrado, e não como uma nota desafinada tocada por engano.

# _BEM-HUMORADA

Optar por escrever uma presença de marca leve e bem-humorada muitas vezes pode ser uma boa alternativa para criar uma cena envolvente que não ofenda a inteligência e a boa vontade do público daquele filme.

Existem momentos do roteiro que surgem onde o produto se encaixa perfeitamente. Não vamos nos iludir também: nem sempre existem esses momentos no roteiro de mão beijada. Porém, quando o diretor e o roteirista são bons e querem realizar uma boa ação de Placement, eles conseguem fazer com que surja essa oportunidade.

Deve ser percebida uma relação harmoniosa entre o produto e o conteúdo. O diretor e o roteirista devem atuar quase como um *chef* de cozinha, harmonizando ingredientes para que ao final tudo seja um mesmo prato, que seja saboreado sem ingredientes distoantes. A presença deve ser orgânica.

Vimos no histórico de cases da ferramenta que um nome em particular se sobressaiu, não é mesmo? Pois é, ao observarmos todas as cenas e os projetos de Placement dos filmes dirigidos e produzidos por Steven Spielberg, resolvemos montar uma cartilha do diretor para ações de Placement. Veja abaixo, recorte e consulte-a sempre que for pensar na presença.

---

**CARTILHA DE PLACEMENT DE STEVEN SPIELBERG**

1) O produto deve estar a serviço do roteiro, nunca o contrário.

2) Ele deve ter algum papel na cena, mesmo que de coadjuvante.

3) Deve fazer parte de uma cena bem-humorada, divertida, extrovertida.

4) Esta cena deve ser uma sequência lógica da trama, fluida, sem rupturas.

5) O público quer ser encantado o tempo todo. Não permita que a marca quebre esse encanto, pelo contrário, use-a a favor da magia.

## MAS COMO NEGOCIAR A PRESENÇA NO FILME?

A agência de mediação, mais uma vez, é de suma importância neste momento de negociar a presença no filme. Ela tem o expertise e domina a ferramenta, sabendo o que é o ideal para cada produto e para cada oportunidade no filme.

Em um bom artigo publicado no site Brandchannel, o jornalista Adam Sauer cita Frank Zazza, CEO e fundador do instituto de métricas especializado em projetos de branded entertainment iTVX: "Aproximadamente 97% de todos os Product Placement a que você já assistiu foram realizados por meio de agências de mediação e seus relacionamentos, e não por agências de publicidade."

Zazza lembra ainda que, embora venha caindo cada vez mais, o número de produtos que ainda aparecem nos filmes sem pagar um centavo ainda é elevado. Há muitos Placements que acontecem porque produtos são enviados como presentes para a equipe. É famoso o case recente do vinho americano Clos Du Val que conseguiu aparecer em mais de 100 filmes só por enviar caixas de graça para diretores e produtores. Entre eles, o vinho é usado na cena do jantar de *O terminal* de Steven Spielberg com Tom Hanks e Catherina Zeta-Jones. Como resultado, a desconhecida marca de vinhos acumulou um aumento de 50% nas vendas em menos de um ano.

Outra dica valiosa: produtos que têm um visual indefectível como carros, gadgets e roupas são mais fáceis. Para a maioria deles basta aparecer em um contexto que favoreça a atmosfera de atributos e... bingo! Se o seu produto não possui essa característica o seu desafio será ainda maior.

Muitas vezes é preciso que a logo apareça ou seja mencionada. A audiência deve pelo menos tomar conhecimento de alguma forma. Uma mulher pode se apaixonar pelos óculos escuros da Carrie mas se ela não souber que é da Gucci não importa muito. Segundo consta, o *Financial Times* publicou que os óculos Ray-Ban usados por Arnold Schwarzenegger em *Terminator 3* tiveram um índice de exposição excelente. Porém o retorno foi perto de zero, pois ninguém sabia que eram óculos da marca.

Ao observarmos todos os cases do histórico pudemos perceber que a escolha de um produto ou marca pode ser influenciada ou motivada pelas mais diferentes razões. Listamos a seguir algumas das principais:

**O QUE PODE LEVAR UM PRODUTO A SER ESCOLHIDO PARA ESTAR EM UM FILME:**

1) Escolha do diretor por uma opção pessoal ou relacionamento interpessoal.

2) Escolha do diretor por uma necessidade do roteiro, que ajude a contar a história.

3) Escolha da produção para baratear custos.

4) Acordo de cross promotion em que, em troca do Product Placement, há um compromisso de investimento em divulgação das propriedades do filme.

5) Acordo de Product Placement pago.

No mesmo artigo de Sauer, o agente Hanks da Davie Brown Entertainment alerta que contar *eyeballs* não é suficiente porque o Product Placement é algo muito subjetivo. E complementa:

> *É observando o contexto no qual um produto é usado que se pode determinar o impacto no público, se ele percebeu o produto, ou se ele foi influenciado a tomar a decisão de experimentá-lo ou se não sentiu nada disso.*

# FORMAS DE PAGAMENTO

## EXISTEM 2 FORMAS DE PAGAR UMA PARCERIA DE PLACEMENT E CROSS PROMOTION

### PAGAMENTO DIRETO

Neste caso, a empresa paga ao estúdio o valor negociado. Geralmente, o que fica acordado em uma carta de intenções é que, caso a empresa goste e aprove a(s) cena(s) com a presença, o valor será pago. Caso contrário, a(s) cena(s) é (são) excluída(s). No Brasil, ainda não acontece desta forma. O valor acordado é pago, pois geralmente a produtora faz os ajustes até a cena ser aprovada.

### COMPROMISSO DE INVESTIMENTO

Aqui o dinheiro não troca de mãos, como geralmente se fala no meio. Neste caso, a empresa se compromete a investir uma quantia determinada em ações publicitárias e promocionais que utilizarão as propriedades do filme. O interesse dos estúdios aqui é primordialmente "bombar" o filme em todo lugar nas semanas de lançamento, levando mais pessoas para as bilheterias.

# PRINCIPAIS POSSIBILIDADES DE PRESENÇA NO FILME

Negocie com os produtores para que você consiga o máximo de entrega possível. Claro que sempre respeitando todas as premissas que mostramos aqui.

Importante lembrar que as possibilidades listadas ao lado não são excludentes, ou seja, podem acontecer em conjunto em um mesmo filme e, até mesmo, em uma mesma cena.

## CROSS PROMOTION AND BEYOND

Pense além do Placement. Além de negociar a presença no filme, negocie parcerias para além do Placement: promoções cruzadas, usar as propriedades do filme em campanhas, ações e ativações em conjunto. O céu não é o limite.

## FAZER PARTE DA NARRATIVA

Aqui a marca faz parte da narrativa. O personagem principal pode trabalhar na empresa ou quando o produto é praticamente um personagem da trama.

## CONTEXTO DO FILME

Aqui o produto, além de ser mencionado ou utilizado, está totalmente contextualizado no universo semântico do filme. Um carro futurista criado especialmente para o filme é um bom exemplo.

## MENÇÃO ORAL

A marca é mencionada oralmente. À primeira vista você pode achar invasivo e ruim. Mas não se engane: existem excelentes cases da ferramenta com menção oral.

## UTILIZAÇÃO EM CENA

O produto não só está em primeiro plano como está sendo utilizado. Como uma cerveja que está pousada na mesa e de repente é consumida pelo personagem, um smartphone ou até um carro.

## PRESENÇA EM PRIMEIRO PLANO

O produto ou marca estão em primeiro plano. Pode estar sobre a mesa ou passando na frente da câmera em um take na rua, por exemplo.

## PRESENÇA EM SEGUNDO PLANO

O produto ou marca aparece ao fundo. Deve ter visibilidade e pode até ter algum momento de maior destaque, mas sempre ao fundo, em segundo plano.

# PRÓS E CONTRAS
## DO PLACEMENT
### PRÓS E OPORTUNIDADES

- Possibilidade de utilização do incrível poder lúdico do cinema como ferramenta de marketing.

- Impacta e envolve no momento de diversão, quando o público está desarmado e mais aberto.

- Solução para dispersão da atenção e fragmentação da audiência.

- Aumento de sentimento positivo em 65%.

- Aumento de *awareness* em 82%.

- Ajuda a contar as narrativas que giram em torno da atmosfera da marca.

- Explica e demonstra na prática a utilização do produto.

- Endosso das celebridades que poderia ser inviável financeiramente fora do filme.

- Com o aumento de pontos de contato, estratégias de exploração das proriedades do filme para além das telas – como ações de cross promotion e transmedia storytelling, por exemplo – tendem a crescer.

- Digitalização da produção viabilizará integração da marca na pós-produção e segmentação regional.

- Para a produção do filme, é uma excelente forma de compor personagens e contextualizar situações.

- O filme é um produto que tem um longo ciclo de vida com alta perenidade.

# CONTRAS E DESAFIOS

- Valoração e negociação sem padrão definido ainda.

- Entrega pode ser imprevisível e um tanto quanto subjetiva, além de ser difícil prever com certeza se o filme terá público.

- Não é uma ferramenta para todo e qualquer produto.

- Não é uma ferramenta que pode ser recomendada para envolver todo e qualquer público.

- Não é em todo e qualquer filme que cabe uma ação de Placement.

- Dificuldade de regionalização ou segmentação muito específica (escolher o gênero e público-alvo do filme pode ajudar neste sentido).

- Deve-se manter sempre o bom-senso em relação ao peso e à quantidade de presenças de marcas nos conteúdos.

- Ferramenta pode estragar ou atrapalhar o filme por cauda de presença de marca mal realizada.

- Uso desmedido e imprudente pode levar à extinção da ferramenta, aumentando ainda mais a percepção crítica da mesma.

- Uso ainda precisa evoluir em muitos casos, com a necessidade do engajamento dos profissionais de marketing e cinema em torno do desafio de melhor uso da ferramenta.

- Ainda há poucas pesquisas sobre mais resultados e potenciais da ferramenta.

- Agências de publicidade ainda torcem o nariz e veem a ferramenta como algo menor.

- Timming extenso e espaçado: um filme leva em torno de 2 anos ou mais para ser produzido e lançado comercialmente.

# AGRADECIMENTOS

## RAUL SANTA HELENA

É tão fácil imaginar um livro quanto é difícil escrevê-lo.
**Honoré de Balzac**

Acima de tudo, este livro é fruto de uma grande paixão pela publicidade e de um amor incondicional pelo cinema.

Conceber um livro é uma missão árdua, para não dizer cruel. Enquanto você não coloca o último ponto final, todo o esforço empenhado não vale absolutamente nada. A única coisa que você tem em mãos é um emaranhado de textos. Ele só se transforma de fato em um livro quando você consegue terminá-lo, imprimi-lo e vendê-lo. Sem isso, nada mais é do que um monte de palavras amontoadas em páginas soltas.

Para conseguir vencer esse grande desafio enfrentei dois imprevistos: um pé quebrado e um ligamento de joelho estourado. Isso sem contar com os períodos de férias, feriados e fins de semana totalmente dedicados exclusivamente à pesquisa e concepção de todo este conteúdo que está em suas mãos.

Posso afirmar, sem nenhum medo de exagerar, que escrever um livro é um dos projetos mais desafiadores pelo qual um homem pode passar. Com certeza não teria chegado nem perto desta conquista se não fosse o apoio de todos os que listo a seguir. Faço questão de agradecer imensamente a cada um de vocês pela energia positiva, apoio, inspiração e parceria indispensáveis nessa jornada desafiadora.

Primeiramente, gostaria de agradecer ao meu filho Lucas pela compreensão por tantos e tantos momentos de ausência. Momentos que poderíamos ter compartilhado juntos mas que tiveram que ser dedicados a este projeto. Obrigado, filho. Papai te ama muito e este livro também é seu, todo seu, para sempre.

Agradeço ao meu pai pelo exemplo de dignidade, ética, cautela e paciência que ele sempre me deu. Agora ele é uma luz muito forte que ilumina meu caminho, que hoje eu sigo em paz: Obrigado, pai. Sem seu apoio, ajuda e palavra amiga, nada disso estaria acontecendo. Te amo para sempre.

Agradeço à minha querida mãe por toda dedicação empenhada em minha educação. Com certeza, se não fosse por vocês, este livro não seria uma realidade hoje. Agradecimento especial às minhas irmãs Andreia e Ana Rita pelo amor e suporte. Estamos unidos nessa para sempre, como nosso amado pai sempre nos pediu que fosse. Amo muito vocês, minhas irmãs.

Gostaria de agradecer à minha inestimável e amada companheira, Juliana. Obrigado por compreender todas as minhas ausências durante este longo período de dedicação e esforços empenhados neste grande projeto. Sem uma mulher forte, parceira, compreensiva, amiga e incentivadora como você ao meu lado talvez eu não tivesse conseguido alcançar esta conquista. Eu te amo muito. Obrigado. Farei questão de recompensá-la pelo restante dos meus dias, de todas as formas possíveis e impossíveis, não medindo esforços para fazê-la a mulher mais feliz do mundo.

Agradeço aos meus chefes Gustavo Ferro e Diego Pila por toda a compreensão no período em que estive avoado por causa do livro. Não que eu não esteja geralmente avoado, mas durante a concepção do livro essa característica se agravou e vocês tiveram a paciência de compreender esse momento. Obrigado!

Agradeço a toda a equipe da Gerência de Publicidade e Promoções da Petrobras e demais colegas da companhia que foram tão compreensivos e parceiros. Peço perdão a todos pelas ausências e pela cabeça voando durante todo esse longo período em que me dediquei paralelamente ao livro.

Agradeço também diretamente à Petrobras, empresa pela qual tenho enorme carinho e estima, além do orgulho gigante de fazer parte dessa grande história de superação e sucesso. Sem dúvida nenhuma, é uma das maiores e mais competentes empresas do mundo.

Agradeço ainda o apoio e incentivo dos amigos Rodrigo Siqueira e Fernanda Xavier da MTV; Flavinho, Christello, Marilene, Jussara, Letícia, Fabi e Thaís da Heads. Um agradecimento especial à Julieta Monteiro e Valéria Rodrigues da F/Nazca Saatchi & Saatchi pela grande ajuda em um momento decisivo do livro. Serei eternamente grato. Agradeço ainda ao Kevin Roberts, CEO mundial da Saatchi & Saatchi e autor da memorável teoria Lovemarks, pelo carinho e atenção.

Gostaria de agradecer também ao pessoal da rádio FM O Dia pela amizade e laboratório teórico-acadêmico dos grandes desafios que o mercado dos meios de comunicação vem enfrentando. Saudações carinhosas para Gigi, Simone, Marcson, Alexandre, Evandro "Barba", João, Erika, Deça, além de Vítor Jr. e todos os locutores, Tubarão e todos os DJs, colaboradores e toda equipe da Rádio da Alegria que Irradia.

Não posso esquecer de todos que me ajudaram bem no início de carreira. Saudações ao Dr. Fernando Medeiros, que tanto me ensinou; Marcelo Paschoal da Melody Show, onde comecei a flertar com a publicidade; além de Marcelo Cazumba e Rijarda Aristóteles.

Agradecimento especial a toda a equipe Elipse, incluindo Giovani Marangoni, Felício Torres e Maurice Chalem.

Agradeço de coração a todos os professores da Escola Superior de Propaganda e Marketing e da Escola Técnica de Comunicação. Agradeço ainda aos amigos Felipe Castro, Arthur Goranga, Nilo Peçanha, Rodrigo Gonçalves pelos papos e trocas de ideias.

Agradeço a Erik Renko, autor do excelente blog sobre Product Placement Brands & Films com o qual – mesmo que virtualmente – troquei muitas ideias e cases sobre a ferramenta.

Um agradecimento especial ao Professor Henry Jenkins, além de Mike Walsh, John Hegarty, Alex Bogusky, Nathan Fox, Paula Englert e Filipe Techera da BOX 1824, Sangerine, todos que liberaram o uso de suas fotos, ideias, desenhos e infográficos no livro. Vocês fizeram deste, um livro melhor. Obrigado.

Agradeço ainda a Jimy Wales, criador do Wikipedia. Realizei uma doação e gostaria de sensibilizar a todos que também o façam. Hoje o Wikipedia presta um serviço incomensurável para a humanidade. Colabore para que ele possa continuar existindo de forma imparcial. Agradeço também ao IMDB. Sem ele, este livro não seria possível.

Muito obrigado a todos por tudo. Este livro marca uma etapa muito importante da minha vida, e o fato de você estar lendo esse texto significa que fez ou faz parte dele de alguma forma.

Obrigado! Até a próxima!

**Doação para o Wikipedia:** http://tinyurl.com/bo5uf83

Não tenho medo do que vem pela frente.
Contanto que venha pela frente.
**Autor Desconhecido**

AGRADECIMENTOS

# ANTONIO JORGE ALABY PINHEIRO

Somos tão exigentes na busca de um parceiro, que esquecemos
de notar que a parceria certa não tem nada de afinidades extremas,
mas diferenças que nos completam.
**Jocélio S. Lima**

Raul, obrigado por me escolher para ser seu parceiro nesse projeto. Ao longo do tempo tivemos oportunidade de entender o verdadeiro significado de ser "dupla". Temos muita coisa para fazer juntos pela frente. Vamos nós!

Um agradecimento especial à minha personal fotógrafa e amiga Cristina Prochaska. Não posso deixar de agradecer também a todos que me acompanham de perto dando força e estímulo. São tantas pessoas queridas que prefiro nominar apenas os meus pais, Leda e Antonio Pinheiro. Todas essas pessoas têm um papel muito especial na minha vida e sabem exatamente o que sinto por cada uma delas.

Muito obrigado!

# BIBLIOGRAFIA

ARCE, H. *Groucho*. Nova York: Putnam, 1979.

BADGER, C. (Diretor/Produtor). *It [Motion picture]*. Estados Unidos: Famous Players-Lasky, 1926. (Disponível em DVD do Kino Video, Nova York, http://www.kino.com/video/)

BALASUBRAMANIAN, S.K. Beyond Advertising and Publicity: Hybrid Messages and Public Policy Issues. *J. Advert.* 23(4):1-21, 1994.

BALASUBRAMANIAN, S.K. Beyond Advertising and Publicity: Hybrid Messages and Public Policy Issues. *Journal of Advertising*, 23(4):29-46, 1994.

BARNOUW, E. The Sponsor: Notes on a Modern Potentate. Nova York: Oxford University Press, 1978.

BARRY, J.F. e SARGEANT, E.W. *Building Theatre Patronage: Management and Merchandising*. Nova York: Chalmers, 1927.

BAUMAN, Zygmunt. *O mal-estar da pós-modernidade*. Rio de Janeiro: Zahar, 1999.

BEHON, J. The Production Code. In J. Belton (Org.) *Movies and Mass Culture*. New Brunswick: Rutgers University Press, 1996.

BERGAN, Ronald. *Cinema: guia ilustrado Zahar*. 3ª ed. Rio de Janeiro: Zahar, 2009.

BERGLUND, N. e SPETS, E. *Product Placement as a Communication Tool: Role of the Public Relations Firms*. New Jersey: Prentice-Hall, 2003.

BISCHOFF, S. (Produtor) e LANFIELD, S. (Diretor). *You'll Never Get Rich* [Motion picture]. EUA: Columbia Pictures, 1941. (Disponível em DVD da Columbia TriStar Home Entertainment.)

BORSANELLI, Rafael. Advertainment: uma estratégia de comunicação na era digital. Trabalho de Conclusão de Curso, Escola de Comunicação e Artes, Universidade de São Paulo. São Paulo, 2007.

BRENNAN, Stacey, ROSENBERRGER III, Philip J. e HEMENTERA, Veronica. Product Placements in Movies: An Australian Consumer Perspective on their Ethicality and Acceptability. *Marketing Bulletin*, 15, 2004, Article 1s.

BRENNER, J.G. *The Emperors of Chocolate: Inside the Secret World of Hershey and Mars*. Nova York: Random House, 1999.

BRIGHAM, J.C. e KENYON, K.K. Hadacol: The last great medicine show. *Journal of Popular Culture*, 10:520-533, 1976.

Bringing the Moguls, the Media and the Magic to the World. New Jersey: Financial Times Prentice Hall, 2002.

BUCCINI, Marcos e SANTANA, Shirley. *Diversão e arte para qualquer parte: a experiência do usuário como ferramenta para a construção de Brand Equity*. Universidade Federal de Pernambuco, 2008.

BURGOYNE, Robert. *A nação do filme*. Editora Universidade de Brasília. Brasília, 2002.

CAPPO, Joe. *O futuro da propaganda*. 2ª ed. São Paulo: Cultrix, 2006.

CARLYON, D. *Dan Rice*. Nova York: Perseus, 2001.

CAVALLINI, Ricardo. *O marketing depois de amanhã: explorando novas tecnologias para revolucionar a comunicação*. 2ª ed. São Paulo: Digerati Livros, 2008.

CHRISTOPHER, L. *Free Loading on the Air: Big Trade in Shady Deals*. Broadcasting, 50:31-34, 21/5/1956.

Columbia Pictures. *Tie-up Ccontact List* (Marty Weiser Collection, File 516). Margaret Herrick Library Special Collections, Beverly Hills, CA, 31/3/1959.

COOPER, D.R. e SCHINDLER, P.S. *Business Research Methods*. 9ª ed. Nova York: McGraw-Hill, 2006.

COSANDREY, R. e PASTOR, J.-M. Lavanchy-Clarke: Sunlight & Lumiere, ou les debuts du Cinematograph en Suisse [Lavanchy-Clarke: Sunlight & Lumiere, or the Debut of the Cinematograph in Switzerland]. Equinoxe, 7:9-27 (primavera de 1992).

COSTA, Flávia C. *O primeiro cinema*. São Paulo: Scritta, 1995.

COWAN, L. (Produtor) e Miller, D. (Diretor). Love Happy [Motion picture]. EUA: Artists Alliance Inc., 1949.

COWAN, L. Contract between Bulova Watch Company and Lester Cowan (Lester Cowan Collection, File 260). Margaret Herrick Library Special Collections, Beverly Hills, CA, 16/2, 1949a.

COWAN, L. Correspondence from Lester Cowen to Socony-Vacuum Oil Co. (Lester Cowan Collection, File 271). Margaret Herrick Library Special Collections, Beverly Hills, CA, 17/3, 1949b.

## BIBLIOGRAFIA

CRICKS e MARTIN. (Production company). A Visit to Peek Frean and Co's Biscuit Works [Motion picture]. Grã-Bretanha, 1906. (Disponível em The Movies Begin. Nova York: Kino Video, http://www.kino.com/video/)

D'ASTROUS, A. e CHARTIER, F. An Article of Factors Affecting Consumer Evaluations and Memory of Product Placements in Movies. *J. Curr. Issues Res. Advert.* 22(2):31-40, 2000.

DEBAUCHE, L.M. Advertising and the Movies, 1908-1915. *Film Reader*, 6:115-124, 1985.

DEBORD, Guy. *Sociedade do espetáculo.* Rio de Janeiro: Contraponto, 1997.

DECORDOVA, R. The Mickey in Macy's Window: Childhood, Consumerism and Disney Animation. In E. Smoodin (Ed.), *Disney Discourse* (p. 203-213). Nova York: Routledge, 1994.

DENCH, E.A. *Advertising by Motion Pictures.* Cincinnati: Standard, 1916.

DIAS, José A. Os vilões e os heróis: impacto na atitude do consumidor face ao product placement. Dissertação de Mestrado em Marketing, Instituto Superior de Ciências do Trabalho e da Empresa. Lisboa, 2007.

DIZARD Jr, Wizard. *A nova mídia.* Rio de Janeiro: Zahar, 2000.

DODD, C.A. e JOHNSTONE, E. Placements as Mediators of Product Salience within a UK Cinema Audience. *J. Mark. Commun.* 6:141-158, 2000.

DONATON, Scott. *Publicidade + entretenimento: porque estas duas indústrias precisam se unir para garantir a sobrevivência mútua.* São Paulo: Cultrix, 2007.

DU PREEZ, L.D. e WILLIAMS, S. Investigating the Usage of Branded Products in Film: The Perception of Males and Females at the University of Pretoria. University of Pretoria: Pretoria, Trabalho de pós-graduação não publicado, 2004.

DU TOIT, L.S. e REDELINGHUYS, R. An Exploratory Study Investigating the Perceptions of Product Placements in Films of Students at the University of Pretoria. University of Pretoria: Pretoria, Trabalho de pós-graduação não publicado, 2004.

DUARTE, Rodrigo. *Teoria crítica da indústria cultural.* Belo Horizonte: Editora da UFMG, 2003.

EBSCOHOST. http://0-ejournals.ebs-co.com.innopac.up.ac.za/Home.asp. Acesso em 6/9/2006.

EBSCOHost: Business Source Premier: http://weblinks1.epnet.com/citation.asp?tb=1&_ua=%5F2&_sid+92317498%2D8/. Acesso em 6/4/2004.

ECKERT, C. The Carole Lombard ill Macy's Window. *Quarterly Review of Film*, 3(1):1-21, 1978.

EDISON, T. (Studio owner). Streetcar Chivalry [Motion picture]. EUA: Edison Manufacturing Company, 1905.

EMERALD. http://0-www.emerald-insight.com.innopac.up.ac.za/. Acesso em 6/9/2006.

EPSTEIN, E.J. The Rise and Tall of Diamonds: The Shattering of a Brilliant Illusion. Nova York: Simon & Schuster, 1982.

ESTERLY, G. When Water Beds Won a Salute on National TV. *TV Guide* (p. 11-12), 17/6, 1978.

Ethics of Motion picture advertisers. (1930). *Journal of Home Economics*, 22, 855-856.

FERRO, Marc. *Cinema e história.* São Paulo: Paz e Terra, 2010.

Firms Get Free Ads in Movies. *Business Week* (p. 26-27), 2/9, 1939.

FITZGERALD, P.H. The History of Pickwick. Londres: Chapman and Hall, 1891.

FRANKE, L. Script Girls: Women Screenwriters in Hollywood. Londres: British Film Institute, 1994.

FREEMAN, L.R. Movie Signboards: How the Cinema has Advertised American Goods. *Saturday Evening Post*, p. 12-13, 17/1, 1920.

FULLER, K.H. At the Picture Show: Small-town Audiences and the Creation of Movie Fan Culture. Washington, DC: Smithsonian Institution Press, 1996.

GAINES, J.M. From Elephants to Lux Soap: The Programming and "Flow" of Early Motion Picture Exploitation. The Velvet Light Trap, 25:26-43, 1990.

GANEM, Paula. *Um big faturamento. Meio & Mensagem.* São Paulo, ano XXX, n. 1353, p. 37, abril de 2009.

GIREL, C. (Cinematograph operator). (1896). Derile du 8eme bataillon (Film #316) [Motion picture Switzerland. Archives of Institut Lumiere, Lyon, França.

GLYN, E. It. *Hearst's International Cosmopolitan*, p. 44-49, 200-210, fevereiro de 1927.

GODIN, Seth. *A vaca roxa: como transformar a sua empresa e ganhar o jogo fazendo o inusitado.* Rio de Janeiro: Campus/Elsevier, 2003.

Gough P.J. Agencies Explore Product Placement, Find Consumers Receptive, 2003. www.media-post.com– /dtls_dsp_news.cfm? NewsId=229914/. Acesso em 4/8/2004.

## BIBLIOGRAFIA

GUPTA, P.B. e GOULD, S.J. Consumers perceptions on the ethics and acceptability of product placements in movies: product category and individual differences. *Journal of Current Issues and Research in Advertising*, 19(1):37-48, 1997.

GUPTA, P.B. e LORD, K.R. Product Placement in Movies: The Effect of Prominence and Mode on Audience Recall. *J. Curr. Issues Res. in Advert.* 20(1):47-59, 1998.

GUPTA, P.B., BALASUBRAMANIAN, S.K. e KLASSEN, M.L. Viewers Evaluations of Product Placement in Movies: Public Policy Issues and Managerial Implications. *J. Curr. Issues Res. in Advert.* 22(2):41-52, 2000.

HARMETZ, A. Fox to Sell Product Plugs in Movies. *New York Times*, p. C19, 20/12, 1983.

HARRISON, P.S. Sharpen your Scissors. *Harrison's Reports*, p. 1, 11/7, 1925.

HARROWER, J. Exploitation. In *Film Daily Yearbook of Motion Pictures 1932* (p. 404-405). Los Angeles: John W. Alicoate, 1932.

HELFFRICH, S. CART Report (Box 153). 1/4, 1954a.

HELFFRICH, S. CART Report (Box 153). 13/6, 1954b.

HELFFRICH, S. CART Report (Box 153). 28/12, 1951h.

HELFFRICH, S. CART Report (Box 153). 28/2, 1951a.

HELFFRICH, S. CART Report (Box 153). 28/3, 1951c.

HELFFRICH, S. CART Report (Box M95 19). 21/11, 1949b.

HELFFRICH, S. CART Report (Box M95-19). 10/9, 1951f.

HELFFRICH, S. CART Report (Box M95-19). 21/3, 1951b.

HELFFRICH, S. CART Report (Box M95-19). 21/6, 1951e.

HELFFRICH, S. CART Report (Box M95-19). 23/2, 1950.

HELFFRICH, S. CART Report (Box M95-19). 27/11, 1951g.

HELFFRICH, S. CART Report (Box M95-19). 7/6, 1951d.

HELFFRICH, S. *National Broadcasting Company Television Weekly Report* (Box M95 19). NBC Collection, Wisconsin Historical Society, Madison. Hereafter referred to as CART Report. 15/3, 1949a.

HENDRICKS, W.L. e WAUGH, H. Charles "Chick" Lewis Presents the Encyclopedia of Exploitation. Nova York: Showmen's Trade Review, 1937.

HORNE, H. Correspondence from Hal Home to Lincoln Quarberg. Margaret Herrick Library Special Collections, Lincoln Quarberg Collection, Beverly Hills, CA. It. (19/2/1927). [Film review]. *Variety*, p. 14, 1932.

HORNE, H. Correspondence from Hal Horne to Lincoln Quarberg. Margaret Herrick Library Special Collections, Lincoln Quarberg Collection, Beverly Hills, CA, 1931.

JAFFE, Joseph. *O declínio da mídia de massa: por que os comerciais de TV de 30 segundos estão com os dias contados*. São Paulo: M. Books, 2008.

KARRH, J.A. Brand Placement: A Review. *Journal of Current Issues and Research in Advertising*, 20(2):31-49, 1998.

KARRH, J.A. Effects of Brand Placements in Motion Pictures. Paper presented at the American Academy of Advertising Annual Conference, Tucson, AZ, março de 1994.

KELLNER, Douglas. *A cultura da mídia – estudos culturais: identidade e política entre o moderno e o pós-moderno*. Editora da Universidade do Sagrado Coração (Edusc). São Paulo, 2001.

KELLNER, Douglas. *A cultura da mídia*. São Paulo: Edusc, 2001.

KENNEDY, K. (Produtor) e SPIELBERG, S. (Diretor). E.T. the Extra-terrestrial [Motion picture]. EUA: Universal Pictures, 1982.

KERN, A.L. Blowing Smoke: Tobacco Pouches, Literary Squibs, and Authorial Puffery in the Pictorial Comic Fiction (Kibyoshi) of Santo Kyoden (1761-1816). Dissertação de Doutorado não publicada, Harvard University, Cambridge, MA, 1997.

KIVIJARV, L. Product Placement Spending in Media 2005: History, Analysis and Forecast, 1975-2009. Stamford, CT: PQ Media, 2005.

KLEIN, J. What Are Motion Pictures Doing for Industry? Annals of the American Academy of Political and Social Science, 128:79-83, novembro de 1926.

KLINE, W.E. Correspondence from W.E. Kline to Lincoln Quarberg. Margaret Herrick Library Special Collections, Lincoln Quarberg Collection, Beverly Hills, CA, 30/6, 1931.

## BIBLIOGRAFIA

KOTZWINKLE, W. e MATHISON, M. *E.T.: The Extra-terrestrial, in His Adventure on Earth: A Novel.* Nova York: Berkeley, 1982.

LAHON, C.B. Correspondence from Curtiss Candy Company to The Artists Alliance, Inc. (Lester Cowan Collection, File 264). Margaret Herrick Library Special Collections, Beverly Hills, CA, 20/5, 1949.

LAMB, C.W., HAIR, J.F., MCDANIEL, C., BOSHOFF, C. e TERBLANCE, N.S. *Marketing: Second South African Edition.* Oxford: Oxford University Press, 2004.

LAVANCHY-CLARKE, T.H. The Cinema and Sunlight Soap.. Unilever Corporate Archives, Port Sunlight, Reino Unido. *Progress*, 22(154):89-90, 1922.

LEARS, J. Fables of Abundance. Nova York: Basic Books, 1994.

LEES, D. e BERKOWITZ, S. *The Movie Business.* Nova York: Random House, 1978.

LUMIERE, L. (Produtor). The Card Game [Motion picture]. França, 1896. (Disponível em DVD em The Movies Begin, Kino Video, Nova York, http://www.kino.com/video/).

MANNONI, L. The Great Art of Light and Shadow: Archeology of the Cinema. Exeter, Devon, UK: University of Exeter Press, 2000.

MAY, L. *Screening Out the Past: The Birth of Mass Culture and the Motion Picture Industry.* Nova York: Oxford University Press, 1980.

MCLUHAN, Stephanie e STAINES, David. *McLuhan por McLuhan. Conferências e entrevistas.* Rio de Janeiro: Ediouro, 2005.

MCMILLAN, J.H. e SCHUMACHER, S. Research in Education. 5ª ed., Nova York: Longman, 2001.

Medicine: Dietary supplement. *Time*, p. 81-83, 19/6, 1950.

MILLER, M.C. Hollywood the Ad. *Atlantic Monthly*, p. 41-54, abril, 1990a.

MILLER, M.C. *Seeing through Movies.* Nova York: Pantheon, 1990b.

MOLEY, R. *The Hays Office.* Indianapolis, IN: Bobbs-Merrill, 1945.

Monkey Junction. What is Product Placement? http://monkeyjct.com/what.html. Acesso em 4/9/2004.

MORTON, C. e FRIEDMAN, M. I Saw It In The Movies: Exploring the Link Between Product Placement Beliefs and Reported Usage Behavior. *J. Curr. Issues Res. Advert.* 24(2):33-39, 2002.

MOSTER, H.R., BRYANT, L. e SYLVESTER, K. Product Placement as a Marketing Tool in film and Television. New Jersey: Prentice-Hall, 2002.

Moving pictures as a means of commercial promotion: Hearings before the Committee on Interstate and Foreign Commerce, House of Representatives, 65th Cong., 17, 1919.

MUSSER, C. Before the Nickelodeon. Edwin S. Porter and the Edison Manufacturing Company. Berkeley: University of California Press, 1991.

MUSSER, C. Edison Motion Pictures, 1900: An Annotated Filmography. Washington, DC: Smithsonian Institution Press, 1997.

NASCIMENTO, Flavio Martins. *Cineturismo.* São Paulo: Aleph, 2009.

National Association of Theater Owners. NATO Encyclopedia of Exhibition. Los Angeles, CA: Author, 2001.

NEBENZAHL, I.D. e SECUNDA, E. Consumers' attitudes toward Product Placement in Movies. *International Journal of Advertising*, 12(1), 1-12, 1993.

New Sophistication for Product Pitching in Pix. *Variety*, p. 1, 29/8, 1979.

Notes of the Summer Shows. *New York Times*, p. 4, 30 de junho de 1896.

NUNES, V. e STROEBEL, J. The Effectiveness of Product Placement in Films as a Promotional Tool: A Survey Investigating Students' Attitude, Recall and Specific Behaviour at the University of Pretoria. University of Pretoria: Pretoria. Trabalho de pós-graduação não publicado, 2004.

Outstanding Film Campaigns of 1941. In *Film Daily Annual 1942*. Los Angeles: John W. Alicoate, 1942.

PAL, G. (Produtor) e PICHEL, I. (Diretor). Destination Moon [Motion picture]. EUA: George Pal Productions. (Disponível em vídeo de Cinema Classics and Englewood Entertainment), 1950.

PINCAS, Stephane. *A History of Advertising.* Londres: Taschen, 2008.

PONDILLO, R.J. Censorship in a "Golden Age": Postwar Television and America's First Network Censor – NBC's Stockton Helffrich. Dissertação de Doutorado não publicada, University of Wisconsin, Madison, 2003.

PORTER, E.S. (Produtor). A Romance of the Rail [Motion picture]. EUA: Delaware, Lackawanna & Western Railroad. (Disponível em DVD em History of Motion Pictures-Early Films by Thomas Alva Edison 1903-04, MimiJambo. Londres, http://www.mimijambo.com/), 1903.

## BIBLIOGRAFIA

PRESBREY, F. The History and Fevelopment of Advertising. Nova York: Greenwood, 1968.

PROMIO, A. (Cinematograph operator). Washing Clay in Switzerland (Film #60) [Motion picture]. Archives of Institut Lumiere, Lyon, França, 1896.

Quarberg, L. (1931, 31/7). Correspondence from Lincoln Quarberg to Hal Home (Folder 53). Margaret Herrick Library Special Collections, Lincoln Quarberg Collection, Beverly Hills, CA.

QUINE, R. (Produtor e Diretor). Strangers When we Meet [Motion picture]. EUA: Columbia Pictures. (Available on DVD from Columbia Home Video), 1960.

ROSENSTONE, Robert A. *A história nos filmes. Os filmes na história*. São Paulo: Paz e Terra, 2010.

SABINET (2006). http://0-search.sabinet.co.za.innopac.up.ac.za/. Acesso em 6/9/2006.

SCIENCE DIRECT (2006). http://0-www.sciencedirect.com.innopac.up.ac.za/science?_ob=BrowseListURL&_type=subject&subjColl=14&zone=brws&_acct=C000005298&_version=1&_urlVersion=0&_userid=59388&md5=6dcfe4cc6b2182dfdade5ff066154ef0. Acesso em 6/9/2006.

SELZNICK, D.O. (Produtor) e CUKOR, G. (Diretor). Dinner at Eight [Motion picture]. EUA: Metro-Goldwyn-Mayer, 1934.

SILBERG, J. When Screens Become Billboards. American Film, 14(7):12, 1989.

SIMON, Stephen. *A força está com você: mensagens do cinema que inspiram nossa vida*. Rio de Janeiro: Best Seller, 2009.

Smith, D. *Daily News*. 28/11, 1949.

SNYDER, S.L. Movies and Product Placement: Is Hollywood Turning Films into Commercial Speech? University of Illinois Law Review, 1992(1), 301-337, 1992.

SPILLMAN, S. Marketers Race to Leave Brand on Films. *Ad Age*, 56, 3, 1/7, 1985.

SPIRES, G.H. Films Plug Products from Candy to Clocks. *Motion Picture Herald*, p. 13-14, 15 de junho de 1949.

STAIGER, J. Announcing Wares, Winning Patrons, Voicing Ideals: Thinking About the History and Theory of Film Advertising. *Cinema Studies*, 29(3):3-31, 1990.

STANLEY, T.L. NBC Partnership Lures Coke, BK, Home Depot. *Advertising Age*, p. 4, 6/12, 2004.

STAPLES and Charles, Ltd. Movies with Coca-Cola in the Scenes (Movie Placement Files). Coca-Cola Archives, Atlanta, GA, 12/12, 1995.

STEELE, R. *Exploiters magnificent*. Outlook, p. 393-396, 15/7, 1925.

STEORTZ, E.M. The Cost Efficiency and Communication Effects Associated with Brand Name Exposure Within Motion Pictures. Tese de mestrado não publicada, West Virginia University, Morgantown, 1987.

*The Entertainment Marketing Revolution*. New Jersey: Financial Times Prentice Hall, 2002.

Theatrical Gossip. *New York Times*, p. 8, 21/6, 1894.

TICHENOR, F.A. Motion Pictures as Trade Getters. Annals of the American Academy of Political and Social Science, 128:84-93, novembro de 1926.

Tie-in Advertising. *Consumer Reports*, p. 43-44, janeiro de 1951.

Topics of the Times. *New York Times*, p. 8, 23/8, 1929.

Toulmin, V. "Local Films for Local People": Travelling Showmen and the Commissioning of Local Films in Great Britain, 1900-1902. *Film History*, 13:118-137, 2001.

VAN BIEMA, D. Life is Sweet for Jack Dowd as Spielberg's hit Film has E.T. Lovers Picking up the (Reese's) Pieces. *People*, p. 27, 7/7, 1982.

Van der Waldt, D.L.R. The Role of Product Placement in Feature Films and Broadcast Television Programmes: An IMC Perspective. *Communicare*. 24(2):1-16. Dezembro de 2005.

WALD J., WARNER, J. (Produtores) e CURTIZ, M. (Diretor). Mildred Pierce [Motion picture]. EUA: Warner Brothers, 1945.

WASKO, J. *Hollywood in the Information Age: Beyond the silver screen.* Cambridge: Polity, 1994.

WEISER, M. Correspondence from Marty Weiser to Ira Tulipan, Columbia Pictures (Marty Weiser Collection, File 516). Margaret Herrick Library Special Collections, Beverly Mills, CA, 6/5, 1960.

WICKE, J. Advertising Fictions: Literature, Advertisement and Social Reading. Nova York: Columbia University Press, 1988.

Xroads (2004). The Industry of Product Placement. http://www.xroads.virginia.edu~UG03/hamlin ppdeals.html. Acesso em 4/5/2004.

# LINKOGRAFIA

007's License to Sell. <http://www.slideshare.net/realjames/quantum-of-solace-presentation-presentation>. Acesso em 6/8/2011.

10 Big Successes in Product Placement. <http://www.cnbc.com/id/43266198?slide=2>. Acesso em 8/6/2011.

2011 Aston Martin Rapide Stars in New Online Video Campaign. <http://www.insideline.com/aston-martin/rapide/2011/2011-aston-martin-rapide-stars-in-new-online-video-campaign.html>. Acesso em 15/6/2011.

A Promising Future for Branded Entertainment. <http://blog.ogilvypr.com/2011/04/a-promising-future-for-branded-entertainment/?utm_source=FriendFeed&utm_medium=Twitter&utm_campaign=All+Things+M>. Acesso em 16/4/2011.

Adam Sandler Gives Maseratis to 'Grown Ups' Stars http://www.hollywoodreporter.com/news/adam-sandler-grown-ups-stars-43385

Adventures in Product Placement: Ke$ha Releases Thousands of Custom Condoms http://newsfeed.time.com/2011/03/11/sexy-product-placement-keha-condoms/

Advertainment: uma estratégia de marketing na era digital. <http://stoa.usp.br/rafaelborsanelli/files/-1/2082/tcc_rafael_borsanelli_web.pdf>. Acesso em 16/4/2011.

AMC greenlights season 5 of 'Mad Men' for 2012. <http://insidetv.ew.com/2011/03/29/amc-greenlights-season-five-of-mad-men-for-2012/>. Acesso em 16/6/2011.

Apple conquista título de empresa com mais "product placement" em Hollywood e fica entre as mais inovadoras do mundo http://macmagazine.com.br/2011/02/22/apple-conquista-titulo-de-empresa-com-mais-product-placement-em-hollywood-e-fica-entre-as-mais-inovadoras-do-mundo/?utm_campaign=Twitter&utm_medium=twitter&utm_source=twitter

Apresentação "Advertainment V04" da Colmeia http://www.slideshare.net/colmeia.tv/advertainment-v04

Audi A1 Becomes Movie Star. <http://www.wheels24.co.za/News/General_News/Audi-A1-becomes-movie-star-20100505>. Acesso em 15/6/2011.

Branded Entertainment Mythbusters http://gigaom.com/video/branded-entertainment-mythbusters/?utm_source=twitterfeed&utm_medium=twitter&utm_campaign=feed:+newteevee+(gigaom:+video)

Branded Entertainment on Wikipedia. <http://pt.wikipedia.org/wiki/Branded_Entertainment>. Acesso em 9/2/2010.

Brett Ratner Backs 'Organic' Product Placement http://www.hollywoodreporter.com/news/brett-ratner-backs-organic-product-89254

Celular é a principal plataforma de distribuição de música na China http://epocanegocios.globo.com/Revista/Common/0,,EMI140761-16367,00-CELULAR+E+A+PRINCIPAL+PLATAFORMA+DE+DISTRIBUICAO+DE+MUSICA+NA+CHINA.html

Confira os carros de James Bond. <http://motordream.uol.com.br/noticias/ver/2010/11/23/confira-os-carros-de-james-bond>. Acesso em 7/6/2011.

Connect or Die: How to Survive in a Music 2.0 World http://www.slideshare.net/mzkagan/connect-or-die-how-to-survive-in-a-music-20-world-3510118

Dr. Pepper product placement in Thor. <http://productplacement.biz/201105073329/branded-entertainment/dr-pepper-product-placement-in-thor.html>. Acesso em 16/6/2011.

Ebiquity Opinion: Product Placement. <http://www.slideshare.net/Ebiquityglobal/ebiquity-opinion-product-placement>. Acesso em 7/9/2011.

Entertainment Marketing. <http://www.slideshare.net/rajalthakur/entertainment-marketing>. Acesso em 7/9/2011.

Eventos Proprietários. <http://www.producaocriativa.com/eventos_debate/index.php?option=com_content&view=article&id=6:eventosproprietarios&catid=2:artigos&Itemid=2>. Acesso em 9/4/2011.

Ford Blends Digital with Branded Content http://www.emarketer.com/Article.aspx?R=1008262

## LINKOGRAFIA

Fox, Axe pact on Latam toon skein. <http://www.variety.com/article/VR1117952194?refCatId=1043>. Acesso em 14/6/2011.

Futurepedia: Product placement. <http://backtothefuture.wikia.com/wiki/Product_placement>. Acesso em 29/6/2011.

http://www.slideshare.net/Dannyboy/moviesvsbrands. Acesso em 7/9/2011.

Info@trends resumo. <http://www.slideshare.net/gaitha/infotrends-resumo>. Acesso em 7/9/2011.

James Bond Lifestyle – The Real Thing. <http://www.jamesbondlifestyle.com/>. Acesso em 19/6/2011.

Katy Perry Defends Product Placement in Music Videos http://www.sugarscape.com/tags/britney-spears/611570/katy-perry-defends-product-placement-music-videos

Ke$ha Distributes 10,000 Condoms With Her Face On It http://www.huffingtonpost.com/2011/03/08/keha-distributes-10000-co_n_833028.html

Last.fm Crowns Ke$ha As Most-Played Artist of 2010 http://newsfeed.time.com/2010/12/20/last-fm-crowns-keha-as-most-played-artist-of-2010/

Look, up in the Sky! Product Placement! <http://online.wsj.com/public/article/SB114532350031828284-2nRn41Kln8fZjCEf0UgX0UlPqy4_20060425.html>. Acesso em 19/6/2011.

Mad Men is Back, and So Is Product Placement. <http://money.cnn.com/galleries/2010/fortune/1007/gallery.mad_men_products.fortune/4.html>. Acesso em 9/2/2010.

Memória Globo: "O Salvador da Pátria". <http://memoriaglobo.globo.com/Memoriaglobo/0,27723,GYN0-5273-224168,00.html> Acesso em 8/4/2011.

Mercedes-Benz Announces Jurassic Park Marketing Tie-In. <http://www.theautochannel.com/news/press/date/19970519/press002626.html>. Acesso em 6/8/2011.

Movies and Brands.

Novela "O Salvador da Pátria". <http://www.teledramaturgia.com.br/tele/salvadorb.asp> Acesso em 8/4/2011.

O cigarro no cinema: 1897-2009. <http://ofilmequeviontem.blogspot.com/2010/01/o-cigarro-no-cinema-1897-2009.html>. Acesso em 28/5/2011.

O cigarro no cinema: 1897-2009. <http://ofilmequeviontem.blogspot.com/2010/01/o-cigarro-no-cinema-1897-2009.html>. Acesso em 28/5/2011.

O falso glamour do cigarro no cinema. <http://www.tribunatp.com.br/modules/news/article.php?storyid=3379>. Acesso em 28/5/2011.

'O futuro da internet não está aqui'. <http://blogs.estadao.com.br/link/o-futuro-da-internet-nao-esta-aqui/>. Acesso em 19/6/2011.

O merchandising no cinema, hábito que costuma baratear em milhões de dólares as produções hollywoodianas, é ainda pouco empregado no Brasil. <http://www.albertoclaro.pro.br/noticia.asp?codigo=797&COD_MENU=82>. Acesso em 9/2/2010.

Panel: Product Placement is Paramount http://www.hollywoodreporter.com/news/panel-product-placement-paramount-81228

Por que Hollywood é global? <http://www.cenacine.com.br/?p=5769>. Acesso em 20/4/2011.

Product Placement <http://tvtropes.org/pmwiki/pmwiki.php/Main/ProductPlacement>. Acesso em 6/8/2011.

Product Placement Accelerating on a Slippery Slope by Max Sutherland http://www.sutherlandsurvey.com

Product Placement in the Movies – James Bond Sunglasses. <http://www.toparticleinformationlisting.info/artsandentertainment/product-placement-in-the-movies-james-bond-sunglasses/>. Acesso em 19/6/2011.

Product Placement on Movies http://www.scribd.com/doc/33784716/Product-Placement-on-Movies

Product Placement: Captain America Continues Harley-Davidson's Big Screen Legacy. <http://www.brandchannel.com/home/post/2011/07/25/Brandcameo-072511-Captain-America-Product-Placement.aspx>. Acesso em 31/7/2011.

Products With A Future? <http://www.iofilm.co.uk/feats/filmmaking/product_placement.shtml>. Acesso em 2/8/2011.

Propaganda de Hitler. <http://www.webartigos.com/articles/20788/1/Propaganda-de-Hitler/pagina1.html>. Acesso em 16/4/2011.

## LINKOGRAFIA

Quase oito bilhões de apps foram baixados em 2010
http://www.mmonline.com.br/portal/mobilePost/17566

Rebecca Black and Chrysler: The 60 Million Views That Don't Matter. <http://www.brandchannel.com/home/post/2011/03/28/Rebecca-Black-and-Chrysler-The-60-Million-Views-That-Dont-Matter.aspx>. Acesso em 9/4/2011.

Rebecca Black's "Friday" Hits 100 Million Views on YouTube. <http://mashable.com/2011/04/15/friday-100-million-views/>. Acesso em 16/4/2011.

Splat! Biff! Nike! Product Placement Comes to the Comics! <http://www.brandchannel.com/home/post/2011/06/17/Product-Placement-Comes-to-Comics.aspx#continue>. Acesso em 19/6/2011.

Sting & Jaguar. <http://www.pophistorydig.com/?p=612>. Acesso em 17/6/2011.

Storytelling, transmídia e comunicação. <http://www.slideshare.net/brunoscarto/storyselling-6979364>. Acesso em 8/6/2011.

TED Talks – Wadah Khanfar: A historic moment in the Arab world
http://www.ted.com/talks/wadah_khanfar_a_historic_moment_in_the_arab_world.html

TED Talks – Wael Ghonim: Inside the Egyptian Revolution
http://www.ted.com/talks/wael_ghonim_inside_the_egyptian_revolution.html?awesm=on.ted.com_8zM1&utm_campaign=wael_ghonim_inside_the_egyptian_revolution&utm_content=ted.com-talkpage&utm_medium=on.ted.com-twitter&utm_source=direct-on.ted.com

The Complete History of James Bond Watches. http://rolexblog.blogspot.com/2008/11/part-2-daniel-craigs-vintage-sean.html>. Acesso em 8/6/2011.

The Future of Television
http://www.slideshare.net/beingpractical/the-future-of-television-tv

The History Of Product Placement In Science Fiction. <http://io9.com/5061426/the-history-of-product-placement-in-science-fiction>. Acesso em 6/8/2011.

The most expensive product placement movie of all time. <http://productplacement.biz/201105253365/branded-entertainment/the-most-expensive-product-placement-movie-of-all-time.html>. Acesso em 19/6/2011.

The Real Reason Charlie Sheen Joined Twitter: Money
http://newsfeed.time.com/2011/03/04/the-real-reason-charlie-sheen-joined-twitter-money/

This Title Is For Sale. <http://insarahsmind.wordpress.com/2011/04/08/this-title-is-for-sale/#respond> Acesso em 9/4/2011.

Top 10 Blatant Examples of Product Placement in Movies. <http://listverse.com/2008/03/21/top-10-blatant-examples-of-product-placement-in-movies/>. Acesso em 6/8/2011.

Top 10 Product Placement in Movies. <http://www.scene-stealers.com/top-10s/top-10-product-placement-in-movies/>. Acesso em 6/8/2011.

UK Production Lounge: Robert Hicks. <http://www.slideshare.net/catherinecrawley/the-uk-production-lounge>. Acesso em 7/9/2011.

Uma história de sucesso: história da Unilever no Brasil. <http://www.unilever.com.br/Images/HISTORIA_DA_UNILEVER_FINAL_tcm95-112364.pdf>. Acesso em 19/4/2011.

Veja os carros mais famosos de '007'. <http://g1.globo.com/Noticias/Carros/0,,MUL854074-9658,00-VEJA+OS+CARROS+MAIS+FAMOSOS+DE.html>. Acesso em 7/6/2011.

VIDEO: 'Days of Our Lives' Called Out for Outrageous Product Placement
http://www.hollywoodreporter.com/news/video-days-lives-called-outrageous-45869

Viewers Relax to Brands on the Box
http://www.marketingweek.co.uk/analysis/features/viewers-relax-to-brands-on-the-box/3024045.article

What if Product Placement in Music Videos Went Towards a Good Cause?
http://act.mtv.com/posts/what-if-product-placement-in-music-videos-went-towards-a-good-cause/?xrs=share_twitter

Why Product Placement Works by Max Sutherland
http://www.sutherlandsurvey.com

Wikipedia: Branded Entertainment. <http://en.wikipedia.org/wiki/Branded_entertainment>. Acesso em 15/6/2011.

Wikipedia: free culture. <http://en.wikipedia.org/wiki/Free_Culture_(book)>. Acesso em 19/6/2011.

## LINKOGRAFIA

Wikipedia: Katy Perry
http://pt.wikipedia.org/wiki/Katy_Perry
Wikipedia: Popeye. <http://en.wikipedia.org/wiki/Popeye>. Acesso em 15/6/2011.
Wikipedia: Product Placement
http://pt.wikipedia.org/wiki/Product_placement
Wikipedia: Spinach, Popeye and the Myth. <http://en.wikipedia.org/wiki/Spinach#Spinach.2C_Popeye_and_the_myth>. Acesso em 15/6/2011.
You've Got Product Placement
http://www.wired.com/culture/lifestyle/news/1998/11/16046
Your ad here. <http://www.salon.com/books/feature/2001/09/05/bulgari/index.html>. Acesso em 7/9/2011.

*Acessos em 9/11/2011*
http://adage.com/article/tuning-in/tv-tech-gadgets-win-product-placement-war/146996/
http://blog.jovempan.uol.com.br/parabolica/quando-bem-feito-merchandising-em-novela-e-eficiente-e-aponta-novo-caminho-para-a-publicidade/
http://blog.junta42.com/2010/01/does-branded-integration-really-work/
http://lit.academia.edu/NoelleOConnor/Papers/140588/The_use_of_film_in_re-imaging_a_tourism_destination_A_case_study_of_Yorkshire_UK
http://marketing-bulletin.massey.ac.nz/V15/MB_V15_A1_Brennan.pdf
http://veja.abril.com.br/160305/p_130.html
http://weblogs.variety.com/on_the_air/2011/09/kutcher-uses-sitcom-to-plug-his-portfolio.htmla
http://www.academicjournals.org/ajbm/pdf/Pdf2007/May/van%20der%20Waldt%20et%20al.pdf
http://www.brandhype.org/MovieMapper/Resources/Bibliography.jsp
http://www.mentalfloss.com/blogs/archives/13863
http://www.socialhill.com/social-hill-product-placement.html
http://www.toptenz.net/top-ten-fictional-brands-from-movies-and-tv.php
http://www.toptenz.net/top-ten-fictional-brands-from-movies-and-tv.php

*Acessos em 10/11/2011*
Decisions any Business Would Like to Do Over
http://www.bus-ex.com/article/top-ten-bad-business-decisions?page=0,1
Does Paramount Need to Spend $100M for 'Iron Man 2' Marketing?
http://www.popeater.com/2010/05/04/iron-man-2-marketing/. Acesso em 15/11/2011
http://007museum.wordpress.com/2011/11/10/more-than-a-word-from-007s-sponsors-one-third-of-the-budget-for-the-next-james-bond-film-is-to-come-from-brands-that-will-appear-on-screen/
http://deemable.com/tech/2011/09/you-can-have-marty-mcflys-shoes-from-2015-today-power-laces-not-included/
http://inventorspot.com/articles/product_placement_32915
http://us1.campaign-archive2.com/?u=9db3e58fdcf06f0592b02985f&id=0e9e3f3a0b
http://www.popcornmonster.com/2010/08/29/nike-producing-back-to-the-future-ii-self-lacing-shoes/
http://www2.qsrmagazine.com/articles/columnists/christopher_wolf/135/embedded_marketing-1.phtml
Product Placement in Integrated Marketing Communications Strategy. https://www.doria.fi/bitstream/handle/10024/35143/nbnfi-fe20031411.pdf?sequence=1
Report: Disney Raked in $28.6B From Licensed Merchandise in 2010
http://www.thewrap.com/media/article/report-disney-made-286b-2010-licensed-merchandise-27526. Acesso em 17/11/2011

Pré-impressão, impressão e acabamento

grafica@editorasantuario.com.br
www.editorasantuario.com.br
Aparecida-SP

**Cartão Resposta**
050120048-7/2003-DR/RJ
Elsevier Editora Ltda
·····CORREIOS·····

**SAC** | 0800 026 53 40
ELSEVIER | sac@elsevier.com.br

**CARTÃO RESPOSTA**
Não é necessário selar

O SELO SERÁ PAGO POR
**Elsevier Editora Ltda**

20299-999 - Rio de Janeiro - RJ

---

nosso trabalho para atendê-lo(la) melhor e aos outros leitores.
**Por favor, preencha o formulário abaixo e envie pelos correios ou acesse www.elsevier.com.br/cartaoresposta. Agradecemos sua colaboração.**

Seu nome: _____

Sexo: ☐ Feminino  ☐ Masculino   CPF: _____

Endereço: _____

E-mail: _____

Curso ou Profissão: _____

Ano/Período em que estuda: _____

Livro adquirido e autor: _____

**Como conheceu o livro?**
☐ Mala direta                        ☐ E-mail da Campus/Elsevier
☐ Recomendação de amigo              ☐ Anúncio (onde?) _____
☐ Recomendação de professor
☐ Site (qual?) _____               ☐ Resenha em jornal, revista ou blog
☐ Evento (qual?) _____             ☐ Outros (quais?) _____

**Onde costuma comprar livros?**
☐ Internet. Quais sites? _____
☐ Livrarias  ☐ Feiras e eventos  ☐ Mala direta

☐ Quero receber informações e ofertas especiais sobre livros da Campus/Elsevier e Parceiros.

**Siga-nos no twitter @CampusElsevier**

## Qual(is) o(s) conteúdo(s) de seu interesse?

**Concursos**

☐ Administração Pública e Orçamento ☐ Arquivologia ☐ Atualidades ☐ Ciências Exatas ☐ Contabilidade ☐ Direito e Legislação
☐ Economia ☐ Educação Física ☐ Engenharia ☐ Física ☐ Gestão de Pessoas ☐ Informática ☐ Língua Portuguesa
☐ Línguas Estrangeiras ☐ Saúde ☐ Sistema Financeiro e Bancário ☐ Técnicas de Estudo e Motivação ☐ Todas as Áreas
☐ Outros (quais?) _____

**Educação & Referência**

☐ Comportamento ☐ Desenvolvimento Sustentável ☐ Dicionários e Enciclopédias ☐ Divulgação Científica ☐ Educação Familiar
☐ Finanças Pessoais ☐ Idiomas ☐ Interesse Geral ☐ Motivação ☐ Qualidade de Vida ☐ Sociedade e Política

**Jurídicos**

☐ Direito e Processo do Trabalho/Previdenciário ☐ Direito Processual Civil ☐ Direito e Processo Penal ☐ Direito Administrativo ☐ Direito Constitucional
☐ Direito Civil ☐ Direito Empresarial ☐ Direito Econômico e Concorrencial ☐ Direito do Consumidor ☐ Linguagem Jurídica/Argumentação/Monografia
☐ Direito Ambiental ☐ Filosofia e Teoria do Direito/Ética ☐ Direito Internacional ☐ História e Introdução ao Direito ☐ Sociologia Jurídica
☐ Todas as Áreas

**Media Technology**

☐ Animação e Computação Gráfica ☐ Áudio ☐ Filme e Vídeo ☐ Fotografia ☐ Jogos ☐ Multimídia e Web

**Negócios**

☐ Administração/Gestão Empresarial ☐ Biografias ☐ Carreira e Liderança Empresariais ☐ E-business
☐ Estratégia ☐ Light Business ☐ Marketing/Vendas ☐ RH/Gestão de Pessoas ☐ Tecnologia

**Universitários**

☐ Administração ☐ Ciências Políticas ☐ Computação ☐ Comunicação ☐ Economia ☐ Engenharia
☐ Estatística ☐ Finanças ☐ Física ☐ História ☐ Psicologia ☐ Relações Internacionais ☐ Turismo

**Áreas da Saúde** ☐

**Outras áreas (quais?):** _____

**Tem algum comentário sobre este livro que deseja compartilhar conosco?**

_____

Atenção: